Das Besteuerungsverfahren der Türkei aus dem Blickwinkel des deutschen Steuerrechts

Bochumer Schriften zum Steuerrecht

Herausgegeben von Roman Seer

Band 25

PETER LANG

Frankfurt am Main · Berlin · Bern · Bruxelles · New York · Oxford · Wien

Metin Yilmaz

Das Besteuerungsverfahren der Türkei aus dem Blickwinkel des deutschen Steuerrechts

PETER LANG
Internationaler Verlag der Wissenschaften

Bibliografische Information der Deutschen Nationalbibliothek
Die Deutsche Nationalbibliothek verzeichnet diese Publikation in der Deutschen Nationalbibliografie; detaillierte bibliografische Daten sind im Internet über http://dnb.d-nb.de abrufbar.

Zugl.: Bochum, Univ., Diss., 2011

Umschlaggestaltung:
Olaf Glöckler, Atelier Platen, Friedberg

Abbildung auf dem Umschlag:
Siegel der Universität Bochum.
Abdruck mit freundlicher Genehmigung
der Universität Bochum.

Gedruckt auf alterungsbeständigem,
säurefreiem Papier.

D 294
ISSN 1613-933X
ISBN 978-3-631-60711-4

www.peterlang.de

Vorwort

Die vorliegende Arbeit wurde im Wintersemester 2010/2011 von der Rechtswissenschaftlichen Fakultät der Ruhr-Universität Bochum als Dissertation angenommen. Literatur und Rechtsprechung wurden bis Februar 2010 berücksichtigt.

Herzlich danken möchte ich meinem Doktorvater, Herrn Professor Dr. Roman Seer, der die Anregung zu diesem Thema gab. Seine wertvollen Hinweise sowie seine beispielhafte Betreuung haben zum Gelingen dieser Arbeit beigetragen. Danken möchte ich ihm auch für die Aufnahme der Arbeit in diese Schriftenreihe. Herrn Professor Dr. Wolfram Cremer danke ich für die zügige Erstellung des Zweitgutachtens zu dieser Arbeit.

Weiterer Dank gebührt der KPMG AG Wirtschaftsprüfungsgesellschaft, die mir während meiner beruflichen Tätigkeit den nötigen Freiraum für die Erstellung dieser Arbeit gewährt und mich dabei stets gefördert hat.

Während meiner Forschungsaufenthalte in Ankara und Istanbul und auch danach habe ich große Unterstützung von Herrn Professor Dr. Mustafa Akkaya, Frau Dr. Funda Başaran Yavaşlar und Herrn Mehmet Ali Özyer erfahren. Dafür danke ich ihnen sehr.

Diese Arbeit widme ich meiner Familie. Für ihre endlose Unterstützung, ihre Geduld und den immer währenden Zuspruch habe ich meiner Familie den größten Dank auszusprechen.

Essen, im Juni 2011 Metin Yilmaz

Inhaltsverzeichnis

Abkürzungsverzeichnis

a.A.	anderer Ansicht
a.a.O.	am angegebenen Ort
AATUHK	Amme Alacaklarının Tahsil Usulü Hakkında Kanun
Abs.	Absatz
AEAO	Anwendungserlass zur Abgabenordnung
a.F.	alte Fassung
AG	Aktiengesellschaft
AktG	Aktiengesetz
AO	Abgabenordnung
Art.	Artikel
AStG	Außensteuergesetz
A.Ş.	Anonim Şirketi
Aufl.	Auflage
ausf.	ausführlich
BB	Betriebsberater (Zeitschrift)
Bd.	Band
BewG	Bewertungsgesetz
BFH	Bundesfinanzhof
BGBl.	Bundesgesetzblatt
BGH	Bundesgerichtshof
BK	Borçlar Kanunu
BMF	Bundesministerium der Finanzen

BpO	Betriebsprüfungsordnung
BVerfG	Bundesverfassungsgericht
BVerfGE	Amtliche Sammlung von Entscheidungen des Bundesverfassungsgerichts
bzw.	beziehungsweise
ca.	circa
CMUK	Ceza Muhakemeleri Usulü Kanunu
DB	Der Betrieb (Zeitschrift)
d.h.	das heißt
ders.	derselbe
Diss.	Dissertation
DK	Danıştay Kanunu
DM	Deutsche Mark
Dr.	Doktor
DStJG	Deutsche Steuerjuristische Gesellschaft
DStR	Deutsches Steuerrecht (Zeitschrift)
DStZ	Deutsche-Steuerzeitung (Zeitschrift)
DVK	Damga Vergisi Kanunu
e-beyanname	elektronik beyanname
EDV	Elektronische Datenverarbeitung
EFG	Entscheidungen der Finanzgerichte (Zeitschrift)
ELSTER	Elektronische Steuererklärung
EMRK	Europäische Menschenrechtskonvention
ErbStG	Erbschaftsteuergesetz
EStDV	Einkommensteuer-Durchführungsverordnung

EStG	Einkommensteuergesetz
etc.	et cetera
EU	Europäische Union
EVK	Emlak Vergisi Kanunu
EWIV	Europäische Wirtschaftliche Interessenvereinigung
f., ff.	folgende
FG	Finanzgericht
FGO	Finanzgerichtsordnung
Fn.	Fußnote
FR	Finanzrundschau (Zeitschrift)
FVG	Gesetz über die Finanzverwaltung
GbR	Gesellschaft bürgerlichen Rechts
gem.	gemäß
GenG	Genossenschaftsgesetz
GewO	Gewerbeordnung
GG	Grundgesetz
ggf.	gegebenenfalls
GmbH	Gesellschaft mit beschränkter Haftung
GmbHG	Gesetz betreffend die Gesellschaften mit beschränkter Haftung
GoB	Grundsatz (Grundsätze) ordnungsmäßiger Buchführung
GVK	Gelir Vergisi Kanunu
Habil.	Habilitation
HGB	Handelsgesetzbuch

h.L.	herrschende Lehre
h.M.	herrschende Meinung
i.d.R.	in der Regel
IDW	Institut der Wirtschaftsprüfer
i.H.v.	in Höhe von
i.S.(d.)	im Sinne (des / der)
i.V.m.	in Verbindung mit
IWB	Internationale Wirtschaftsbriefe (Zeitschrift)
İYUK	İdari Yargılama Usulü Kanunu
KDV	Katma Değer Vergisi
KDVK	Katma Değer Vergisi Kanunu
KG	Kommanditgesellschaft
KGaA	Kommanditgesellschaft auf Aktien
krit.	kritisch
KSt	Körperschaftssteuer
KStG	Körperschaftssteuergesetz
KVK	Kurumlar Vergisi Kanunu
lt.	laut
m.a.W.	mit anderen Worten
max.	maximal
m.E.	meines Erachtens
mind.	Mindestens
m.w.N.	mit weiteren Nachweisen
Mio.	Million(en)
Mrd.	Milliarden

m.w.N.	mit weiteren Nachweisen
n.F.	neue Fassung
NWB	Neue Wirtschaftsbriefe (Zeitschrift)
o.g.	oben genannte
OECD	Organization for Economic Cooperation and Development
OFD	Oberfinanzdirektion
oHG	offene Handelsgesellschaft
p.a.	pro anno
PC	Personal Computer
RFH	Reichsfinanzhof
Rn.	Randnummer
RIW	Recht der Internationalen Wirtschaft (Zeitschrift)
Rspr.	Rechtsprechung
s.	siehe
S.	Satz, Seite
SM	Serbest Muhasebeci
SMMM	Serbest Muhasebeci Mali Müşavir
s.o.	siehe oben
sog.	So genannte(n, r, s)
StBerG	Steuerberatungsgesetz
StDÜV	Steuerdaten-Übermittlungsverordnung
StGB	Strafgesetzbuch
StPO	Strafprozessordnung
StuW	Steuer und Wirtschaft (Zeitschrift)

T.C.	Türkiye Cumhuriyeti
TL	Türk Lirası
TMK	Türk Medeni Kanunu
TÖUY	Tarhiyat Öncesi Uzlaşma Yönetmeliği
TSUY	Tarhiyat Sonrası Uzlaşma Yönetmeliği
TTK	Türk Ticaret Kanunu
u.	und
u.a.	unter anderem, und andere(s)
u.U.	unter Umständen
Urt.	Urteil
USA	United States of America
USt	Umsatzsteuer
UStG	Umsatzsteuergesetz
v.	vom, von
VUK	Vergi Usul Kanunu
VwVfG	Verwaltungsverfahrensgesetz
WPg	Die Wirtschaftsprüfung (Zeitschrift)
YMM	Yeminli Mali Müşavir
YTL	Yeni Türk Lirası
z.B.	zum Beispiel
zugl.	Zugleich
zutr.	zutreffend
zzgl.	Zuzüglich

Einleitung

Deutschland und die Türkei verbinden außerordentlich vielfältige und intensive Beziehungen, die Jahrhunderte zurückreichen. Sie werden in der Gegenwart durch drei wesentliche Faktoren bestimmt: politisch durch die türkische Kandidatur für den Beitritt zur Europäischen Union, menschlich durch ca. 2,5 Millionen in Deutschland lebende Menschen türkischer Abstammung sowie durch einen auf hohem Niveau bestehenden und intensiv wachsenden Wirtschaftsaustausch beider Länder.

Unter deutscher EU-Präsidentschaft wurden auf dem Kölner Gipfel im Juni 1999 die Weichen für den EU-Kandidatenstatus der Türkei gestellt. Beim Europäischen Rat von Helsinki am 08. Dezember 1999 wurde er förmlich festgeschrieben, in Kopenhagen im Dezember 2002 weiter konkretisiert. Auf der Grundlage des Votums der Europäischen Kommission vom 06. Oktober 2004 entschied der Europäische Rat in Brüssel am 16./17. Dezember 2004, "dass die Türkei die Politischen Kriterien von Kopenhagen für die Eröffnung von Beitrittsverhandlungen hinreichend erfüllt". Die Europäische Union hat am 03. Oktober 2005 offiziell die Beitrittsverhandlungen mit der Türkei eröffnet.

Die ca. 2,5 Millionen in Deutschland lebenden Menschen türkischer Herkunft – davon inzwischen über 700.000 mit deutscher Staatsangehörigkeit – sind ein bedeutender Faktor in den bilateralen Beziehungen, der in beide Richtungen wirkt. Hinzu kommt der starke deutsche Tourismus in der Türkei (2006 3,8 Millionen Besucher aus Deutschland) sowie etwa 70.000 in der Türkei lebende Deutsche.

Die bilateralen Wirtschaftsbeziehungen haben seit der Zollunion EU - Türkei (in Kraft seit dem 01. Januar 1996) einen neuen institutionellen Rahmen. Deutschland ist seit langem wichtigster Handelspartner der Türkei. Im Jahr 2006 nahm der Handel in beide Richtungen gegenüber dem Vorjahr erneut kräftig zu. Das bilaterale Handelsvolumen überstieg in diesem Zeitraum mit über 23,5 Milliarden Euro den Rekordwert des Vorjahres. Die türkischen Exporte nach Deutschland erreichten im Jahr 2006 ein Volumen von über 9,1 Milliarden Euro (2005 über 8,3 Milliarden Euro) und die deutschen Exporte in die Türkei einen Wert von fast 14,4 Milliarden Euro (2005 über 12,8 Milliarden Euro).[1]

Die Türkei entwickelt sich für die internationale Geschäftswelt zunehmend zu einem attraktiven Absatz- und Investitionsstandort. Der türkische Markt mit rd. 73 Millionen potenziellen Konsumenten und einer jungen Bevölkerung (das

---

1 Auswärtiges Amt, abrufbar unter: http://www.auswaertiges-amt.de/diplo/de/Laenderinformationen/Tuerkei/Bilateral.html#t3

Durchschnittsalter der türkischen Bevölkerung liegt bei 28,3 Jahren)[2] bietet deutschen Firmen zahlreiche interessante Möglichkeiten des Engagements. Deutschland stellt die größte Zahl der ausländischen Firmen, die in der Türkei Direktinvestitionen getätigt haben. Die Zahl deutscher Unternehmen bzw. türkischer Unternehmen mit deutscher Kapitalbeteiligung ist in den vergangenen Jahren auf über 2.600 gestiegen. Seit 1980 wurden deutsche Investitionen in Höhe von über 5,2 Milliarden USD getätigt. Die Betätigungsfelder deutscher Unternehmen in der Türkei sind vielseitig: Sie reichen von der Industrieerzeugung und dem Vertrieb sämtlicher Produkte bis zu Dienstleistungsangeboten aller Art sowie der Führung von Einzel- und Großhandelsbetrieben.[3]

Das Engagement vieler deutscher Firmen in der Türkei ist langfristig angelegt. Sie vertrauen auf die Standortvorteile der Türkei, zu denen qualifizierte und motivierte Arbeitskräfte sowie die günstigen Verkehrswege zu den Absatzmärkten in Europa und Nahost gehören. Nicht zuletzt wirkte sich die Perspektive der EU-Mitgliedschaft günstig auf das Geschäfts- und Investitionsklima aus.

Wie sich im Folgenden zeigen wird, liegt die Rechtfertigung der vorliegenden Arbeit nicht nur in den politischen, kulturellen und wirtschaftlichen Verflechtungen beider Länder, obwohl dies Grund genug wäre. Ein gewichtiger historischer Aspekt liefert einen zusätzlichen Anreiz, das aktuelle Steuerverfahren der Türkei rechtsvergleichend zu Deutschland zu untersuchen:

---

2 Zur demographischen Struktur der Türkei vgl. http://www.invest.gov.tr/InvestorsGuide.aspx?ID=6.

3 Auswärtiges Amt, abrufbar unter: http://www.auswaertiges-amt.de/diplo/de/Laenderinformationen/Tuerkei/Bilateral.html#t3.

Der Ansatz geht zurück zum Beginn des Nationalsozialismus in Deutschland, der gekennzeichnet ist durch Hitlers Machtübernahme im Januar 1933. Der Machtübernahme folgte das „Gesetz zur Widerherstellung des Berufsbeamtentums“ vom 07. April 1933[4] wonach jeder „nichtarische“ Beamte aus seinem Amt entlassen werden konnte.

§ 1 Abs. 1 des Gesetzes regelte dazu:

> „Zur Wiederherstellung eines nationalen Berufsbeamtentums und zur Vereinfachung der Verwaltung können Beamte nach Maßgabe der folgenden Bestimmungen aus dem Amt entlassen werden, auch wenn die nach dem geltenden Recht hierfür erforderlichen Voraussetzungen nicht vorliegen.“

Regelungsinhalt des § 3 Abs. 1 war:

> „Beamte, die nicht arischer Abstammung sind, sind in den Ruhestand zu versetzen; soweit es sich um Ehrenbeamte handelt, sind sie aus dem Anstellungsverhältnis zu entlassen.“ § 4 S. 1 des Gesetzes erweiterte die Befugnis zur Entlassung: „Beamte, die nach ihrer bisherigen politischen Betätigung nicht die Gewähr dafür bieten, dass sie jederzeit rückhaltlos für den nationalen Staat eintreten, können aus dem Dienst entlassen werden.“

Zunächst auf Grundlage dieses Gesetzes sodann auch ohne jede gesetzliche Grundlage wurden auch politisch missliebige Hochschullehrer suspendiert, entlassen, zur Abdankung genötigt und in schlimmeren Fällen verhaftet.[5] Viele Hochschullehrer spielten daher mit dem Gedanken der Emigration. Eine kleine Anzahl nach Zürich emigrierter Hochschulprofessoren gründeten dort im Frühjahr 1933 die „Notgemeinschaft deutscher Wissenschaftler im Ausland“[6], deren Ziel es war, die vom rassistischen Regime angeprangerten Wissenschaftler in das Ausland zu vermitteln. Die Gemeinschaft erhielt eine „Flut“ von Anfragen.[7]

---

4 Reichsgesetzblatt, T.1.1933, Nr. 34, S. 175 – 177; Der Gesetzestext ist auch abgedruckt bei Şen/Halm, Exil unter Halbmond und Stern, S. 211 – 216.

5 Neumark, Zuflucht am Bosporus, S. 13.

6 Widmann, Exil und Bildungshilfe, S. 53.

7 Widmann, Exil und Bildungshilfe, S. 53 m.w.N.; In seiner Darstellung der Entwicklung von Forschung und Lehre in Deutschland würdigt Tipke den großen Anteil von Steuerjuristen jüdischer Herkunft und stellt fest, dass mit der Emigration in der Jahren nach 1933 die deutschen Universitäten ihren Weltrang verloren haben. Von dem Aderlass, den die deutsche Steuerrechtswissenschaft durch sie erlitten hat, habe sie sich wohl bis heute nicht erholt. Ohne diesen Verlust hätte die Steuerrechtslehre an den deutschen Universitäten, so Tipke, vermutlich eine ganz andere Position, vgl. Tipke, Die Steuerrechtsordnung, Band 1, 1. Auflage, S. 42.

Etwa zur gleichen Zeit setzte die 1923 von Atatürk gegründete türkische Republik auf dem Hochschulsektor die ihr vorschwebenden, grundlegenden Reformen in Gang. Bedeutendes Ziel war es, die Türkei in einen modernen, weltlichen, sekularisierten und westlichen Staat umzuwandeln. Dazu war es auch erforderlich, die noch aus dem osmanischen Reich herrührenden, wenig entwickelten Universitäten zu reorganisieren, auf westliches Niveau zu bringen und dazu auch ausländische Hochschullehrer zu engagieren.[8] Einige Zeit vor der Machtergreifung Hitlers erhielt Albert Malche, damals Professor für Pädagogik an der Universität Genf, von Atatürk den Auftrag, die türkischen Hochschulen auf Reformnotwendigkeiten und –mög-lichkeiten hin zu überprüfen und ihm entsprechende Vorschläge zu unterbreiten. Nach eingehenden Untersuchungen legte Malche in einem umfassenden Bericht seine Reformvorschläge dar. Trotz aller vorbereitenden Pläne war aber das Hauptproblem der Reformanstrengungen ungelöst: Die Frage des neuen Lehrkörpers, der den Geist der neuen Universitäten repräsentieren und an die Studenten weitervermitteln sollte.[9]

Mitbegründer der „Notgemeinschaft deutscher Wissenschaftler im Ausland" war der ebenfalls zunächst in die Schweiz emigrierte Pathologe Philipp Schwartz, der vorher als Professor am patho-logischen Institut der Universität Frankfurt lehrte. Bei seiner Flucht in die Schweiz[10] kam er bei seinem Schwiegervater, Professor Tschulok, unter, der wiederum ein guter Bekannter von Albert Malche war, der die Türkei bei ihrer Universitätsreform beriet. Auf diesem Wege wurde der Kontakt zwischen der türkischen Regierung, die vor dem scheinbar unlösbaren Problem der Gewinnung von qualifizierten westlichen Lehrkräften für ihre Hochschulreform stand und der „Notgemeinschaft" hergestellt, die ihrerseits verzweifelt nach Mög-lichkeiten suchte, qualifizierte Professoren, die aus dem national-sozialistischen Deutschland vertrieben wurden, im Ausland einzusetzen.

Allein für die neustrukturierte Universität in Istanbul erklärte sich die türkische Regierung am 06. Juli 1933 in einer gemeinsamen Sitzung mit Albert Malche und Philipp Schwartz in Ankara bereit, 30 von den Nazis verfolgte, bereits emigrierte oder inhaftierte Hochschullehrer aus unterschiedlichen Fachrichtungen aufzunehmen.[11] Unter ihnen war auch der Wirtschaftswissenschaftler Professor Dr. rer. pol. Fritz Neumark, der bis dahin an der

---

8 Widmann, Exil und Bildungshilfe, S. 45 ff.

9 Widmann, Exil und Bildungshilfe, S. 49 f.

10 Şen/Halm, Exil unter Halbmond und Stern, S. 182 ff.

11 Widmann, Exil und Bildungshilfe, S. 55 f.; In einer Dokumentation im Anhang seiner Arbeit (S. 236 ff.) hat Widmann das Protokoll der Verhandlung zwischen dem türkischen Unterrichtsministerium und der „Notgemeinschaft" vom 06.07.1933 angefügt, in dem die berufenen 30 Hochschullehrer namentlich benannt sind.

Universität Frankfurt a.M. lehrte und 1933 zunächst an die juristische Fakultät der Universität Istanbul berufen wurde und später an die wirtschaftswissenschaftliche wechselte.[12] Dort war er Professor für Nationalökonomie und wurde 1946 zum Leiter des neu gegründeten Finanzwissenschaftlichen Instituts der Universität. Im Mittelpunkt seiner Bestrebungen stand sein Wunsch – der sich dank glücklicher Umstände dann weitgehend erfüllen sollte –, dabei zu helfen, das Steuersystem der Türkei zu modernisieren und zu rationalisieren. Dabei war er sich „der großen Schwierigkeiten bewusst, die sich einer Verpflanzung von Finanzinstitutionen und –maßnahmen entwickelter westlicher Volkswirtschaften in die Türkei entgegenstellen würden."[13] Die Türkei gehörte damals noch zu den wirtschaftlich rückständigen Ländern mit einer Analphabetenquote, die 60 % überstieg und hatte trotz gewisser Fortschritte eine qualitativ und quantitativ immer noch unzureichende Finanzverwaltung.[14] Neumark gelang es, den damaligen türkischen Finanzminister Nurullah Esad Sümer und über ihn das Gesamtkabinett von der Notwendigkeit zu überzeugen, eine Sachverständigenkommission zur Reform der Besteuerung in der Türkei einzuberufen, der auch Neumark selbst angehörte. Dieser Ausschuss beschäftigte sich lange Zeit mit den europäischen Steuersystemen – besonders auch dem deutschen – und machte aufgrund der gewonnenen Ergebnisse seine Reformvorschläge.[15]

Die Vorschläge enthielten neben der Neugestaltung der Einkommen- und Körperschaftsteuer die Schaffung einer Abgabenordnung nach deutschem Muster.[16] Trotz einiger Widerstrebungen in der Öffentlichkeit, die sich zum Teil durch Neumarks Reformvorschlägen steuerlichen Mehrbelastungen ausgesetzt sahen, gelang es 1950 die Reformentwürfe im Wesentlichen unverändert Gesetz werden zu lassen.[17]

---

12 Widmann, Exil und Bildungshilfe, S. 277 f.; Die Wirtschaftswissenschaften waren in der ersten Zeit der Tätigkeit von Neumark in die Rechtsfakultät integriert. Wirtschaftstheorie, -politik und Finanzwissenschaft gehörten zu den obligatorischen Fächern. Nach der Errichtung einer selbständigen Wirtschaftsfakultät änderte sich insofern nicht viel an dem Unterricht, als für die Studierenden der juristischen Fakultät der Besuch einer Reihe von ökonomischen Vorlesungen und Übungen weiterhin vorgeschrieben war. Vgl. Neumark, Zuflucht am Bosporus, S. 147.

13 Neumark, Zuflucht am Bosporus, S. 257 f.

14 Neumark, Zuflucht am Bosporus, S. 258.

15 Karamete, Steuersystem und Steuermentalität in der Türkei, S. 80.

16 Neumark, Zuflucht am Bosporus, S. 259.

17 Karamete, Steuersystem und Steuermentalität in der Türkei, S. 80; Neumark, Zuflucht am Bosporus, S. 260.

Auf dem geschilderten Weg, gefügt und begleitet von unfassbaren historischen Ereignissen, glücklichen Zufällen und dem Antrieb von Einzelschicksalen besteht neben vielfältigen weiteren unschätzbaren Auswirkungen ein Einfluss deutscher Emigranten auf das türkische Kultur- und Wirtschaftsleben darin[18], dass die türkische Abgabenordnung in seiner ursprünglichen Ausgestaltung dank Fritz Neumark nach deutschem Muster ins Leben gerufen wurde.

Grundlage war selbstredend die damals in Deutschland geltende, ursprünglich von Enno Becker entworfene Reichsabgabenordung[19]. Sowohl die türkische Abgabenordnung als auch die ihr als Basis dienende Reichsabgabenordnung haben bis heute natürlich zahllose Änderungen erfahren. Die geltende Abgabenordnung in Deutschland ist als AO 1977[20] am 01.01.1977 in Kraft getreten. Ihr Ziel war eine Gesamtreform der Reichsabgabenordnung von 1919, so dass um 1950 die Gesetzesgrundlagen für das Besteuerungsverfahren beider Länder zwar in weiten Teilen kongruent gewesen sein mögen, sich aber bis zu der heutigen aktuellen Fassung unabhängig voneinander unter verschiedenen wirtschaftlichen, finanzpolitischen, rechtlichen und gesellschaftlichen Einflüssen weiterentwickelt und sich den besonderen Anforderungen im jeweiligen Land angepasst haben. Umso interessanter erscheint es mir, auf dem Stand von heute, nachdem etwa sechs Jahrzehnte vergangen sind, mit der vorliegenden Arbeit einen Rechtsvergleich der Besteuerungsverfahren beider Länder vorzunehmen.

Ein besonderes Augenmerk wird auch darauf zu richten sein, ob und in welcher Weise die Besteuerungspraxis in der Türkei Einfluss auf ein evidentes Strukturproblem der türkischen Wirtschaft hat: die Schattenwirtschaft (auf türkisch: „kayıtdışı ekonomi“).

Über die Schattenwirtschaft liegen naturgemäß wenig exakte Daten vor, doch gehen Schätzungen von einer Größenordnung zwischen 30 % bis hin zu 70 % der offiziell erfassten Wirtschaftsaktivitäten aus. In einem Zeitungsinterview bestätigte sogar der amtierende Ministerpräsident Erdogan, dass eine Steuerflucht von 50 % besteht.[21] Angaben der OECD zufolge arbeiten über 50 % aller Beschäftigten „informell“.[22] Oft sind es sehr kleine, wenig produktive, nicht registrierte Betriebe, die diese Form der Arbeit anbieten. Aber auch gemeldete Unternehmen – vornehmlich aus der Textil- und

18 Zu weiteren Einflüssen deutschsprachiger Emigranten auf das türkische Kultur- und Wirtschaftsleben vgl. Neumark, Zuflucht am Bosporus, S. 249 ff.

19 Gesetz vom 13.12.1919, RGBl. II, 1993, in Kraft getreten am 23.12.1919.

20 Gesetz vom 16.03.1976, BGBl. I, S. 613.

21 Erdogan in der Tageszeitung Milliyet vom 14.12.2006.

22 OECD, Economic Survey of Turkey 2004, S. 187 – 193; 2006 S. 33, 139 – 152.

Bekleidungsbranche sowie dem Transportwesen und dem Handel – wickeln einen Teil ihres Geschäftsvolumens „schwarz" ab. Selbständige werden auch bei geringem Ein-kommen steuerpflichtig und weichen daher in die Schattenwirtschaft aus. Andere Unternehmen wollen Steuern und Sozialversicherungsbeiträge sowie die Verpflichtung zum Zahlen des in der Türkei bereits bestehenden Mindestlohns vermeiden. Dadurch bleiben die Einnahmen von Sozialversicherungen und Fiskus chronisch niedrig. Informell arbeitende Unternehmen haben auch keinen Zugang zu Eigen- oder Fremdkapital über den Finanzsektor und können sich nicht um staatliche Unterstützung bewerben; sie bleiben so von der Möglichkeit zur Modernisierung und Wachstum abgeschnitten. Der formale Sektor ist inter-national konkurrenzfähig, während der informelle Sektor zwar jetzt eine Existenzgrundlage für gering Qualifizierte anbietet, aber auf Dauer weder ein akzeptables Einkommensniveau noch einen Anspruch auf soziale Sicherung gewährleisten kann.[23]

23 Brasche, Europäische Integration, S. 328 f.

Erster Abschnitt: Überblick zum Steuerbegriff und zu den verfassungsrechtlichen Grundlagen der Besteuerung

A. Der Steuerbegriff

Der Begriff der Steuern und seine Merkmale sind in der Türkei gesetzlich nicht definiert. Allgemein anerkannt ist, dass Steuern

> „Geldeinnahmen des Staates darstellen, für die er keine konkreten Gegenleistungen erbringt und die von ihm ohne Rückzahlungsverpflichtung endgültig erzielt werden.“[24]

Im Gegensatz zur Türkei ist der Steuerbegriff in Deutschland gesetzlich geregelt. Die Legaldefinition des Steuerbegriffs in § 3 Abs. 1 AO lautet:

> Steuern sind Geldleistungen, die nicht eine Gegenleistung für eine besondere Leistung darstellen und von einem öffentlich-rechtlichen Gemeinwesen zur Erzielung von Einnahmen allen auferlegt werden, bei denen der Tatbestand zutrifft, an den das Gesetz die Leistungspflicht knüpft; die Erzielung von Einnahmen kann Nebenzweck sein.

Im Kern stimmen die Merkmale des jeweiligen Steuerbegriffs beider Staaten überein. Wesentlich sowohl für den türkischen als auch für den deutschen Steuerbegriff ist die Geldleistung des gesetzlich zur Steuerzahlung Verpflichteten, ohne dass sie mit einer besonderen staatlich Gegenleistung verknüpft ist. Die Steuer zeichnet sich auch in Deutschland dadurch aus, dass sie eine Einnahme zur Deckung des allgemeinen Finanzbedarfs darstellt und damit grds. nicht der Finanzierung besonderer Aufgaben dient.[25] Als weiteres übereinstimmendes Merkmal der Steuer ist ihre „Endgültigkeit“ zu nennen, d.h. Steuern sind weder in Deutschland noch in der Türkei zur Rückzahlung vorgesehen.[26]

Abgegrenzt wird der Steuerbegriff in der Türkei im Wesentlichen von Gebühren (Harçlar), (Formular-) Abgaben (Resimler) und Beiträgen (Harcamalara katılma payları).

Von der Steuer unterscheidet sich die Gebühr durch die Verknüpfung mit einer individuell zurechenbaren Gegenleistung des öffentlich-rechtlichen Gemeinwesens. Die besondere Gegenleistung für die entrichtete Gebühr kann eine Amtshandlung oder eine sonstige Tätigkeit der Verwaltung (Verwaltungsge-

---

24 Uluatam/Methibay, Vergi Hukuku, S. 7 f. m.w.N.

25 Lang, in: Tipke/Lang, Steuerrecht, § 3 Rn. 14.

26 Für die Situation in Deutschland vgl. Lang, in: Tipke/Lang, Steuerrecht, § 3 Rn. 16.

bühr) darstellen oder die Gebühr kann für die Inanspruchnahme öffentlicher Einrichtungen oder Anlagen (Benutzungsgebühren) erhoben werden.[27] Gebühren sind die weitestverbreitete Form von Benutzungsentgelten in der Türkei.[28]

Für offizielle Formulare, die für bestimmte Leistungen benutzt werden müssen, werden spezielle „Formularabgaben" verlangt, die keine Steuern darstellen. Diese vom Finanzministerium gedruckten Papiere sind zwingend zu verwenden z.B. für Pässe, Heiratsurkunden, Geburtsurkunden.[29]

Beiträge können hingegen als Aufwendungsersatzleistungen bezeichnet werden, die für den Bau, die Erhaltung oder der Verbesserung öffentlicher Einrichtungen oder Anlagen erhoben werden. In den Kommunalabgabengesetzen der Türkei werden beispielsweise Beitragspflichten für die Einrichtung von Wasserversorgungsanlagen oder den Straßenbau vorgesehen.[30]

In Deutschland wird sie Steuer abgegrenzt von Gebühren, Beiträgen und Sonderabgaben.

Von der Steuer unterscheidet sich die Gebühr ebenso wie in der Türkei durch die Verknüpfung mit einer individuell zurechenbaren Gegenleistung des öffentlich-rechtlichen Gemeinwesens. Legaldefinitionen der Gebühren enthalten die Kommunalabgabengesetze, wie z.B. § 4 Abs. 2 KAG-NW:

> Gebühren sind Geldleistungen, die als Gegenleistung für eine besondere Leistung – Amtshandlung oder sonstige Tätigkeit – der Verwaltung (Verwaltungsgebühren) oder für die Inanspruchnahme öffentlicher Einrichtungen und Anlagen (Benutzungsgebühren) erhoben werden.

Das Verständnis von Gebühren und ihre Abgrenzung zu Steuern sind demnach in der Türkei und in Deutschland deckungsgleich.

In Deutschland sind Beiträge hoheitlich zur Finanzbedarfsdeckung auferlegte Aufwendungsersatzleistungen

- für die Herstellung Anschaffung oder Erweiterung öffentlicher Einrichtungen und Anlagen;
- für die Verbesserung von Straßen, Wegen und Plätzen, nicht für deren laufende Unterhaltung und Instandsetzung.

Eine Legaldefinition des Beitrags findet sich in den Kommunalabgabengesetzen, wie etwa in § 8 Abs. 2 KAG-NW.

Auch der deutsche Beitragsbegriff stimmt somit mit dem Verständnis über die Beiträge in der Türkei (Harcamalara katılma payları) überein.

---

27 Uluatam/Methibay, Vergi Hukuku, S. 8.

28 Fischer, Finanzsystem und Finanzverwaltung der Türkei, S. 57.

29 Fischer, Finanzsystem und Finanzverwaltung der Türkei, S. 58.

30 Uluatam/Methibay, Vergi Hukuku, S. 9.

Eine spezielle Formularabgabe, wie sie in der Türkei für spezielle Dokumente erhoben wird, ist in Deutschland hingegen nicht bekannt. Vielmehr werden Zahlungen z.B. für die Erteilung von offiziellen Bescheinigungen in Deutschland als Verwaltungsgebühren vereinnahmt.[31]

In Deutschland wird die Steuer zudem Abgegrenzt von sog. Sonderabgaben. Während Steuern dazu dienen, den allgemeinen in den Haushaltsplänen ausgewiesenen Finanzbedarf der Steuergläubiger zu decken, sind Sonderabgaben Abgaben zur Finanzierung besonderer Aufgaben, die nicht in den Haushaltsplänen erfasst sind (sog. parafiskalische Abgaben). Sonderabgaben werden von bestimmten Gruppen von Bürgern erhoben und einem Sonderfonds außerhalb des Haushaltsplans zugeleitet.[32]

Beispiele für Sonderabgaben in Deutschland sind: Ausgleichsabgabe zur Sicherung des Steinkohleeinsatzes (sog. Kohlepfennig), Milchausgleichsabgabe zum Ausgleich unterschiedlicher Betriebserträge, Ausgleichsabgabe nach dem Schwerbehindertengesetz oder Sonderabgaben zum Schutze der Umwelt.[33]

Auch in der Türkei kommen besondere Finanzierungsabgaben vor, die einen parafiskalischen Charakter aufweisen. Ohne in den hauptsächlich durch Steuern gespeisten Staatshaushalt zu fließen, werden derartige Abgaben auch in der Türkei von bestimmten Personengruppen erhoben, besonderen Fonds zugeordnet und zweckgerichtet eingesetzt. Die Erhebung derartiger Sonderabgaben ist in Artikel 73 Abs. 3 der türkischen Verfassung[34] neben Steuern, (Formular-) Abgaben und Beiträgen als „ähnliche finanzielle Verpflichtung" festgeschrieben. Auch wenn diese Abgaben nicht dem allgemeinen Staatshaushalt zufließen, werden sie wie Steuern und die übrigen Abgaben nach dem Gesetz über die Erhebung öffentlicher Forderungen (AATUHK) eingefordert. Zu dieser Art von Abgaben zählen in der Türkei in erster Linie Aufnahme- und laufende Mitgliedschaftsabgaben an berufsständische Einrichtungen, die als Anstalten des öffentlichen Rechts aufgestellt sind.[35]

---

31 Lang, in: Tipke/Lang, Steuerrecht, § 3 Rn. 18.

32 Lang, in: Tipke/Lang, Steuerrecht, § 3 Rn. 21.

33 Lang, in: Tipke/Lang, Steuerrecht, § 3 Rn. 25 f. m.w.N.

34 Türkische Verfassung vom 07.11.1982, Gesetzes-Nr.: 2709, veröffentlicht im Amtsblatt vom 09.11.1982.

35 Uluatam/Methibay, Vergi Hukuku, S. 10.

B. Die verfassungsrechtlichen Grundlagen der Besteuerung

In der Türkei sind die verfassungsrechtlichen Grundlagen der Besteuerung im Wesentlichen in Artikel 73 der türkischen Verfassung verankert.

Der mit „Steuerpflicht“ (Vergi ödevi) überschriebene Artikel hat folgenden Wortlaut:

> (1) Jedermann ist verpflichtet, zur Deckung der öffentlichen Ausgaben seiner finanziellen Kraft gemäß Steuern zu entrichten.
>
> (2) Die gerechte und ausgewogene Verteilung der Steuerlast ist das soziale Ziel der Finanzpolitik.
>
> (3) Steuern, indirekte Abgaben, Gebühren und ähnliche finanzielle Lasten werden durch Gesetz auferlegt, geändert oder aufgehoben.
>
> (4) Die Kompetenz, innerhalb der vom Gesetz bestimmten Unter- und Obergrenzen an den Vorschriften über Befreiungen, Ausnahmen und Ermäßigungen von Steuern, indirekten Abgaben, Gebühren und ähnlichen finanziellen Lasten sowie über deren Beträge Änderungen vorzunehmen, kann dem Ministerrat übertragen werden.

In Artikel 73 Abs. 1 der türkischen Verfassung ist das Leistungsfähigkeitsprinzip als Primärgrundsatz festgeschrieben.[36] Zur Deckung der öffentlichen Ausgaben ist demnach jeder entsprechend seiner individuellen finanziellen Leistungsfähigkeit verpflichtet.[37]

Auch in der verfassungsgerichtlichen Rechtsprechung der Türkei[38] hat das Leistungsfähigkeitsprinzip als Fundamentalprinzip eine Bedeutung erhalten und wird in der Weis ausgelegt, dass „die Steuer entsprechend der wirtschaftlichen und persönlichen Situation des Betroffenen erhoben wird.“ Das Verfassungsgericht kommt für die Definition des Leistungsfähigkeitsprinzips zu der Formel, dass der finanziell Leistungsfähigere im Vergleich zu dem finanziell Leistungsschwächeren mehr Steuern zahlen muss. Es stellt dabei fest, dass die Verfassung selbst keine Definition für den Begriff der „finanziellen Leistungsfähigkeit“ bietet, dieser aber im Allgemeinen als Synonym zur „Zahlungskraft“ verwendet wird. Aus Sicht des öffentlichen Finanzwesens stellen das Einkommen, das Vermögen und der Verbrauch Indikatoren für die finanzielle Leistungsfähigkeit

---

36 Zum Leistungsfähigkeitsprinzip als allgemein anerkanntes Fundamentalprinzip gerechter Besteuerung vgl. Lang, in: Tipke/Lang, Steuerrecht, § 4 Rn. 81 ff. m.w.N.

37 Öncel/Kumrulu/Cağan, Vergi Hukuku, S. 52 f.

38 Anschaulich hierzu Verfassungsgerichtsurteil vom 13.07.1995, E. 1994/85, K. 1995/32, abgedruckt in Resmi Gazete, 28.09.1995/22771.

dar. Das Verfassungsgericht kommt ferner zu dem Schluss, dass die Besteuerung nach der finanziellen Leistungsfähigkeit ein Instrument zur Wahrung des Gleichheitsgebotes bei der Steuererhebung darstellt.[39]

Der Grundsatz der Gleichmäßigkeit der Besteuerung wird auf Artikel 2 der Verfassung, der die Türkei als sozialen Rechtsstaat deklariert, ebenso gestützt, wie auf Artikel 10, der die Gleichheit vor dem Gesetz für Jedermann sichert, sowie auf das Leistungsfähigkeitsprinzip aus Art. 73 Abs. 1.[40]

Darüber hinaus muss die Besteuerung dem Prinzip der Gesetzmäßigkeit genügen. Artikel 73 Abs. 3 der Verfassung regelt den sog. Vorbehalt des Gesetzes ausdrücklich. Demnach ist die Auferlegung, Änderung oder Aufhebung von Steuerlasten dem Gesetz vorbehalten. Die Besteuerung an sich, die Änderung der Besteuerung und ihre Aufhebung sind nur zulässig, sofern und soweit dies durch Gesetz angeordnet wird. Der sog. Vorrang des Gesetzes als weiterer Ausdruck des Gesetzmäßigkeitsprinzips erfordert außerdem, dass Rechtsverordnungen und Verwaltungsakte nicht gegen das Gesetz verstoßen dürfen.[41] Als Ausdruck hiervon ist auch Art. 73 Abs. 4 der Verfassung zu verstehen, der dem Ministerrat durch die bestehenden Gesetze Grenzen für seine Handlungskompetenzen setzt.[42]

Das verfassungsrechtliche Prinzip der Rechtsstaatlichkeit (Artikel 2 der türkischen Verfassung) erfordert, dass alle Staatsgewalten an die verfassungsmäßige Ordnung gebunden sind. Artikel 11 der Verfassung regelt dementsprechend:

> Die Verfassungsvorschriften sind rechtliche Grundregeln, welche die Organe der Gesetzgebung, der vollziehenden Gewalt und der Rechtsprechung, die Verwaltungsbehörden und übrigen Organisationen und Personen binden. Die Gesetze dürfen nicht verfassungswidrig sein.

Demzufolge sind sowohl die Steuerverwaltung als auch die Steuerrechtsprechung an Gesetz und Recht gebunden. Die durch das Änderungsverbot des Artikel 4 der türkischen Verfassung besonders geschützte Rechtsstaatlichkeit bedeutet für die Staatsgewalten, dass sie die geteilte staatliche Macht nur unter Beachtung der in der Verfassung niedergelegten Prinzipien und auf Grundlage von formell und materiell verfassungsmäßig erlassenen Gesetzen mit dem Ziel der Gewährleistung von Gerechtigkeit und Rechtssicherheit ausüben dürfen.[43]

---

39 Uluatam/Methibay, Vergi Hukuku, S. 15 m.w.N.

40 Kırbaş, Vergi Hukuku, S. 40.

41 Lang, in: Tipke/Lang, Steuerrecht, § 4 Rn. 150.

42 Uluatam/Methibay, Vergi Hukuku, S. 39 f.

43 Zur formalen und materialen Rechtstaatlichkeit in Deutschland vgl. Lang, in: Tipke/Lang, Steuerrecht, § 4 Rn. 50 ff. sowie zur Bewertung im Zusammenhang mit dem türkischen Verständigungsverfahren unten S. 232 ff.

Inwiefern diese rechtsstaatlichen Prinzipien im Rahmen der Besteuerungsrealität in der Türkei eingehalten werden, wird weiterer Gegenstand der nachfolgenden Untersuchungen sein.

In Deutschland ist der X. Abschnitt des Grundgesetzes überschrieben mit „Das Finanzwesen" und umfasst die Artikel 104a bis 115 GG. Dabei lässt sich der Abschnitt in zwei Komplexe unterteilen: Regelungen über die Verteilung der Finanzhoheiten zwischen Bund und Ländern (Art. 104a – 108 GG) und das Haushaltsverfassungsrecht (Art. 109 – 115 GG).[44]

Art. 104a – 108 GG verteilen die Finanzhoheit auf einzelne Gebietskörperschaften, sind also bundesstaatlich veranlasste Vorschriften, die die Verbandskompetenzen festlegen.[45] Im Einzelnen werden geregelt die Steuergesetzgebungshoheit in Art. 105 GG, die Steuerertragshoheit in den Art. 106 und 107 GG und die Steuerverwaltungshoheit in Art. 108 GG.

Die Art. 109 bis 115 GG richten sich im Wesentlichen an den Bund als Adressaten und tragen zur Kompetenzverteilung zwischen verschiedenen Bundesorganen bei, regeln also Organkompetenzen.[46]

Demzufolge bleibt festzuhalten, dass dem deutschen Grundgesetz die für den Steuerpflichtigen relevanten materiellen Grundwertungen der Steuerrechtsordnung nicht dem Finanzverfassungsrecht, sondern anderen Teilen des Grundgesetzes, so insbesondere dem Abschnitt I (Die Grundrechte) und den Strukturprinzipien der Verfassung (Rechtsstaatsprinzip, Sozialstaatsprinzip) zu entnehmen sind.[47] Zu materiellen Grundwertungen der Steuerrechtsordnung enthält das Grundgesetz, anders als die Verfassung der Türkei, keine ausdrücklichen Bestimmungen.

Lang bewertet das „Schweigen" des Grundgesetzes zu materiellen Inhalten der Besteuerung nicht als Nachteil und betrachtet eine Einfügung steuerrechtlicher Programmsätze in das Grundgesetz für nicht erforderlich. Er stellt zutreffend fest, dass es letztlich nicht so sehr am Verfassungstext als vielmehr an der durch Legislative, Rechtsprechung und Exekutive geschaffenen Verfassungswirklichkeit liegt, wie viel Recht und Gerechtigkeit eine Steuerrechtsordnung gewährt.[48]

Die im Folgenden kurz skizzierten rechtsstaatlichen Prinzipien des Steuerrechts werden in Deutschland demzufolge nicht, wie etwa in der Türkei, aus

44 Vogel/Waldhoff, in: BK, Vorbem. z. Art. 104a – 115, Rn. 34.

45 Vogel/Waldhoff, in: BK, Vorbem. z. Art. 104a – 115, Rn. 34.

46 Vogel/Waldhoff, in: BK, Vorbem. z. Art. 104a – 115, Rn. 34.

47 Lang, in: Tipke/Lang, Steuerrecht, § 3 Rn. 7.

48 Lang, in: Tipke/Lang, Steuerrecht, § 3 Rn. 8; Zur Umsetzung der in der Türkei im Verfassungstext verankerten Grundprinzipien der Besteuerung in die Verfassungswirklichkeit vgl. insb. die Ausgestaltung der dortigen Verständigungen, s. hierzu unten S. 185 ff.

speziellen Verfassungsnormen entnommen, sondern aus allgemeinen Vorschriften abgeleitet:[49]

Alle Staatsgewalten, so auch die Steuergesetzgebung, Steuerverwaltung und Steuerrechtsprechung sind in Deutschland an die rechtsstaatliche Ordnung des Grundgesetzes und besonders die Grundrechte gebunden (Art. 1 Abs. 3; 20 Abs. 3 GG), und Art. 20 Abs. 3, 2. Hs. GG bindet die vollziehende Gewalt und die Rechtsprechung und damit auch die Steuerverwaltung und die Steuerrechtsprechung an „Gesetz und Recht". Die durch das Änderungsverbot des Art. 79 Abs. 3 GG besonders geschützte Rechtsstaatlichkeit bedeutet, dass die Ausübung der geteilten staatlichen Macht nur auf der Grundlage einer die Grundrechte gewährleistenden Verfassung und von formell und materiell verfassungsmäßig erlassenen Gesetzen mit dem Ziel der Gewährleistung von Gerechtigkeit und Rechtssicherheit zulässig ist.[50]

Der Rechtsstaat hat eine formale und eine materiale Seite. Das Ziel des formalen Rechtsstaats, dem Bürger Rechtssicherheit zu gewähren, verwirklicht sich auch im deutschen Steuerrecht zunächst in dem Grundsatz der Gesetzesmäßigkeit der Besteuerung (steuerrechtliches Legalitätsprinzip). Ebenso wie das in der Türkei verfassungsrechtlich normierte Gesetzesmäßigkeitsprinzip läuft auch in Deutschland das steuerrechtliche Legalitätsprinzip auf den sog. Vorbehalt und den Vorrang des Gesetzes hinaus: Der Vorbehalt des Gesetzes behält die Auferlegung von Steuerlasten dem Gesetz vor; sie ist nur zulässig, sofern und soweit sie durch Gesetz angeordnet ist. Die Festsetzung einer Steuer setzt voraus, dass ein gesetzlicher Tatbestand erfüllt ist, an den das Gesetz als Rechtsfolge eine Steuer knüpft. Aber auch die Rechtsfolge muss sich aus dem Gesetz ergeben. Der Vorrang des Gesetzes besagt indes, dass Rechtsverordnungen und Verwaltungsakte nicht gegen das Gesetz verstoßen dürfen.[51]

Da er im Grundgesetz nicht explizit normiert ist, wird der steuerrechtliche Gesetzesvorbehalt aus Artikel 2 Abs. 1, 20 Abs. 3, 14 Abs. 1 S. 2, Abs. 2 GG abgeleitet und kommt auch im einfachen Gesetz zum Ausdruck: Nach § 3 Abs. 1 und 38 AO entsteht der Steueranspruch durch Verwirklichung des Tatbestands, an den das Gesetz die Leistungspflicht knüpft.[52]

Das Prinzip der Besteuerungsgleichheit wird hingegen aus Artikel 3 Abs. 1 GG abgeleitet.[53] Dies entspricht der Bedeutung des Gleichheitssatzes als einer

49 Zu den grundrechtlich-rechtsstaatlichen Prinzipien in Deutschland s. grundlegend Tipke, Die Steuerrechtsordnung, Band 1, 1. Auflage, S. 135 – 514.

50 Lang, in: Tipke/Lang, Steuerrecht, § 4 Rn. 50.

51 Lang, in: Tipke/Lang, Steuerrecht, § 4 Rn. 150.

52 Lang, in: Tipke/Lang, Steuerrecht, § 4 Rn. 152 ff. m.w.N.

53 BVerfGE 6, S. 70; 9, S. 9; 13, S. 202; 50, S. 391; 65, S.354; 66, S. 223; 84, S. 268. Zur Besteuerungsgleichheit in Deutschland ausführlich Kirchhof, StuW 1984, S. 297 ff.

grundlegenden Gerechtigkeitsvorstellung des Grundgesetzes. Die Regelung des Artikel 3 Abs. 1 GG gebietet die Gleichheit vor dem Gesetz, bezieht sich also unmittelbar auf Gesetzesanwendung (sog. Rechtsanwendungsgleichheit).[54] Darüber hinaus fordert der Gleichheitssatz vom Gesetzgeber aber auch die sog. Rechtssetzungsgleichheit. Das Gleichmaß der steuerlichen Belastung wird in diesem Zusammenhang nur gewahrt, wenn die Steuertatbestände nach der unterschiedlichen Leistungsfähigkeit differenzieren.

Während neben der Gleichmäßigkeit der Besteuerung in der Türkei u.a. auch das Leistungsfähigkeitsprinzip explizit verfassungsrechtlich verankert ist,[55] wird auch dieses Fundamentalprinzip in Deutschland aus dem allgemeinen Gleichheitssatz des Artikel 3 Abs. 1 GG hergeleitet. Nach der ständigen Rechtsprechung des Bundesverfassungsgerichts fordert der im allgemeinen Gleichheitssatz verankerte Grundsatz der Steuergerechtigkeit, dass die Steuerlasten auf die Steuerpflichtigen im Verhältnis ihrer wirtschaftlichen Leistungsfähigkeit verteilt werden.[56]

---

54 Wernsmann, in: H/H/Sp, AO, § 3 Rn. 201 f.; Lang, in: Tipke/Lang, Steuerrecht, § 4 Rn. 70.

55 vgl. hierzu oben S. 24 ff.

56 BVerfGE 6, S. 55; 8, S. 51; 9, S. 237; 47, S. 1; 66, S. 214; 82, S. 60.

Zweiter Abschnitt: Organisation und Zuständigkeiten der Finanzbehörden

A. Zentral- und Provinzverwaltung der Türkei

Die Republik Türkei verfügt über eine hierarchisch strukturierte Steuerverwaltung, die im gesamten Staatsgebiet einheitlich den Gesetzesvollzug sicherstellt. An der Spitze dieser Hierarchie steht das Finanzministerium (Maliye Bakanlığı), das den steuerlichen Verwaltungsvollzug durch eine Zentral- und eine Provinzverwaltung verfolgt.

Die Organisationsstruktur der Finanzverwaltung war in ihrer Aufteilung bis zu ihrer Neustruktur im Jahre 2005 auf der mittleren bzw. regionalen Ebene in den übrigen Verwaltungsapparat der Türkei eingegliedert: Die Staatsverwaltung der Türkei wurde ähnlich dem französischen Vorbild zentralistisch organisiert.

Die Kommunalverwaltung der Türkei ist in 81 Provinzen (İl) untergliedert, denen jeweils ein vom Ministerrat ernannter und vom Staatspräsidenten bestätigter Gouverneur (Vali) als Regierungs- und Staatsvertreter für die gesamte öffentliche Verwaltung vorsteht. Er hat zugleich den Vorsitz der von der Bevölkerung gewählten Provinzversammlung. Die einzelnen Provinzen sind in Bezirke/Kreise (İlçe) und Gemeinden (Belediye) unterteilt. Die Finanzverwaltung war auf der Provinz- und der Kreisebene ebenfalls in den allgemeinen Verwaltungsdienst integriert, war mithin Teil der Provinzregierungen[57] und hatte keinen davon unabhängigen „Organisationsstrang" zum Finanzministerium. Dabei kam es zu „Schwierigkeiten in der Kommunikation zwischen dem Finanzminister und den Steuerämtern und zu Widersprüchen in der Handhabung der Besteuerungspraxis".[58]

I. Neustrukturierung der Finanzverwaltung

Die Entwicklung

Die wichtigste Einheit des Finanzministeriums, die direkt mit Aufgaben aus der Steuerverwaltung betraut war, war neben dem Präsidium der Rechnungsführer (Hesap Uzmanları Kurulu Başkanlığı) bis zum Jahre 2005 die sog. Einkommens-Generaldirektion (Gelirler Genel Müdürlüğü).

---

57 Fischer, Finanzsystem und Finanzverwaltung der Türkei, S. 200.

58 Fischer, Finanzsystem und Finanzverwaltung der Türkei, S. 201.

In den einzelnen Provinzen waren formal die wichtigsten Befugnisse des Finanzministeriums an die Finanzamtsdirektionen (Defterdarlık) delegiert, die aber ihrerseits in die allgemeine Provinz- und Kreisverwaltung integriert waren und damit im „Einflussbereich" der Provinzgouverneure standen. Innerhalb der Provinzverwaltung waren den Finanzamtsdirektionen auferlegt, die Steuergesetze durchzusetzen, Steuern, Abgaben, Gebühren, Geldstrafen und Bußgelder und andere finanzielle Ansprüche des Staates festzusetzen und zu erheben. Außerdem waren sie zuständig für die Informationsbeschaffung über die Steuerpflichtigen und archivierten diese, beantworteten Anfragen der Finanzämter und der Steuerpflichtigen, waren für das Personal der Finanzämter zuständig, erstellten steuerliche Statistiken, waren für den Erlass bzw. die Löschung von Steueransprüchen und auch für jede Art von steuerlichen (Außen-) Prüfungen zuständig (§ 20 des Gesetzes Nr. 2996).

Schon im Forschungsbericht des Bundesministeriums für wirtschaftliche Zusammenarbeit über das Finanzsystem und die Finanzverwaltung der Türkei von 1983 wurde die Einbindung der Finanzverwaltung in die allgemeine Verwaltung als „Schwachstelle" im organisatorischen Aufbau der türkischen Finanzverwaltung gesehen. Darin heißt es:[59]

> „Solange der formale Anweisungsweg vom Ministerium bis hinunter zum einzelnen Finanzamt stets über die (steuer-) fachlich nicht kompetenten Leiter des allgemeinen Verwaltungsdienstes (Gouverneur, Landdirektor) läuft, sind Effizienzverluste unvermeidlich. Die Finanzverwaltung sollte deshalb auf längere Sicht auf allen Ebenen aus der allgemeinen Verwaltung herausgelöst und organisatorisch verselbständigt werden."

Mit Inkrafttreten des Gesetzes Nr. 5345 über die Organisation und Zuständigkeiten des Präsidiums für die Einkommensverwaltung (Gelir İdaresi Başkanlığı´nın Teşkilat ve Görevleri Hakkında Kanun) am 16. Mai 2005 ist im Rahmen einer aufwendigen Umstrukturierung der Finanzverwaltung die Einkommens-Generaldirektion aus der bisherigen Organisationsstruktur des türkischen Finanzministeriums und der allgemeinen Verwaltung ausgegliedert worden. Als separate Verwaltungseinheit wurde unter einem „neuen Dach" das Einkommens-Verwaltungspräsidium (Gelir İdaresi Başkanlığı) gegründet.

Durch diese Neustrukturierung ist beabsichtigt, die Finanzverwaltung unabhängig von der übrigen Struktur der Staatsverwaltung neu als Einheit zu organisieren. Anlass hierzu haben politische Gründe gegeben, wobei das bisherige Gefüge der Finanzverwaltung als „introvertiert"[60] und undurchsichtig bezeichnet wird. Darüber hinaus fehlte der bisherigen Zentral- und Provinzstruktur die Fä-

---

59 Fischer, Finanzsystem und Finanzverwaltung der Türkei, S. 4.

60 Mutluer, Vergi Genel Hukuku, S. 106.

higkeit, sich als einheitliche Finanzverwaltung darzustellen. Ziel war es u.a., die Finanzverwaltung aus dem „Eingriffsbereich“ der Gouverneure der einzelnen Provinzen bzw. der Landdirektoren der einzelnen Kreise zu nehmen.[61]

II. Das Einkommens-Verwaltungspräsidium (Gelir İdaresi Başkanlığı)

Nach der Neustrukturierung der Finanzverwaltung durch das Gesetz Nr. 5345 über die Organisation und Zuständigkeiten des Präsidiums für die Einkommensverwaltung (Gelir İdaresi Başkanlığı'nın Teşkilat ve Görevleri Hakkında Kanun) und der Abschaffung der Einkommens-Generaldirektion stellt nunmehr das Einkommens-Verwaltungspräsidium die bedeutendste Steuerverwaltungseinheit dar. Die in dem gleichen Gesetz unter § 4 dem Einkommens- Verwaltungspräsidium übertragenen Aufgaben und Befugnisse sind in 19 Punkten wie folgt definiert:

- die vom (Finanz-) Ministerium bestimmte innerstaatliche Einkommenspolitik durchführen;
- Unterstützung der Steuerpflichtigen bei der Einhaltung der Steuergesetze durch Erbringung von geeigneten Dienstleistungen;
- nötige Maßnahmen treffen, um die Rechte der Steuerpflichtigen zu schützen und die gegenseitige auf Vertrauen basierende Beziehung zwischen den Steuerpflichtigen und dem Präsidium zu verwirklichen;
- Steuerpflichtige über ihre sich aus den steuerlichen Vorschriften resultierenden Rechte und Pflichten informieren;
- Beteiligung bei Gesetzes- und Erlassausarbeitungen, die einen Bezug zur staatlichen Einkommenspolitik haben;
- die Erhebung der Staatsforderungen sichern und die dafür nötigen Maßnahmen treffen;
- Maßnahmen ergreifen, um die bei der Durchführung auftretenden Konflikte auf ein Minimum zu vermindern und eine Zusammenarbeit bei der Durchführung sicher zu stellen;

61 Mutluer, Vergi Genel Hukuku, S. 106; Die Möglichkeit der Einflussnahme der Gouverneure ging teilweise so weit, dass z.B. Maßnahmen auf dem Gebiet des Personalwesens, die die Oberfinanzdirektoren wünschten, im Einzelfall von den Gouverneuren verhindert wurden, oder „potente“ Steuerpflichtige über den Provinzgouverneur Einfluss auf Besteuerungsfragen (z.B. bei Stundungen) nahmen. Vgl. dazu Fischer, Finanzsystem und Finanzverwaltung der Türkei, S. 218 f.

- Informationsgewinnung zum Besteuerungsprozess und Führung des Informationsdienstes auf diesem Gebiet;
- Bestimmung der finanziellen Auswirkungen, die durch die in den Steuergesetzen oder in anderen Finanzgesetzen festgelegten Ausnahmeregelungen, Freistellungen und Ermäßigungen hervorgerufen werden und Analysierung der dadurch entstehenden wirtschaftlichen und sozialen Wirkungen;
- Durchführung der Steueraufsicht und ihre Überwachung nach der vom Ministerium vorgegeben Grundsatzpolitik und den Strategien und Ergreifung der nötigen Präventionsmaßnahmen gegen den Steuerverlust und die Steuerhinterziehung;
- Abstimmung der örtlichen Einkommensverwaltungspolitik mit der staatlichen Einkommenspolitik;
- Steuerliche Gesetzesinitiativen und –entwürfe im Hinblick auf die Steuergesetzestechnik und deren tatsächliche Durchführbarkeit prüfen und dem Finanzministerium Bericht erstatten;
- im Zusammenhang mit der Durchführung der Einkommensbestimmungen mit anderen Körperschaften und Institutionen zusammenarbeiten und zu diesem Zweck einen Informationsaustausch durchführen;
- internationale Entwicklungen, die den entsprechenden Aufgabenbereich betreffen, verfolgen und mit der EU, mit anderen internationalen Institutionen und anderen Staaten zusammenarbeiten;
- zu streichende und verjährte Steuerforderungen des Fiskus entsprechend den gesetzlichen Vorgaben bearbeiten;
- im Bereich des Personalwesens die Hinzugewinnung von qualifiziertem Nachwuchs, Qualitätssteigerungen, Planung von Karrieren und die Leistungsbeurteilung;
- auf Grundlage der von der „Kommission für Ethik im Beamtentum" festgelegten Bestimmungen ethische Grundsätze entwickeln und dem Personal sowie den Steuerpflichtigen vermitteln;
- Ergebnisse der Tätigkeiten in regelmäßigen Abständen der Öffentlichkeit mitteilen und den jährlichen Tätigkeitsbericht in dem folgenden Jahr der Öffentlichkeit darlegen;
- den sich aus den Gesetzen im Übrigen ergebenden Verpflichtungen nachkommen.

Zur Erfüllung dieser Aufgaben stellt sich die Organisationsstruktur des Einkommens-Verwaltungspräsidiums durch das Gesetz über die Organisation und Zuständigkeiten des Präsidiums für die Einkommensverwaltung wie folgt dar:

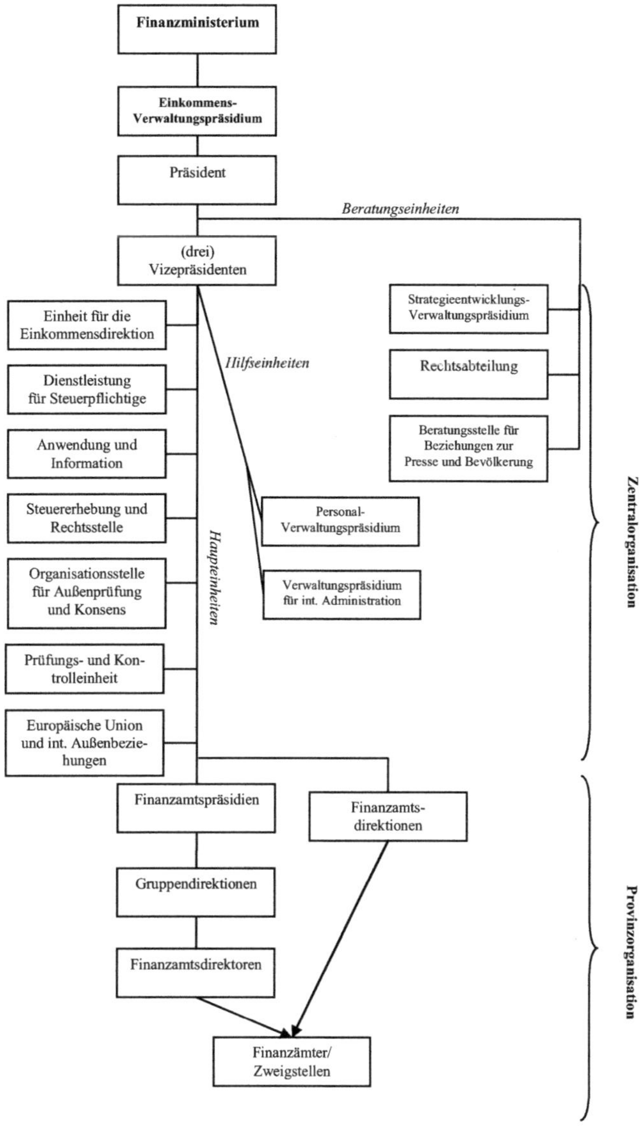

Abb. 1: Organisationsstruktur des Einkommens-Verwaltungspräsidiums der Türkei

Die Einzelheiten der Provinzorganisation sind in einer vom Finanzministerium erlassenen Rechtsverordnung separat geregelt.[62] Als Ziel ordnet § 1 der Rechtsverordnung an, die Organisationsstruktur der Finanzamtspräsidien, ihre Aufgaben, Befugnisse und ihren Verantwortungsbereich festzulegen, sowie die Beziehungen der Provinzverwaltung mit der Zentralverwaltung und deren Zusammenarbeit zu definieren. Die in der Provinzverwaltung anzutreffenden Finanzamtspräsidien und Finanzamtsdirektionen werden mit ihren gesamten Untereinheiten bis hin zu den einzelnen Finanzämtern hinsichtlich ihrer strategischen Ausrichtungen und der verfolgten Politik sowie mit Einzelanweisungen an die Vorgaben des Einkommens-Verwaltungspräsidiums gebunden, ohne dass sie den Provinzgouverneuren oder den Landdirektoren weisungsgebunden sind. Dementsprechend werden die dem Einkommens-Verwaltungspräsidium auferlegten Pflichten in ihren wesentlichen Teilen auf die Provinzverwaltungseinheiten der Finanzverwaltung delegiert.

III. Das Präsidium der Rechnungsexperten (Hesap Uzmanları Kurulu Başkanlığı)

Neben dem Einkommens-Verwaltungspräsidium besteht als weitere Untereinheit im Finanzministerium das Präsidium der Rechnungsexperten (Hesap Uzmanları Kurulu Başkanlığı). Die Rechnungsexperten (Hesap Uzmanları) sind im Jahre 1945 mit dem Gesetz über die Gründung des Präsidiums der Rechnungsexperten (Gesetz Nr. 4709) ins Finanzministerium eingezogen.

Die Aufgabe der Rechnungsexperten, die unabhängig und nur direkt dem Finanzministerium untergeordnet sind,[63] besteht darin, größere Außenprüfungen bei Steuerpflichtigen vorzunehmen, diese zu organisieren und durchzuführen.[64] Außerdem leisten sie einen informationellen Beitrag auf höchster steuerpolitischer Ebene.[65] Dazu analysieren sie die von dem Einkommens- Verwaltungspräsidium gesammelten steuerlichen Informationen und werten diese aus.

Eine einleuchtende Abgrenzung zu den Steuerprüfungen, die durch das Einkommens-Verwaltungspräsidium und ihren Untereinheiten eingeleitet und durchgeführt werden, erscheint hingegen nicht gegeben.[66]

62 Vergi Dairesi Başkanlıklarının Kuruluş ve Görev Yönetmeliği, veröffentlicht im Amtsblatt vom 07.09.2005, Resmi Gazete No: 25929.

63 Die Rechnungsexperten unterfallen in der Organisationsstruktur demnach auch nicht dem Einkommens-Verwaltungspräsidium.

64 Detaillierte Ausführungen zu diesen und anderen Prüfungsmodalitäten siehe S. 163 ff.

65 Ausf. zum Berufsbild des Rechnungsführers: Sarılı, Etkin Vergi Denetimi, S. 95 ff.

66 So auch Fischer, Finanzsystem und Finanzverwaltung der Türkei, S. 196.

B. Deutsche Länderfinanzverwaltung

Anders als die Republik Türkei verfügt die Bundesrepublik Deutschland keine hierarchisch strukturierte, einheitliche Finanzverwaltung, die im gesamten Bundesgebiet gleichmäßig den Gesetzesvollzug sicherstellt. Stattdessen trägt die Finanzverwaltung in starkem Maße föderale Züge.[67] Dementsprechend verfügt jedes der 16 Bundesländer über eine eigene Finanzverwaltung. Die Tatsache, dass die in der Weimarer Republik gebildete einheitliche Reichsfinanzverwaltung nach dem zweiten Weltkrieg aufgelöst wurde, ist auf entsprechende Maßnahmen der Alliierten zurückzuführen.[68]

Der Bund verwaltet gemäß Art. 108 Abs. 1 S. 1 GG nur die Zölle, die Finanzmonopole, die bundesgesetzlich geregelten Verbrauchssteuern einschließlich der Einfuhrumsatzsteuer und die Abgaben im Rahmen der Europäischen Gemeinschaften. Die übrigen Steuern verwalten gemäß Art. 108 Abs. 2 S. 1 GG die Landesfinanzbehörden. Sofern es sich dabei um Steuern handelt, deren Erträge ganz oder zum Teil dem Bund zufließen, handeln die Länder nach Art. 108 Abs. 3 S. 1 GG im Auftrag des Bundes (sog. Auftragsverwaltung). Die Verwaltung von Steuern, die den Gemeinden zufließen, kann von den Ländern ganz oder zum Teil den Gemeinden übertragen werden (Art. 108 Abs. 4 S. 2 GG). Das ist (außer in den Stadtstaaten) geschehen hinsichtlich der Realsteuerfestsetzung und der Verwaltung der kommunalen Verbrauch- und Aufwandsteuern, wie der Vergnügungssteuer, Hundesteuer und Getränkesteuer.[69]

I. Aufbau der deutschen Finanzverwaltung

Der Aufbau der Bundes- und Landesfinanzbehörden wird durch das Finanzverwaltungsgesetz (FVG) bestimmt. Die organisatorische Umsetzung der Steuerverwaltungshoheit im FVG lässt sich anhand einer Übersicht wie folgt darstellen[70]:

67 Seer, in: Tipke/Lang, Steuerrecht, § 21 Rn. 30.

68 Ahrens, Der Vollzug von Steuergesetzen, S. 120 m.w.N.

69 Lang, in: Tipke/Lang, Steuerrecht, § 3 Rn. 74.

70 Übersicht übernommen von Lang, in: Tipke/Lang, Steuerrecht, § 3 Rn. 75, (S. 68).

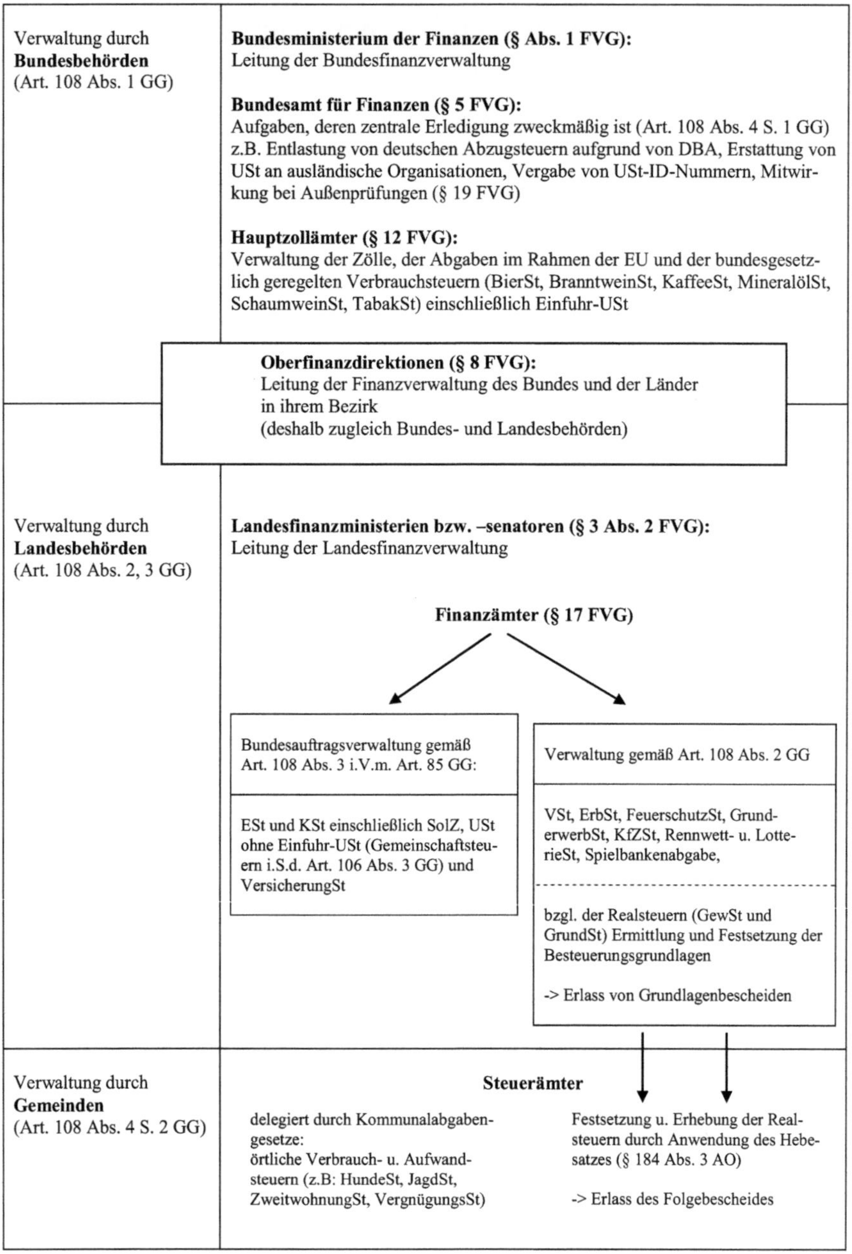

Abb. 2: Aufbau der Bundes- und Landesfinanzbehörden in Deutschland

II. Hierarchie der Finanzbehörden

Die sich aus dem FVG ergebende Hierarchie der Finanzbehörden in Deutschland und ihre Aufteilung in Bundes- und Landesfinanzbehörden sowie die bestehenden Weisungsrechte können wie folgt skizziert werden, ohne dass Parallelen zu der zentralistisch organisierten Finanzverwaltung in der Türkei feststellbar sind:

1. Bundesfinanzbehörden

Nach § 1 Nr. 1 FVG ist die oberste Bundesbehörde das Bundesministerium der Finanzen, Oberbehörden – d.h. Behörden die keinen eigenen Verwaltungsunterbau haben – sind nach § 1 Nr. 2 FVG die Bundesmonopolverwaltung für Branntwein, das Bundeszentralamt für Steuern und das Bundesamt für zentrale Dienste und offene Vermögensfragen. Mittelbehörden sind, soweit eingerichtet[71], neben dem Zollkriminalamt die Oberfinanzdirektionen (§ 1 Nr. 3 FVG). Örtliche Behörden sind nach § 1 Nr. 4 FVG die Hauptzollämter einschließlich ihrer Dienststellen und die Zollfahndungsämter.

2. Landesfinanzbehörden

Die Landesfinanzbehörden gliedern sich gemäß § 2 FVG in die für die Finanzverwaltung zuständige oberste Landesbehörde (Finanzministerium), die Oberfinanzdirektion (OFD) als Mittelbehörde und die Finanzämter als örtliche Behörden. Gemäß § 2a FVG kann durch Rechtsverordnung auf Mittelbehörden verzichtet werden. In diesem Fall gehen die Befugnisse auf das Bundes- bzw. Landesfinanzministerium oder, wenn dies durch Rechtsverordnung gemäß § 2a Abs. 2 S. 2 bis 4 FVG angeordnet ist, auf Bundes- oder Landesoberbehörden über (§ 2 Abs. 1 Nrn. 2, 3 FVG). Da die OFD – soweit eingerichtet – zugleich Mittelbehörden der Bundesfinanzverwaltung sind, liegt hier ein Fall von Mischverwaltung vor, die jedoch mit Vereinfachung und Vereinheitlichung des Vollzugs der Steuergesetze gerechtfertigt werden kann (Art. 108 Abs. 4 GG).[72]

3. Weisungsrechte

Oberste Finanzbehörde und Mittelbehörden üben in dem Verwaltungsaufbau die Leitungsfunktion in sachlicher, personeller und organisatorischer Hinsicht aus.

---

71 Mittelbehörden sind gemäß § 2a Abs. 1 FVG fakultativ.

72 Birk, Steuerrecht, § 2 Rn. 136.

Die Landesfinanzverwaltungen sind dabei nicht etwa der Bundesfinanzverwaltung nachgeordnet. Soweit die Landesfinanzbehörden jedoch Steuern im Auftrag des Bundes verwalten, besitzt der Bundesminister der Finanzen ausnahmsweise auch gegenüber den Landesfinanzbehörden nach Art. 108 Abs. 3 S. 2, 85 Abs. 3 GG ein Weisungsrecht. Dieses Weisungsrecht umfasst allerdings nur einen konkreten Fall betreffende Einzelweisungen, nicht dagegen allgemeine Weisungen i.S. allgemeiner Verwaltungsvorschriften.[73]

Darüber hinaus koordiniert der Bundesminister der Finanzen den Verwaltungsvollzug der Länder im kooperativen Einvernehmen mit den Ländern durch sog. Schreiben, die keine allgemeinen Weisungen sind, sondern auf in Bund-Länder-Gremien mehrseitig-konsensual getroffenen Absprachen beruhen. Da der Bundesminister der Finanzen insoweit aber auf den Konsens mit seinen Länderkollegen angewiesen ist, der Erlass allgemeiner Verwaltungsvorschriften im Übrigen nach Art. 108 Abs. 7 GG dem Bundeskabinett vorbehalten ist und der Zustimmung des Bundesrates bedarf[74], bleibt seine Leitungsmacht deutlich hinter der des türkischen Einkommens-Verwaltungspräsidenten zurück.

C. Zuständigkeiten der Finanzämter im Vergleich

§ 4 der türkischen Abgabenordnung (VUK) definiert das Finanzamt als die Behörde, die den Steuerpflichtigen feststellt, die Veranlagung durchführt, die Steuer festsetzt und erhebt. Die Finanzämter sind damit nach dem Gesetzeswortlaut für das gesamte Besteuerungsverfahren (Veranlagungs-, Festsetzungs- und Erhebungsverfahren) zuständig.[75]

Die örtlichen und sachlichen Zuständigkeiten der Finanzbehörden sind im VUK nicht näher bestimmt. Welches konkrete Finanzamt für die Besteuerung eines bestimmten Steuerpflichtigen örtlich und sachlich zuständig ist, ergibt sich vielmehr gemäß § 4 Abs. 2 VUK regelmäßig aus den speziellen Steuergesetzen.

So ist beispielsweise für die Einkommensteuer gemäß § 92 Abs. 1 des türkischen Einkommenssteuergesetzes GVK (Gelir Vergisi Kanunu) das „Veranlagungsfinanzamt" zuständig. Die Veranlagung übernimmt gemäß § 106 GVK das Finanzamt, das für den Bereich des Wohnsitzes des Steuerpflichtigen zuständig

73 Seer, in: Tipke/Lang, Steuerrecht, § 21 Rn. 35; ausführlicher Seer, in: BK, Art. 108, Rn. 94 ff.

74 Seer, in: Besteuerungsverfahren: Rechtsvergleich USA – Deutschland, Rn. 10.

75 Die tatsächliche Ausgestaltung des Veranlagungsverfahrens in der Türkei zeigt jedoch, dass es sich um eine Selbstveranlagung des Steuerpflichtigen handelt, die lediglich einer Berechnungskontrolle durch das Finanzamt unterzogen wird. Vgl. hierzu unten S. 44 ff.

ist (Wohnsitzprinzip). Bei Betriebsinhabern, deren Betrieb und Wohnsitz sich in zwei unterschiedlichen Zuständigkeitsbereichen befinden, übernimmt die Besteuerung das Finanzamt, das für den Ort des Betriebes zuständig ist.[76]

Für die Körperschaftssteuer ist gemäß § 14 Abs. 6 des türkischen Körperschaftssteuergesetzes KVK (Kurumlar Vergisi Kanunu) der Sitz oder der Ort der Geschäftsleitung maßgebend.

Für die Verwaltung der Umsatzsteuer ist nach § 43 Nr. 1 des türkischen Umsatzsteuergesetzes KDVK (Katma Değer Vergisi Kanunu) das Betriebstättenfinanzamt zuständig.

Die sachliche Zuständigkeit der Finanzämter in Deutschland ist ebenso wie die sachlichen Zuständigkeiten der übrigen Finanzbehörden nicht in der Abgabenordnung, sondern ebenfalls im FVG geregelt. Nach § 17 Abs. 2 FVG sind die Finanzämter als örtliche Landesbehörden für die Verwaltung der Steuern zuständig, deren Verwaltung nicht den Bundesfinanzbehörden oder den Gemeinden übertragen worden sind. Das sind im Wesentlichen die Besitz- und Verkehrssteuern. Im verwaltungsorganisatorischen Sinne sind Besitzsteuern die Steuern vom Einkommen, vom Ertrag, vom Vermögen sowie die Erbschaft- und Schenkungssteuer. Zu den Verkehrssteuern gehören die Umsatzsteuer sowie die speziellen Verkehrssteuern (Grunderwerbsteuer, Versicherungsteuer, Feuerschutzsteuer, Rennwett- und Lotteriesteuer).[77]

Während in der Türkei hingegen die örtliche Zuständigkeit der Finanzämter verstreut in den einzelnen Steuergesetzen geregelt ist, finden sich in Deutschland die Regelungen darüber zentral in den §§ 17 bis 29 der AO. Die örtliche Zuständigkeit knüpft im Ergebnis aber ebenso wie in der Türkei je nach Steuerart an Merkmale wie Wohnsitz (§ 8 AO), gewöhnlicher Aufenthalt (§ 9 AO), Ort der Geschäftsleitung (§ 10 AO) oder des Sitzes (§ 11 AO), oder der Betriebstätte (§ 12 AO) an und unterscheidet sich im Regelungsinhalt insoweit nicht vom türkischen System.

---

76 Öncel/Kumrulu/Cağan, Vergi Hukuku, S. 325.

77 Lang, in: Tipke/Lang, Steuerrecht, § 8 Rn. 27 und 101.

Dritter Abschnitt: Das Besteuerungsverfahren

A. Das Zusammenspiel zwischen Selbstveranlagung und hoheitlicher Veranlagung in der Türkei im Überblick

Zum Verständnis für das in der Türkei anzutreffende Besteuerungssystem ist es hilfreich, sich zunächst einen Überblick über die Veranlagungsmethoden und ihr Zusammenwirken zu verschaffen, um anschließend die Einzelheiten durchleuchten zu können.

I. Grundsatz der Selbstveranlagung

Eine in Deutschland bekannte Steuererklärung, in der der Steuerpflichtige seine zu entrichtende Steuer selbst zu berechnen hat, ist z.B. die Umsatzsteuervoranmeldung gemäß § 18 Abs. 1 und 3 UStG. Diese Art der Steuererklärung (sog. Steueranmeldung gemäß § 150 Abs. 1 S. 3 AO) ist ein Instrument der Selbstveranlagung. In der Türkei basiert der umfangreichste Teil des gesamten Steuerverfahrens auf dem Prinzip der Selbstveranlagung. So werden etwa die Einkommensteuer, die Körperschaftsteuer, die Erbschaft- und Schenkungsteuer, die Grund- und Grunderwerbsteuer und auch die Umsatzsteuer der Selbstveranlagungspflicht unterworfen.[78]

Bei der Selbstveranlagung berechnen die Steuerpflichtigen die von ihnen geschuldete Steuer selbst und entrichten sie bis zu einem gesetzlich festgelegten Fälligkeitstermin. Sie besteht aus zwei Teilen: der Erklärung der Besteuerungsgrundlagen und der Berechnung der Steuer. Der Steuerpflichtige erfüllt insoweit Aufgaben des Ermittlungsverfahrens und des Festsetzungsverfahrens in einem Arbeitsgang.[79] Die eingehenden Steuererklärungen brauchen bei einem Selbstveranlagungsverfahren an Amtsstelle nur noch datentechnisch erfasst zu werden.[80]

Kernpunkt der Selbstveranlagung ist die Frage, wer die Hauptverantwortung im Steuerverfahren trägt. Darunter fällt insbesondere die Verantwortung für die Richtigkeit der Informationen, auf deren Grundlage die Steuerberechnung erfolgt. Während in einem Fremdveranlagungssystem wie in Deutschland diese

---

78 Öncel/Kumrulu/Cağan, Vergi Hukuku, S. 96.

79 Seer, in: Tipke/Lang, Steuerrecht, § 21 Rn. 186.

80 Seer, StuW 2003, S. 40, 45; Zu den Einzelheiten siehe unten S. 46 ff, 82 ff.

Verantwortung durch die Ermittlungspflicht letztlich auf den Schultern der Finanzverwaltung ruht, liegt sie bei der Selbstveranlagung vollständig im Verantwortungsbereich des Steuerzahlers.[81]

Bei der normalen Steuerfestsetzung in der Türkei wird die eingereichte Erklärung zunächst hinsichtlich der sog. Grunddaten (Name und Anschrift des Steuerpflichtigen, Steuernummer etc.) und ihrer Vollständigkeit (Unterschriften, Sachangaben, Anlagen) überprüft. Neben dieser formalen Kontrolle wird ein interner Berechnungsbogen erstellt, der die Angaben zur Bemessungsgrundlage, zur festgesetzten Steuer und zu den Steueranrechnungsbeträgen enthält. Dabei werden die vom Steuerpflichtigen in seiner Steuererklärung eingetragenen Angaben übernommen. Das Festsetzungsverfahren endet schließlich mit der Ausfertigung des sog. Festsetzungsscheines (Tahakkuk Fişi)[82] und dem Eintrag der entsprechenden Daten in die Festsetzungsliste.[83]

Dieser als Folge einer eingereichten Steuererklärung durch die türkische Finanzverwaltung ausgestellte Festsetzungsschein, in dem auch die geschuldete Steuer nach Art und Betrag aufgeführt wird, entfaltet im Gegensatz zum deutschen Steuerbescheid auch ohne eine Bekanntgabe beim betroffenen Steuerpflichtigen „Wirksamkeit" soweit man beim Festsetzungsschein an sich von Wirksamkeitsentfaltung sprechen kann. Wirksamkeit mit der Folge der Verbindlichkeit entfaltet in der Türkei im Gegensatz zu Deutschland vielmehr die vom Steuerpflichtigen eingereichte Steuererklärung bzw. Steueranmeldung, in der er selbst seine Steuerschuld zu berechnen hat. Mit dem Festsetzungsschein wird von der Finanzverwaltung rein deklaratorisch nur das zusammengefasst wiedergegeben, was sie selbst vom Steuerpflichtigen in seiner Steueranmeldung (einschließlich der berechneten Steuerschuld) angegeben bekommen hat.[84]

II. Hoheitliche Veranlagung bei unzureichender oder unterbliebener Selbstveranlagung

Lediglich für den Fall, dass bei der Selbstveranlagung gewisse „Defizite" festgestellt werden, leitet die Finanzbehörde in der Türkei Maßnahmen zur hoheitlichen Veranlagung ein. Zu den Defiziten gehören insbesondere abgegebene Steueranmeldungen, bei deren nachträglicher Prüfung steuererhebliche Feststel-

81 Nagel, Selbstveranlagung im britischen und amerikanischen Steuerrecht, S. 8.

82 Ausführlich zum Festsetzungsschein siehe unten S. 79 ff.

83 Fischer, Finanzsystem und Finanzverwaltung der Türkei, S. 316 f.

84 Ausführlich zum „Festsetzungsschein" siehe unten S. 79 ff.

lungen getroffen werden, die zu abweichenden Steuerfestsetzungen führen ebenso, wie gänzlich unterbliebene Steueranmeldungen.[85]

Von der Systematik her besteht hier eine auffällige Parallele zu § 167 Abs. 1 S. 1 AO. Eine hoheitliche Festsetzung der Steuer nach § 155 AO ist bei gesetzlich verpflichteten Steueranmeldungen nur dann erforderlich, wenn die Festsetzung zu einer abweichenden Steuer führt oder der Steuer- oder Haftungsschuldner die Steueranmeldung nicht abgibt.

Während bei nachträglichen Prüfungsfeststellungen das Finanzamt die sog. „ergänzende Steuerfestsetzung" nach § 29 VUK (İkmalen Vergi Tarhı) einleitet[86] geht es (u.a.) bei gänzlich unterbliebener Steueranmeldung gemäß § 30 VUK auf die „Steuerfestsetzung von Amts wegen" (Re´sen Vergi Tarhı) über. Dabei wird der Sachverhalt durch die sog. „Schätzungskommission" ermittelt und die Steuer hoheitlich festgesetzt.[87]

Im Gegensatz zum gesetzlichen Normalfall der Selbstveranlagung sind die Steuerverwaltungsverfahren nur bei hoheitlichen Steuerveranlagungen auch in der Türkei auf die Prüfung der Voraussetzungen, die Vorbereitung und den Erlass eines Steuerverwaltungsakts gerichtet.[88] Ebenso wie es in Deutschland für das gesamte Besteuerungsverfahren auf einen gestuften Verfahrensgang hinausläuft, ist ein vergleichbares gestuftes Besteuerungsverfahren in der Türkei lediglich als Ausnahme für die Fälle vorgesehen, in denen der Steuerpflichtige das Selbstveranlagungsverfahren nicht oder nicht richtig anwendet.

Eine hoheitliche Steuerfestsetzung von Amts wegen oder eine ergänzende Steuerfestsetzung in der Türkei mündet stets in einem Steuerbescheid, der ebenso wie in Deutschland einen speziellen Steuerverwaltungsakt darstellt, durch den der gegen den Steuerschuldner gerichtete Steueranspruch festgesetzt wird (§ 34 VUK bzw. § 155 Abs. 1 S. 1 AO).

Auch in der Türkei ist bei einer derartigen Steuerfestsetzung der Steuerbescheid,[89] der dem Steuerpflichtigen nach § 93 VUK per eingeschriebener Postsendung zugestellt werden muss[90], Voraussetzung für das sich daran anschlie-

85 Uluatam/Methibay, Vergi Hukuku, S. 113.

86 Siehe hierzu unten S. 176 f.

87 Ausführlich zur „Steuerfestsetzung von Amts wegen" und zur „Schätzungskommission" unten S. 162 ff.

88 Zutreffende Feststellung für das gestufte Besteuerungsverfahren in Deutschland von Seer, in Besteuerungsverfahren: Rechtsvergleich USA – Deutschland, Rn. 132.

89 Zum Steuerbescheid in der Türkei siehe unten S. 175 ff.

90 Siehe hierzu auch unten S. 177 f.

ßende Erhebungsverfahren (Tahsil gemäß § 23 VUK).[91] In der nächsten Stufe schließt sich auf ein entsprechendes Leistungsgebot (§ 55 AATUHK) hin das Vollstreckungsverfahren zur zwangsweisen Durchsetzung an, soweit die festgesetzten Steuerschulden nicht binnen sieben Tagen nach Zustellung des Leistungsgebotes beglichen werden.[92]

Während die hoheitliche Veranlagung mittels eines Steuerbescheids in der Türkei eine Ausnahme darstellt und nur bei festgestellten Defiziten in den eingereichten Steueranmeldungen oder bei Ausbleiben derselbigen eingeleitet wird, ist sie in Deutschland hingegen der gesetzliche Normalfall. Der Steuerbescheid nimmt in Deutschland eine zentrale Stellung im gestuften Besteuerungsverfahren ein.[93] Die Steuern in Deutschland werden gemäß § 155 Abs. 1 AO, soweit nichts anderes vorgeschrieben ist, von der Finanzbehörde hoheitlich durch Steuerbescheid festgesetzt. Dieser Verfahrensgang ist im Unterschied zur Türkei auch dann der Normalfall, wenn eine Einkommen- oder Körperschaftsteuererklärung ordnungsgemäß eingereicht wird.

Selbst in den Fällen, in denen auch Deutschland eine Selbstberechnungssteuer (z.B. bei der Umsatzsteuer) vorsieht, bedarf es eines Steuerbescheids. Nach § 18 Abs. 3 UStG hat der Umsatzsteuerpflichtige Unternehmer (§ 2 Abs. 1 UStG) eine Jahreserklärung abzugeben, in der er die von ihm zu entrichtende Umsatzsteuer selbst berechnet (Steueranmeldung). Eine Steueranmeldung besitzt kraft Gesetzes (§ 168 S. 1 AO) die Wirkung einer Steuerfestsetzung unter dem Vorbehalt der Nachprüfung (§ 164 AO). Damit fingiert das Gesetz einen Steuerbescheid (§ 155 Abs. 1 AO) [94]. Dies hat zur Folge, dass auch der Einspruch statthaft ist.[95] Der fingierte Steuerbescheid wird dem Steuerschuldner allerdings nicht mehr bekannt gegeben.

Der für den Normalfall der Steueranmeldungen vorgesehene fingierte Steuerbescheid wird nur dann tatsächlich erlassen, wenn die Festsetzung zu einer abweichenden Steuer führt oder der Steuer- oder Haftungsschuldner die Steueranmeldung nicht abgibt (§ 167 Abs. 1 S. 1 AO). In dieser Rechtsfolge findet sich eine Übereinstimmung zu dem Verfahrensgang, der in der Türkei nicht nur begrenzt ist auf die Umsatzsteuer, sondern den Regelfall auch für die Einkommensteuer, die Körperschaftsteuer, die Erbschaft- und Schenkungssteuer und die

91 Das Erhebungsverfahren richtet sich in der Türkei nach einem besonderen Gesetz zur Erhebung von öffentliche Forderungen (Amme Alacakların Tahsil Usulü Hakkında Kanun, AATUHK), dass nicht nur auf Ansprüche der Finanzverwaltung anwendbar ist, sondern Regelungen für alle öffentlichen Forderungen beinhaltet.

92 Öncel/Kumrulu/Cağan, Vergi Hukuku, S. 162.

93 Seer, in: Besteuerungsverfahren: Rechtsvergleich USA – Deutschland, Rn. 132.

94 Seer, Besteuerungsverfahren: Rechtsvergleich USA – Deutschland, Rn. 44.

95 Birk, Steuerrecht, § 5 Rn. 472.

Grund- und Grunderwerbsteuer darstellt. Dort ist die Festsetzung der Steuer durch Erlass eines Steuerbescheides, der allerdings aufgrund der Selbstveranlagung auch für den Normalfall nicht fingiert werden muss, nur für die Fälle vorgesehen, in denen die Finanzbehörde steuererhebliche Feststellungen trifft, die zu einer abweichenden Steuerfestsetzung führen oder wenn die Steueranmeldung gänzlich ausbleibt.[96]

B. Einzelheiten zum Besteuerungsverfahren im türkischen Selbstveranlagungssystem versus der hoheitlichen Steuerfestsetzung in Deutschland

Im Besteuerungssystem der Selbstveranlagung werden dem Steuerpflichtigen weitreichende Mitwirkungspflichten auferlegt. Die bedeutendste Pflicht liegt allerdings in der Abgabe der periodischen Steuererklärungen bzw. – anmeldungen, ohne die ein Selbstveranlagungsverfahren nicht möglich ist. Das VUK der Türkei regelt selbst nicht, wer eine Steuererklärung abzugeben hat, sondern verweist in § 25 Abs. 1 VUK hierzu auf die einzelnen Steuergesetze. Steuererklärungspflichten ergeben sich dabei insbesondere aus §§ 83, 84 GVK, § 14 Abs. 1 KVK, § 40 KDVK.

Nach der im § 88 Abs. 1 S. 1 AO verankerten Untersuchungsmaxime in Deutschland ermitteln die deutschen Finanzbehörden hingegen den für die Besteuerung relevanten Sachverhalt von Amts wegen. Sie tragen die Verantwortung für die Sachaufklärung. In Deutschland besitzt die Steuererklärung zum einen die Funktion eines Beweismittels (§ 92 AO). Zum anderen ist die Steuererklärungspflicht als besondere Mitwirkungspflicht Ausdruck einer Kooperationsmaxime, die dem Steuerpflichtigen eine sphärenorientierte Mitverantwortung für die Sachaufklärung zuweist.[97]

Die Abgabenordnung regelt, ebenso wie das VUK in der Türkei, nicht, wer zur Abgabe einer Steuererklärung verpflichtet ist. Sie überlässt diese Bestimmung durch § 149 Abs. 1 S. 1 AO ebenfalls ausdrücklich den einzelnen Steuergesetzen.[98] So ergeben sich Erklärungspflichten in Deutschland z.B. aus § 25 Abs. 3 EStG, §§ 56, 60 EStDV, § 181 Abs. 2 AO, § 31 KStG, § 18 Abs. 3 AStG, § 31 ErbStG, § 14a GewStG (§ 25 GewStDV), § 28 BewG, § 18 Abs. 1, 3 UStG, § 19 GrEStG, § 8 VersStG.[99] Außerdem ist zur Abgabe einer Steuerklä-

96 Uluatam/Methibay, Vergi Hukuku, S. 113.

97 Seer, in: Besteuerungsverfahren: Rechtsvergleich USA – Deutschland, Rn. 36.

98 Tipke, in: Tipke/Kruse, AO, § 149 Rn. 1.

99 Heuermann, in: H/H/Sp, AO, § 149 Rn. 4.

rung verpflichtet, wer von der Finanzbehörde zur Abgabe aufgefordert wird (§ 149 Abs. 1 S. 2 – 4 AO). Die Finanzbehörde darf aufgrund des Übermaßverbots jedoch nur auffordern, wenn die Möglichkeit einer Steuerschuld besteht.[100]

I. Steuererklärungspflichtige

1. Natürliche Personen (gerçek kişiler)

Zur Abgabe einer jährlichen Einkommensteuererklärung, ist in der Türkei nach § 85 GVK grundsätzlich jeder Steuerpflichtige verpflichtet, der Einkünfte im Sinne des § 2 GVK erzielt. Hierunter fallen Einkünfte aus Gewerbebetrieb, aus Land- und Forstwirtschaft, Löhne und Gehälter, Freiberufliche Einkünfte, Einkünfte aus Vermietung und Verpachtung, Einkünfte aus Kapitalvermögen und sonstige Einkünfte.

§ 86 GVK macht aber Ausnahmen von der Abgabepflicht einer jährlichen Einkommensteuererklärung, die eine breite Masse der steuerpflichtigen natürlichen Personen betrifft. Danach sind unter anderem unbeschränkt Einkommensteuerpflichtige, die einer unselbständigen Tätigkeit nachgehen und aus dieser Tätigkeit Löhne und Gehälter erzielen, von der Steuererklärungspflicht befreit (§ 86 Nr. 1 b GVK). Diese Befreiung gilt, soweit die erzielten Löhne und Gehälter der sog. Quellenbesteuerung unterliegen. Die Quellenbesteuerung ist für Löhne und Gehälter, die von den Arbeitgebern ausbezahlt werden, der Regelfall. § 94 GVK verpflichtet sämtliche Arbeitgeber die Lohnsteuer in Gestalt eines Abzugs vom Arbeitslohn einzubehalten und an das Finanzamt abzuführen.

Zum Verständnis der Konzeption der Selbstveranlagung in der Türkei ist es daher wichtig zu berücksichtigen, dass die breite Masse der nichtselbständig Berufstätigen von der steuerlichen Veranlagung generell ausgenommen ist.

Hat ein Steuerpflichtiger neben seinen Einkünften aus nichtselbständiger Tätigkeit noch Einkünfte aus anderen Einkunftsarten, für die eine Steuererklärung abzugeben ist, sind seine Einkünfte aus nichtselbständiger Tätigkeit bei dieser Steuererklärung nicht zu berücksichtigen (§ 86 Hs. 2 GVK). Unabhängig vom Steuerpflichtigen und seinen übrigen Einkünften ist die Einkommensteuer für seine Einkünfte aus unselbständiger Tätigkeit durch den Steuerabzug vom Arbeitslohn endgültig abgegolten (Abgeltungsprinzip).[101]

In Bezug auf Einkünfte aus nichtselbständiger Tätigkeit wird die Einkommensteuer in der Türkei zu einer Schedulensteuer umgewandelt, d.h. die Einkünfte aus nichtselbständiger Tätigkeit werden im Grundsatz von den Einkünften der anderen Einkunftsarten getrennt.

---

100 Seer, in: Tipke/Lang, Steuerrecht, § 21 Rn. 182.

101 Beyanname Düzenleme Kılavuzu 2008, S. 131.

Erstattungsansprüche aus dem Steuerabzug vom Arbeitslohn haben die Steuerpflichtigen auch nicht zu erwarten, weil in der Türkei der Abzug von Erwerbsaufwendungen und sonstigen Abzugsposten seit dem Veranlagungsjahr 2008 entsprechend der Familienverhältnisse der Steuerpflichtigen pauschaliert und endgültig durch einen „existenzsichernden Abzug“ (Asgari Geçim İndirimi) vom Arbeitslohn auf Ebene des Arbeitgebers durchgeführt wird. Die Höhe des sog. existenzsichernden Abzugs ist gemäß § 32 Abs. 2 GVK gekoppelt an den für den im Industriezweig festgelegten Mindestlohn in der Türkei, mit dem über 16 jährige Arbeitnehmer in dem Industriesektor vergütet werden müssen. Dieser Mindestlohn wird regelmäßig neu festgelegt und beträgt seit dem 01.07.2009 693,00 TL pro Monat bzw. 8.316,00 TL pro Jahr. Von diesem Betrag kann der Steuerpflichtige Arbeitnehmer für sich selbst 50 %, für seinen Ehegatten, der selbst keine Einkünfte erzielt, 10 %, für sein erstes und zweites Kind jeweils 7,5 % und für jedes weitere Kind 5 % steuerlich berücksichtigen.[102]

Hat der Steuerpflichtige aus mehr als nur einer nichtselbständigen Tätigkeit Lohneinkünfte, gilt die Befreiung von der Abgabepflicht einer Steuererklärung gemäß § 86 Abs. 1 Nr. 1 b GVK nur, soweit die weiteren Lohneinkünfte des Steuerpflichtigen in der Summe nicht die zweite Stufe des progressiven Steuertarifs aus § 103 GVK übersteigen.

Der sich aus § 103 GVK ergebende progressive Steuertarif hat vier Progressionszonen und stellt sich für das Jahr 2009 wie folgt dar:

bis 8.700 TL	15 %
für den 8.700 TL übersteigenden Teil bis 22.000 TL	20 %
für den 22.000 TL übersteigenden Teil bis 50.000 TL	27 %
für den 50.000 TL übersteigenden Teil	35 %

Erhält demnach ein Steuerpflichtiger z.B. neben seiner hauptberuflichen Tätigkeit aus einer weiteren Beschäftigung Lohneinkünfte, so muss er eine Einkommensteuererklärung abgeben, wenn seine weiteren Lohneinkünfte im Jahr den Grenzbetrag von 22.000 TL übersteigen. Ist dies hingegen nicht der Fall, so bleibt es bei der Eigenschaft der Lohnsteuer als statische Abgeltungssteuer.

Dieses Abgeltungssteuerprinzip auf Ebene der Lohneinkünfte vereinfacht zwar die gesamte Selbstveranlagungspraxis in der Türkei stark, indem nahezu die gesamte Gruppe der nichtselbständig Beschäftigten aus der Erklärungspflicht ausgenommen werden, jedoch geht dies letztlich auf Kosten des Leistungsfähigkeitsprinzips. Der richtigen, dem Leistungsfähigkeitsprinzip als Realwertprinzip gerecht werdenden Besteuerung steht das abgeltende Lohnsteuersystem der Tür-

102 Ausführliche Darstellung zum „Existenzsichernden Abzug“ mit Berechnungsbeispielen bei Kaynak, Asgari Geçim İndirimi Uygulaması, S. 178 ff.

kei im Weg, da sie die Einkommensbezieher privilegiert, deren eigentlicher persönlicher Steuersatz durch zusätzliche Einkommen aus anderen Einkunftsarten über dem angesetzten Abgeltungssatz liegt und diskriminiert damit auf der anderen Seite die Bezieher von einfachen Lohneinkünften und schafft zugleich eine Ungleichbehandlung.

Der Kreis der einkommensteuererklärungspflichtigen natürlichen Personen in Deutschland deckt sich in weiten Teilen mit der türkischen Erklärungspraxis. In bestimmten Bereichen sind jedoch erhebliche Abweichungen festzustellen. Gemäß § 25 Abs. 1 EStG wird grundsätzlich jeder zur Einkommensteuer veranlagt, der im Kalenderjahr Einkommen bezogen hat. § 51 Abs. 1 Nr. 1a) EStG i.V.m. § 56 Nr. 1a), 2a) EStDV konkretisieren dies dahingehend, dass das Einkommen wenigstens das Existenzminimum des Steuerpflichtigen (bzw. der zusammen veranlagten Ehegatten) übersteigen muss. Zwar nehmen §§ 46, 25 Abs. 1 EStG auch in Deutschland die große Masse der sog. Arbeitnehmerfälle grundsätzlich von der Steuererklärungspflicht aus. Durch ein Fülle von Einschränkungen (s. Katalog des § 46 Abs. 2 EStG) schrumpft dieser Kreis allerdings auf solche Arbeitnehmer mit der Steuerklasse I bzw. IV, die nahezu ausschließlich Einkünfte aus nichtselbständiger Arbeit erzielen (andere Einkünfte betragen höchstens 410 Euro p.a.) und mangels größerer Erwerbsaufwendungen oder anderer Abzugsposten keinen Erstattungsanspruch erwarten. Nur für diese Gruppe ist die Einkommensteuer durch den Steuerabzug vom Arbeitslohn abgegolten.[103]

Die in der Türkei greifende Regelung des § 86 GVK führt hingegen zur tatsächlichen Befreiung von der Abgabepflicht einer Einkommensteuererklärung für einen weitaus größeren Teil der Arbeitnehmerfälle als in Deutschland. Anders als die umfangreichen Einschränkungen des § 46 Abs. 2 EStG verzichtet § 86 GVK weitgehend auf derartige Begrenzungen der Abgeltungswirkung der Lohnsteuer und erfasst damit, wie dargelegt, nahezu alle Arbeitnehmerfälle, die deshalb nicht der Steuerklärungspflicht unterworfen werden. Im Ergebnis ist das in der Türkei vorherrschende Abgeltungsprinzip für Lohneinkünfte vergleichbar mit der Regelung des § 50 Abs. 5 S. 1, Alt. 1 EStG in Deutschland, welche ein Abgeltungsprinzip für beschränkt Steuerpflichtige vorsieht, das eine Veranlagung insoweit gänzlich ausschließt.

2. Juristische Personen (tüzel kişiler) und Personengesellschaften

Steuerpflichtige Körperschaften sind nach § 14 Abs. 2 KVK verpflichtet, für die Ergebnisse ihrer Geschäftsaktivitäten jährlich eine Körperschaftsteuererklärung (Kurumlar Vergisi Beyannamesi) abzugeben.

103 Seer, in: Besteuerungsverfahren: Rechtsvergleich USA – Deutschland, Rn. 37.

Die in der Türkei der Körperschaftsteuer unterfallenden Rechtssubjekte und die damit zusammenhängenden Erklärungspflichten sind weitestgehend mit der in Deutschland vorzufindenden Praxis vergleichbar. Nach § 1 Abs. 1 Buchst. a) bis d) KVK sind Gewinne folgender Steuersubjekte, die das Gesetz als Körperschaften einstuft, körperschaftsteuerpflichtig:

- Kapitalgesellschaften (Sermaye Şirketleri): dazu zählen Aktiengesellschaften (Anonim Şirketler), Kommanditgesellschaften auf Aktien (Eshamlı Komandit Şirketler), Gesellschaften mit beschränkter Haftung (Limited Şirketler), Anlagefonds (Yatırım Fonları), Investmentgesellschaften (Yatırım Ortaklıkları);[104]
- Genossenschaften (Kooperatifler);
- Wirtschaftliche Einrichtungen der öffentlichen Hand (İktisadi kamu kuruluşları);
- Wirtschaftliche Einrichtungen von Vereinen oder Stiftungen (Dernek veya vakıflara ait iktisadi işletmeler);
- Gemeinschaftsunternehmen / Joint Venture (İş Ortaklıkları).

Die unter § 1 Abs. 1 a) bis d) KVK genannten Gesellschaften behandelt das Gesetz als körperschaftsteuerpflichtig und verpflichtet diese zur Abgabe einer jährlichen Körperschaftsteuererklärung. Bei den unter d) genannten Gemeinschaftsunternehmen (İş Ortaklıkları) handelt es sich um einen wirtschaftlichen Zusammenschluss von Gesellschaftern, die aus den unter a) bis ç) genannten juristischen und/oder natürlichen Personen bestehen kann. Durch den Zusammenschluss muss das kollektive Ziel verfolgt werden, ein gemeinsames Projekt durchzuführen und den daraus geschöpften Gewinn untereinander zu verteilen (§ 2 Abs. 7 KVK). Die Besonderheit dieser Gemeinschaftsunternehmen aus steuerlicher Sicht besteht darin, dass ihre Einstufung als (körperschaftsteuerpflichtiges) Steuersubjekt nicht schon von Gesetzes wegen dann Eintritt, wenn ihre o.g. Merkmale erfüllt sind. Zur Behandlung als körperschaftsteuerpflichtiges und damit zur Abgabe einer Körperschaftsteuererklärung verpflichtetes Gemeinschaftsunternehmen i.S. des § 1 Abs. 1 d) KVK ist es nach dem § 2 Abs. 7 S. 1 KVK erforderlich, dass die Gesellschafter bei dem zuständigen Finanzamt einen Antrag auf Anerkennung als Gemeinschaftsunternehmen i.S. des § 1 Abs. 1 d) KVK stellen.

Stellen die Gesellschafter diesen Antrag nicht, handelt es sich bei einem derartigen Zusammenschluss um eine „adi ortaklık“[105], eine Gesellschaftsform,

104 Für einen Überblick zu den einzelnen Kapitalgesellschaftsformen siehe Beyanname Düzenleme Kılavuzu 2008, S. 453 bis 461.

105 Beyanname Düzenleme Kılavuzu 2004, S. 477.

die der deutschen Gesellschaft bürgerlichen Rechts entspricht. Diese Gesellschaftsform fällt nicht unter den Katalog des § 1 KVK, so dass in dem Fall keine Körperschaftsteuererklärung abzugeben ist.

Die in Deutschland der Körperschaftsteuer unterfallenden Rechtssubjekte und die damit zusammenhängenden Erklärungspflichten sind weitestgehend mit der in der Türkei vorzufindenden Praxis vergleichbar. Abweichend zu den Regelungen in der Türkei sind jedoch Personengesellschaften und andere nicht körperschaftsteuerpflichtige Personenmehrheiten in Deutschland nach § 181 Abs. 1 AO von einer Erklärungspflicht (Erklärung zur gesonderten Feststellung von Besteuerungsgrundlagen) betroffen. Sie bezieht sich auf das der Einkommen- und Körperschaftsteuerveranlagung vorgelagerte (gesonderte und einheitliche) Feststellungsverfahren zum Erlass eines sog. Grundlagenbescheids im Sinne der §§ 179 Abs. 2, 180 Abs. 1 Nr. 2a AO.[106]

Personengesellschaften sind in der Türkei (mit Ausnahme der speziellen Quellensteuererklärungen, sog. „Muhtasar Beyanname" für die einzubehaltenden und abzuführenden Quellensteuern nach § 94 GVK[107], sowie der Umsatzsteueranmeldungen) hingegen nicht von einer Erklärungspflicht betroffen.[108] Eine separate Erklärung zur gesonderten Feststellung von Besteuerungsgrundlagen, wie dies für deutsche Personengesellschaften in § 181 Abs. 2 AO angeordnet ist, existiert in der Türkei nicht (§ 37 Abs. 4 GVK).[109] Die in Deutschland bekannte Verfahrenstechnik zur Sicherstellung einer einheitlichen Rechtsanwendung bei gleichen Sachverhalten und zur Erleichterung des Besteuerungsverfahrens dienende gesonderte und einheitliche Feststellung hat in der Türkei auch kein vergleichbares Pendant. Jeder Gesellschafter einer türkischen Personengesellschaft erklärt eigenverantwortlich seinen Gewinnanteil. Zur Vermeidung widersprüchlicher Ansätze zwischen den Gesellschaftern sieht § 106 Nr. 1 GVK eine Ermächtigung für das Finanzministerium vor, die örtliche Zuständigkeit der Finanzämter abweichend vom Wohnsitzprinzip auf das Finanzamt zu verlagern, in dessen Bezirk die Gesellschaft ihren Sitz bzw. den Ort ihrer Geschäftsleitung hat, sofern der Wohnort des Gesellschafters hiervon abweichend ist. Von dieser Ermächtigung hat das Finanzministerium durch eine Anweisung an alle Finanzämter im Jahre 1989[110] Gebrauch gemacht mit dem Ergebnis, dass für alle Gesellschafter einer Personengesellschaft das Finanzamt zuständig ist, in

106 Seer, in: Besteuerungsverfahren: Rechtsvergleich USA – Deutschland, Rn. 38; siehe auch Seer, in: Tipke/Lang, Steuerrecht, § 21 Rn. 83 ff.

107 Wie etwa für die Lohnsteuer.

108 Beyanname Düzenleme Kılavuzu 2004, S. 11.

109 Sekdur/Altun, Mali Hukuk Ansiklopedisi, S. 21.

110 Anweisungsschreiben des Finanzministeriums mit der Nr. 15542 vom 23.02.1989; Beyanname Düzenleme Kılavuzu 2008, S. 268.

dessen Bezirk die Gesellschaft ihren Sitz bzw. den Ort ihrer Geschäftsleitung hat. In der persönlichen Einkommensteuererklärung muss jeder Gesellschafter bei der Angabe seines Gewinnanteils aus dieser Personengesellschaft auch seine Beteiligungsquote (Pay Oranı) angeben und das Gesamtergebnis der Gesellschaft deklarieren. Durch diese zentrale Veranlagung sämtlicher Gesellschafter bei einer Veranlagungsstelle soll sichergestellt werden, dass widersprüchliche Ansätze der Gesellschafter vermieden werden.

Für den Fall, dass ein Gesellschafter weitere Beteiligungen an anderen Personengesellschaften mit abweichendem Sitz bzw. Ort der Geschäftsleitung hat, ist er bei Gründung dieser weiteren Gesellschaft bzw. im Zeitpunkt seines Beteiligungserwerbs gehalten, seiner Meldepflicht bei dem für diese Gesellschaft örtlich zuständigen Finanzamt nachzukommen.[111] Gleichzeitig muss er dem für diese weitere Gesellschaft örtlich zuständigen Finanzamt mitteilen, bei welcher Finanzbehörde seine persönliche Einkommensteuerveranlagung durchgeführt wird. Anschließend erfolgt auf Grundlage der „Dienstrichtlinie für Finanzbehörden" (Vergi Daireleri İşlem Yönergesi) ein Informationsaustausch zwischen den beteiligten Finanzbehörden. Gemäß § 54 dieser Dienstrichtlinie hat das Finanzamt, das die persönliche Veranlagung des Gesellschafters nicht vornimmt, in dessen örtlichen Zuständigkeitsbereich aber der Sitz bzw. die Geschäftsleitung der weiteren Beteiligungsgesellschaft liegt, bei dem Veranlagungsfinanzamt schriftlich anzufragen, ob der Steuerpflichtige die weitere Beteiligung und die Beteiligungsergebnisse aus diesem örtlichen „Zuständigkeitsgebiet" in seinen Steuererklärungen angegeben hat.

Gleichzeitig verpflichtet § 54 der Dienstrichtlinie im Gegenzug das Veranlagungsfinanzamt, relevante Informationen auch unaufgefordert an die Finanzämter weiterzuleiten, aus deren „Zuständigkeitsgebiet" die Beteiligungen und Erträge stammen, die der Steuerpflichtige in seinen Steuererklärungen angibt.[112]

II. Steuererklärungen (-anmeldungen)

1. Jahreserklärungen

Natürliche Personen (gerçek kişiler) müssen ihre Einkommensteuerjahreserklärungen gemäß § 92 GVK im März bis spätestens zum 25. März, „Kleinstgewer-

111 Zu den Meldepflichten im Einzelnen siehe unten S. 118. Im Übrigen kann die Finanzverwaltung auch mit dem Instrument der Nachschau gemäß § 127 VUK unbekannte Steuerfälle aufdecken. Vgl. hierzu Ausführungen unten S. 153 ff.

112 Zum Informationsaustausch und zur Zusammenarbeit der Finanzämter in der Türkei siehe Kizilot, Vergi İhtilafları ve Çözüm Yolları, S. 207 f.

bebetreibende“[113] bereits im Februar bis spätestens zum 25. Februar jeweils des dem Steuerjahr nachfolgenden Jahres einreichen.

Für Körperschaften gilt als Einreichungsfrist für die Jahressteuererklärung gemäß § 14 Abs. 3 KVK der 1. bis zum 25. des vierten Monats des dem Wirtschaftsjahr folgenden Jahres. Entspricht das Wirtschaftsjahr dem Kalenderjahr, so ist demnach die Körperschaftsteuererklärung zwischen dem 1. und dem 25. April des Folgejahres beim Finanzamt einzureichen.

Die Abgabefristen für die in Deutschland abzugebenden Steuererklärungen sind bereits in ihrer Ausgangskonstellation länger als in der Türkei. Grundsätzlich sind nach § 149 Abs. 2 S. 1 AO Steuererklärungen, die sich auf ein Kalenderjahr oder auf einen gesetzlich bestimmten Zeitpunkt beziehen, spätestens fünf Monate danach – also nach Ablauf des Zeitraums (Kalenderjahr) oder des Zeitpunkts – abzugeben.

Demnach müssen Steuererklärungen für ein abgelaufenes Kalenderjahr im Unterschied zur Türkei unabhängig davon, ob es sich bei dem Steuerpflichtigen um eine natürliche oder juristische Person handelt oder der Steuerpflichtige ein „Kleinstgewerbetreibender“ ist, einheitlich bis zum 31.05 des Folgejahres abgegeben werden. Erheblich ausgedehnt wird diese gesetzliche Frist in Deutschland zudem durch regelmäßig gewährte Fristverlängerungen zur Einreichung der Steuererklärungen. Regelmäßige behördliche Fristverlängerungen, die im türkischen Verfahren unüblich sind, sind in Deutschland hingegen im § 109 Abs. 1 S. 1 AO sogar gesetzlich vorgesehen. Für die Einkommen-, Körperschaft-, Gewerbe- und Umsatzsteuer ergehen jährlich gleichlautende Ländererlasse, die Fristverlängerungen vorsehen, sofern die betreffenden Steuererklärungen durch Personen und Gesellschaften i.S. des § 3 StBerG (Angehörige der steuerberatenden Berufe) angefertigt werden.[114] Die Erlasse enthalten noch nicht den Ausspruch der Fristverlängerung, sie binden lediglich die Ermessensausübung im Rahmen von § 109 AO (sog. Ermessensrichtlinien). Danach wird z.B. die für den Veranlagungszeitraum 2008 geltende Abgabefrist – bis zum 31.05.2009 (§ 149 Abs. 2 AO) – für Steuerpflichtige, deren Steuererklärungen durch Angehörige der steuerberatenden Berufe angefertigt werden, allgemein bis zum 31.12.2009 (II. Abs. 1 der Erlasse) verlängert. Diese Abgabefristen können die Finanzämter aufgrund begründeter Einzelanträge bis zum 28.02.2010 verlängern (II. Abs. 3 der Erlasse).

---

113 Zu den „Kleinstgewerbetreibenden“ siehe S. 147.

114 Vgl. z.B. gleichlautende Erlasse der obersten Finanzbehörden der Länder über Steuererklärungen v. 23.02.2006, BStBl. I 2006, S. 234 für 2005 und v. 02.01.2007, BStBl. I 2007 S. 89 für 2006.

Die Verlängerung ist in das Ermessen des Finanzamts gestellt. Die in Deutschland beantragten Fristverlängerungen werden jedoch regelmäßig von den Finanzämtern gewährt.[115]

Angesichts der erheblichen Ausweitung der Fristverlängerung in Fällen steuerlich beratener Pflichtiger müssen die Finanzbehörden in Deutschland Anträge auf Fristverlängerung, die steuerlich unberatene Pflichtige stellen, ebenfalls wohlwollend behandeln (Gebot der Rechtsanwendungsgleichheit, Art. 3 Abs. 1 GG). Die Praxis der Finanzverwaltung trägt dem zumindest insoweit Rechnung, als Finanzämter regelmäßig keinen Verspätungszuschlag (§ 152 AO) festsetzen, wenn der Nichtberatene seine Steuererklärung bis zum 30.09. des Folgejahres einreicht. Aber auch über diesen Zeitpunkt hinaus ist bei der Festsetzung eines Verspätungszuschlags Zurückhaltung geboten.[116]

In der Türkei können die Fristen zur Einreichung der Steuererklärungen ebenso wie andere behördliche Fristen nur bei „höherer Gewalt" (§ 13 VUK), bei Todesfällen (§ 16 VUK) oder in einer sog. „Notlagesituationen" (§ 17 VUK) verlängert werden. Im § 17 VUK heißt es hierzu wörtlich:

> Das Finanzministerium kann einem Steuerpflichtigen, der seinen steuerlichen Verpflichtungen aufgrund einer Notlagesituation nicht innerhalb der gesetzlich festgelegten Fristen nachkommen kann, eine angemessene Fristverlängerung gewähren. Dabei darf die gesetzlich vorgesehene Frist nicht um mehr als einmal überschritten werden.
>
> Die Fristverlängerung setzt jedoch voraus, dass
> (1) der Steuerpflichtige vor dem Ende der regulären Frist einen schriftlichen Antrag auf Fristverlängerung stellt,
> (2) die in dem Antrag erwähnten Hinderungsgründe von der entscheidenden Stelle als anerkennenswert befunden werden,
> (3) im Falle der Gewährung einer Fristverlängerung die Erhebung der Steuer nicht gefährdet sein darf.
>
> Das Finanzministerium ist berechtigt, die Befugnis zur Erteilung der Fristverlängerungen auf die örtlichen Finanzämter zu übertragen.

Bei dieser Vorschrift handelt es sich nicht um eine spezielle Fristverlängerungsnorm für die Einreichung von Steuererklärungen[117], wie etwa § 109 AO in Deutschland. Eine entsprechende regelmäßige Fristverlängerung, wie sie in Deutschland üblich ist, ist dem türkischen Steuerverfahren fremd.

---

115 Heuermann, in: H/H/Sp, AO, § 149 Rn. 24.

116 Seer, in: Besteuerungsverfahren: Rechtsvergleich USA – Deutschland, Rn. 39.

117 § 17 VUK stellt eine allgemeine Ausnahmevorschrift dar und ist auf keine spezielle Fristverlängerung zur Einreichung von Steuererklärungen gerichtet (vgl. bereits den Wortlaut der Vorschrift, der allgemein von „steuerlichen Verpflichtungen" und „gesetzlichen Fristen" spricht).

Was eine Notlagesituation i.S. des § 17 VUK ist, definiert das Gesetz nicht. Dies obliegt der Einschätzung des Finanzministeriums bzw. den Finanzämtern. Eine Fristverlängerung zur Einreichung von Steuererklärungen unter Berücksichtigung der Ausnahmeregelung des § 17 VUK kommt in der Praxis sehr selten vor. Ein Beispielsfall für diese Form der Fristverlängerung lässt sich in der Literatur für den Fall finden, in dem ein sehr großer und unübersichtlicher Erbanfall stattfindet, bei dem die Zusammenstellung und Ordnung der Besteuerungsgrundlagen viel Zeit beansprucht.[118]

Eine Fristverlängerung für die Abgabe der Steuererklärungen kommt daher praktisch nur in Fällen „höherer Gewalt" und bei Todesfällen in Betracht. Stirbt die zur Abgabe einer Steuererklärung verpflichtete natürliche Person, werden gemäß § 16 VUK die regelmäßigen gesetzlichen (Handlungs-)Fristen jeweils um drei Monate[119] verlängert, soweit spezialgesetzlich nichts anderes geregelt wird.

Für die Abgabe der Einkommensteuererklärung des verstorbenen Steuerpflichtigen durch dessen Erben sieht das GVK als ein solches Spezialgesetz im § 92 Abs. 2 GVK eine Frist von vier Monaten nach dem Todeszeitpunkt vor.

Bei verfristeter Einreichung der Steuererklärungen wird in der Türkei grundsätzlich nicht mehr das Selbstveranlagungsverfahren durchgeführt, sondern gemäß § 30 Abs. 4 VUK das hoheitliche Veranlagungsverfahren eingeleitet.[120] Die Berücksichtigung der in der Erklärung gemachten Angaben des Steuerpflichtigen hängt davon ab, ob das Finanzamt bereits die sog. „Schätzungskommission"[121] mit der Schätzung der Besteuerungsgrundlagen beauftragt hat. Sofern dies im Zeitpunkt der eingereichten Erklärung noch nicht geschehen ist, erfolgt dennoch eine hoheitliche Veranlagung, aber noch auf Grundlage der vom Steuerpflichtigen in seiner Erklärung gemachten Angaben.

Hat das Finanzamt hingegen bereits die Schätzungskommission eingeschaltet, läuft das „Schätzungsverfahren" und das sich daran anschließende hoheitliche Veranlagungsverfahren weiter, ohne dass weder das Finanzamt noch die Schätzungskommission an die Angaben in der verfristeten Steuererklärung ge-

118 Özbalcı, Vergi Usul Kanunu, S. 183.

119 Die vorgesehene dreimonatige Fristverlängerung korrespondiert mit der Frist, die für die im § 606 TMK geregelte Erbausschlagung maßgebend ist. Erfolgt die Erbausschlagung, entfallen auch jegliche steuerliche Pflichten, die ansonsten vom Erblasser auf den Erben übergehen.

120 Eine Ausnahme hierzu bildet die Abgabe der verfristeten Steuererklärung unter einem sog. „Reue- und Besserungsgesuch" (Pişmanlık ve Islah talebiyle verilen Beyanname", vgl. dazu unten S. 66 ff.

121 Zur Eigenschaft, Zusammensetzung sowie zur Arbeitsweise der Schätzungskommission im Einzelnen vgl. S. 163 ff.

bunden wären (§ 30 Abs. 4 S. 2 VUK). Die Besteuerungsgrundlagen werden in diesem Fall gemäß § 30 Abs. 2 Nr. 1 VUK auf dem Schätzwege durch die Schätzungskommission ermittelt, die dabei zwar auch auf die verfristet eingereichte Steuererklärung eingehen kann, um die Besteuerungsgrundlagen zu ermitteln. Jedoch ist die Kommission an die in der Erklärung gemachten Angaben nicht gebunden. Sie kann vielmehr zur Ermittlung der Besteuerungsgrundlagen auf die ihr insgesamt zur Verfügung stehenden Maßnahmen zurückgreifen.[122]

Beachtenswert an dieser Stelle ist auch der Unterschied zu der fortbestehenden Erklärungspflicht in Deutschland gemäß § 149 Abs. 1 S. 4 AO. Danach wird die Pflicht zur Abgabe einer Steuererklärung in Deutschland durch die Schätzung nicht berührt, während sie in der Türkei mit der Einleitung des Schätzungsverfahrens wegfällt.

Die Nichtabgabe oder die verspätete Abgabe der Erklärung in Deutschland kann anders als in der Türkei dazu führen, dass die Finanzbehörden die Abgabe der Erklärung nach den §§ 328 ff AO versuchen zu erzwingen. Das Finanzamt in Deutschland darf mangels Steuererklärung erst nach einer Erinnerung oder Mahnung auf eine Schätzung nach § 162 AO zurückgreifen.[123]

2. Vierteljährliche Voranmeldungen (nach dem Vorbild des deutschen Kontrollratsgesetzes Nr. 12 vom 11. Februar 1946)

Kaufleute in der Türkei, die nicht der vereinfachten Gewinnermittlung unterliegen, sondern ihre Gewinne im sog. Normalverfahren ermitteln (also Kaufleute der ersten und zweiten Klasse)[124] und Freiberufler sind nach § 120 GVK / Nachtrag und Körperschaften nach § 32 Abs. 2 KVK i.V.m. § 120 GVK / Nachtrag verpflichtet, vierteljährliche Vorauszahlungen auf ihre Einkommen- bzw. Körperschaftsteuer zu leisten. Die ihre Gewinne im vereinfachten Verfahren ermittelnden Kleinstgewerbetreibenden sind von der Vorauszahlungspflicht ausgenommen. Diese Steuervorauszahlungen werden im türkischen Einkommen- und Körperschaftsteuergesetz als „provisorische" bzw. „vorläufige" Steuer (geçici vergi) bezeichnet.

Die Grundlage für die Berechnung der vierteljährlich zu entrichtenden Vorauszahlung bildet das zu versteuernde Einkommen des Steuerpflichtigen zum

---

122 Öncel/Kumrulu/Cağan, Vergi Hukuku, S. 98, Beyanname Düzenleme Kılavuzu 2004, S. 329; Nähere Einzelheiten zur Schätzung, Schätzungskommissionen sowie ihren Ermittlungsmaßnahmen siehe unten S. 162 ff.

123 Tipke, in: Tipke/Kruse, AO, § 149 Rn. 16; Heuermann, in: H/H/Sp, AO, § 149 Rn. 19.

124 Zu den Kaufmannsklassen siehe unten S. 125 ff.

Ende des jeweiligen Berechnungsintervalls[125]: Um die Vorauszahlungen so genau wie möglich an den letztlich tatsächlichen und maßgebenden Besteuerungsgrundlagen zu orientieren, schreibt § 120 GVK / Nachtrag vor, für die Berechnung der jeweiligen Vorauszahlungsbeträge eine sich parallel zum laufenden Geschäftsverlauf entwickelnde Besteuerungsgrundlage zugrunde zu legen. Demnach sind die Steuerpflichtigen verpflichtet, bereits vor Ablauf des Kalenderjahres vierteljährlich „Voranmeldungen" zur Einkommen- bzw. zur Körperschaftsteuer (Geçici Vergi Beyannamesi) abzugeben und dementsprechende Vorauszahlungen, die sie in ihren Voranmeldungen selbst zu berechnen haben, zu leisten. Für die Errechnung der Vorauszahlungszahllast sowie für die Einreichung der Voranmeldungen gelten dieselben Grundsätze und Besteuerungsregeln, wie bei der Jahreserklärung.[126] Der anzuwendende, vorläufige Steuersatz ist dabei allerdings bei der Einkommensteuer stets der sich aus § 103 GVK ergebende Steuersatz der ersten Progressionsstufe mit 15 %.[127] Für die Körperschaftsteuer beläuft sich auch der vorläufige Steuersatz auf 20 % und entspricht damit dem sich aus § 32 KVK ergebenden allgemeinen Körperschaftsteuersatz.[128]

§ 120 Abs. 2 GVK / Nachtrag bestimmt, dass die vierteljährlichen Einkommensteuer-Voranmeldungen jeweils bis zum vierzehnten Tag des übernächsten Monats, der dem jeweiligen Voranmeldungszeitraum folgt, beim Finanzamt einzureichen und die errechneten Einkommensteuer-Vorauszahlungen bis zum siebzehnten desselben Monats zu begleichen sind.[129] Während der jeweilige Fälligkeitstermin unverändert bleibt, ist die Abgabefrist für die Körperschaftsteuer-Voranmeldung jeweils der zehnte Tag des übernächsten Monats, der dem jeweiligen Voranmeldungszeitraum folgt. Demzufolge müssen die Voranmeldungen zu den nachfolgend in der Tabelle aufgeführten Zeitpunkten beim Finanzamt eingereicht und die Vorauszahlungen geleistet werden:[130]

125 Zu den Progressionsstufen in der Türkei siehe bereits oben S. 53 f. und Beyanname Düzenleme Kılavuzu 2008, S. 434.

126 Öncel/Kumrulu/Cağan, Vergi Hukuku, S. 327.

127 Beyanname Düzenleme Kılavuzu 2008, S. 441.

128 Beyanname Düzenleme Kılavuzu 2008, S. 826.

129 Die von Kesen, Das Steuerrecht der Türkei, S. 131 angegebene Abgabefrist (15. Tag des dem Kalendervierteljahr folgenden Monats) innerhalb der früher auch die Fälligkeit der Vorauszahlungen eintrat, wurde mit dem Änderungsgesetz Nr. 5035 am 25.12.2003 auf die hier angegebenen Termine abgeändert.

130 Beyanname Düzenleme Kılavuzu 2008, S. 441.

Tab.1: Steuererklärungsfristen und Fälligkeiten der Vorauszahlungen

Voranmeldungszeiträume[131]	**Abgabefristen bei Körperschaften**	**Abgabefristen bei nat. Personen**	**Fälligkeiten der Vorauszahlungen**
1. Quartal (Jan. – März)	10. Mai	14. Mai	17. Mai
2. Quartal (April – Juni)	10. August	14. August	17. August
3. Quartal (Juli – Sept.)	10. November	14. November	17. November
4. Quartal (Okt. – Dez.)	10. Februar	14. Februar	17. Februar

Das Ziel für die Bemessung der Vorauszahlungen in dieser Form soll sein, sie in der Höhe zu berechnen und abzuführen, dass die Vorauszahlungen die voraussichtliche Steuerschuld für das laufenden Veranlagungsjahr zu decken. Dieses Ziel lässt sich nicht erreichen, wenn das Einkommen eines Vierteljahres für sich betrachtet und die Vorauszahlungen ohne Berücksichtigung der für die vorhergehenden Vierteljahre geleisteten Vorauszahlungen geleistet werden. Wenn etwa das zweite Vierteljahr abgelaufen ist und ein Halbjahresergebnis vorliegt, so muss zur Anpassung der Steuer an das erzielte Ergebnis das ganze Ergebnis des ersten Halbjahres ohne Rücksicht auf die frühere Erklärung auf den 30.06. neu ermittelt und die Steuer daraus berechnet werden. Die bei der ersten Vorauszahlung entrichtete Steuer ist dann bei der Halbjahressteuerschuld abzuziehen und der Restbetrag als zweite Vierteljahres-Vorauszahlung zu leisten. Der Steuerpflichtige schreitet quasi von Vierteljahresergebnis zu Vierteljahresergebnis fort und versteuert jeweils die zusammengefassten Ergebnisse.

Der sich bei der Einkommensteuer aufgrund der Progression ergebende „Ungewissheit“ des tatsächlich anzuwendenden Steuersatzes für das gesamte zu versteuernde Jahreseinkommen und um zu hohe Vorauszahlungen zu vermeiden, begegnet das Vorauszahlungssystem mit der Anwendung des niedrigsten sich aus § 103 GVK ergebende Steuersatz der ersten Progressionsstufe mit 15 %.[132] Zwar wird stets das tatsächlich zu versteuernde Jahreseinkommen vom Ergebnis aus dem vierten und letzten Quartal des Jahres abhängen, das durchaus das Jahresergebnis entscheidend beeinflussen kann. Führt allerdings das zu versteuernde Jahreseinkommen zur Anwendung der zweiten bis vierten Progressionsstufe, hat der Steuerpflichtige aufgrund seiner Jahreserklärung stets mit einer Nachzahlungspflicht zu rechnen.

Die neben den Jahreserklärungen abzugebenden Quartalserklärungen führen auch letztlich dazu, dass die mit den Erklärungen betrauten steuerlichen Bera-

131 Ausgehend vom Kalenderjahr als Wirtschaftsjahr.

132 Beyanname Düzenleme Kılavuzu 2008, S. 441.

ter[133] kein „Saisongeschäft" lediglich in den Monaten Januar bis Ende April für die dann anstehenden Jahreserklärungen haben, sondern verteilt auf das ganze Jahr über die regelmäßig anstehenden Quartalserklärungen erstellen müssen.

Das Vorauszahlungssystem in Deutschland gestaltet sich heute nach einem anderen Konzept: Vorauszahlungen auf die ertragsabhängigen Jahressteuern entstehen in Deutschland dem Grunde nach mit Beginn des Kalendervierteljahres, in dem sie zu entrichten sind, oder mit Begründung der Steuerpflicht während des Kalenderjahres (§ 37 Abs. 1 S. 2 EStG, § 30 Nr. 2 KStG, § 21 GewStG). Die Entstehung der Höhe nach vollzieht sich – wie bei Ermessensentscheidungen – durch hoheitliche Festsetzung in einem Vorauszahlungsbescheid. Die Festsetzung der Vorauszahlungen basiert in Deutschland jedoch nicht auf separat einzureichenden Vierteljahresanmeldungen wie in der Türkei, sondern stellt letztendlich eine Prognoseentscheidung der Finanzbehörde dar. Eine solche Prognoseentscheidung hat ausgehend von der letzten Veranlagung die anspruchsbegründenden Tatbestände zu berücksichtigen, die voraussichtlich im laufenden Besteuerungsabschnitt verwirklicht werden. Die Bemessung der Vorauszahlungen beruht auf Wahrscheinlichkeitserwägungen auf der Basis der bereits verwirklichten Sachverhalte, so dass in Deutschland erst mit Ausübung der Prognoseentscheidung die Höhe der Vorauszahlungen feststeht.[134] Für die Umsatzsteuer wird hingegen auch in Deutschland noch heute das gleiche Prinzip wie in der Türkei (dort aber nicht beschränkt auf die Umsatzsteuer sondern zugleich auch für die Ertragsteuern) angewendet: Die Umsatzsteuer entsteht mit Ablauf des betreffenden Voranmeldungszeitraumes in der durch den Unternehmer selbst zu berechnenden Höhe.

Das in der Türkei angewendete Prinzip der vierteljährlichen Vorauszahlungserklärungen als Grundlage für die Berechnung der Vorauszahlungshöhe hat indessen mit hoher Wahrscheinlichkeit seinen Ursprung in der bereits in der Einleitung zu dieser Arbeit vorgestellten historischen Verflechtung zum deutschen Besteuerungssytem. Während sich die Vorauszahlungen für die Einkommen- und Körperschaftsteuer in Deutschland vor 1946 und nach 1950 nach der Steuer bemessen haben, die sich nach Anrechnung der Steuerabzugsbeträge bei der letzten (Jahres-) Veranlagung ergeben hat, kam in der Zwischenzeit das vom Kontrollrat am 11. Februar 1946 beschlossene Gesetz Nr. 12 zur Änderung der Gesetzgebung in Bezug auf Einkommensteuer, Körperschaftsteuer und Gewinnabführung[135] zur Anwendung.[136] Unmittelbar nach der Kapitulation im zweiten

133 Beachte hierzu auch die in der Türkei bestehende „Konsultationspflicht". Nähere Ausführungen hierzu unten S. 79 ff.

134 Koenig, in: Pahlke/Koenig, AO, § 38 Rn. 21.

135 Im gesamten Wortlaut abgedruckt in FR 1946 – 1947, S. 10 ff.

Weltkrieg ging es für Deutschland mit diesem Gesetz in erster Linie darum, sich der nationalsozialistischen Prägung in den Steuergesetzen zu entledigen. So heißt es zu den allgemeinen Grundsätzen im Art. 1 des Gesetzes:[137]

> Alle deutschen Steuergesetze sind ohne Unterschied der Rasse, des Glaubens, der Staatsangehörigkeit oder der politischen Einstellung anzuwenden. Alle gesetzlichen Bestimmungen, die mit diesem Grundsatz unvereinbar sind, werden aufgehoben; insbesondere diejenigen, die vorschreiben, dass die deutschen Steuergesetze im nationalsozialistischen Geiste zu verstehen und auszulegen sind.

Speziell hinsichtlich der Vorauszahlungen hatte die Finanzverwaltung in Deutschland unmittelbar nach dem Krieg und dem Chaos ein besonderes Dilemma zu lösen: Sie war selbst stark angeschlagen[138] und brauchte ein geeignetes Mittel, um sich wieder einen Überblick über die durch den Zusammenbruch gänzlich veränderten Einkommensverhältnisse ihrer Steuerpflichtigen zu verschaffen und die Erhebung angemessener Vorauszahlungen zu ermöglichen.[139] Eine auf die „letzte Veranlagung" gestützte Vorauszahlung war 1946 vielfach nicht möglich.

So wurde damals in Deutschland zur Einführung der vierteljährlichen Vorauszahlungserklärung im Artikel XVI des Kontrollratsgesetzes Nr. 12 vom 11. Februar 1946 in Bezug auf Steuerveranlagungen, Vorauszahlungen und Steuererklärungen folgende Regelungen getroffen:

- Vorauszahlungen auf die Einkommen- und die Körperschaftsteuer sind am 10.04., 10.07., 10.10. und 10.01. zu entrichten. § 35 Abs. 1 EinkStG wird demgemäß geändert.
- Die Grundlage für die Berechnung der Vorauszahlungen bildet für jedes Vierteljahr das Einkommen des vorhergehenden Vierteljahres. Die Bestimmungen des § 35 Abs. 2 EStG und des § 24 Abs. 1 EStDVO vom 07.12.1941[140], welche diese Vorauszahlungen auf der Grundlage der bei der vorhergehenden Veranlagung festgesetzten Besteuerung vorsehen, werden demgemäß geändert.

---

136 Nach Artikel XVII ist das Gesetz ab 01.01.1946 in Kraft getreten, vgl. FR 1946 – 1947 S. 13.

137 Abgedruckt in FR 1946 – 1947, S. 10.

138 Zur Situation der Finanzverwaltung in Deutschland während und unmittelbar nach dem Zusammenbruch des Deutschen Reiches siehe das eindrucksvolle Geleitwort zur Finanzrundschau 1. Jahrgang 1946, FR 1946 – 1947, S. 5 f.

139 Wieneke, Erfahrungen mit der Neuregelung der Einkommensteuer-Vorauszahlungen durch das Kontrollratsgesetz Nr. 12, StuW 1947 – 1948, S. 279, 284.

140 RGBl. 1941 I, S. 7 (1).

- Vorbehaltlich der Ausnahmebestimmungen in Satz 2 diese Absatzes muss jeder Steuerpflichtige gleichzeitig mit der Vorauszahlung eine „vierteljährliche Erklärung" abgeben, in der angeben muss, wie er die Vorauszahlung berechnet hat. Land- und Forstwirte, die keine Bücher führen, sowie Personen deren Einkommen für das vorhergehende Vierteljahr 1.000,- Reichsmark nicht übersteigt, brauchen diese Erklärung nicht abzugeben.
- Spätestens am 10.03. eines jeden Jahres muss der Steuerpflichtige eine Erklärung über sein Gesamteinkommen des mit dem vorhergehenden 31.12. abgelaufenen Kalenderjahres abgeben („jährliche Steuererklärung"). (...)

Die Neuregelung hat es vielfach – insbesondere in den Gebieten, in denen eine Einkommensteuerveranlagung für 1944 und 1945 unterbleiben musste – den Finanzämtern überhaupt erst ermöglicht, von den Steuerpflichtigen Vorauszahlungen zu erheben, die den durch den Zusammenbruch gänzlich veränderten Einkommensverhältnissen, über die meist noch keine Unterlagen vorhanden waren, einigermaßen entsprachen.[141]

Zu der rechtlichen Natur der Vierteljahreserklärung hat *Barth* seinerzeit wie folgt Stellung bezogen, aus der die Parallelen auch hinsichtlich der rechtlichen Einordnung der heutigen Voranmeldungen in der Türkei deutlich hervortreten:

> „Ohne Zweifel treten die Selbsterrechnungserklärungen bei der Einkommensteuer und Körperschaftsteuer an die Stelle eines formellen Vorauszahlungsbescheids. Die dort errechneten Zahlungen sind ebenso zu leisten, wie wenn sie in einem formellen Bescheid angeordnet worden wären. Es bedarf hier ebenso wenig wie bei der Lohnsteueranmeldung eines Bescheides und eines Leistungsgebots. Darüber hinaus dürfte in der Vorauszahlungserklärung als Selbsterrechnungserklärung eine vollstreckbare Unterwerfungserklärung hinsichtlich des dort errechneten Betrages gesehen werden (der RFH sprach in einem ähnlich liegenden Fall von einer 'Selbstveranlagung des Steuerpflichtigen'."[142]

Unabhängig von den besonderen Anforderungen nach dem Kriegsende in Deutschland wurden bereits damals im Wesentlichen zwei Vorteile der Vorauszahlungserklärungen gesehen, die auch in der Türkei nach wie vor die tragenden Gründe für dieses System der Vorauszahlungsberechnung darstellen dürften:[143]

---

141 Wieneke, Erfahrungen mit der Neuregelung der Einkommensteuer-Vorauszahlungen durch das Kontrollratsgesetz Nr. 12, StuW 1947 – 1948, S. 279, 294.

142 Wörtliches Zitat aus Barth, Die rechtliche Bedeutung der Vorauszahlungserklärung, BB 1949, S. 494 m.w.N.

143 Zu den Vorzügen der damaligen Neuregelung in Deutschland Wieneke, Erfahrungen mit der Neuregelung der Einkommensteuer-Vorauszahlungen durch das Kontrollratsgesetz Nr. 12, StuW 1947 – 1948, S. 279, 292.

Der eine Vorzug, der wohl neben den beschriebenen Nachkriegsumständen auch die unmittelbare Veranlassung für die Einführung der Neuregelung 1946 in Deutschland war, wird darin gesehen, dass die Bemessungsgrundlage der Vorauszahlungen nach diesem System bereits ein Einkommen ist, das auch einen Teil des der späteren Veranlagung unterliegenden Jahreseinkommens bildet.

So heißt es in der ersten Ausführungsanweisung zum Gesetz Nr. 12 des Kontrollrates vom 22. Februar 1946 zu Artikel XVI:[144]

> „Zweck dieser Regelung ist, die Vorauszahlungen grundsätzlich von vornherein nach dem tatsächlichen Vierteljahreseinkommen zu bemessen, das einen Teil des der demnächstigen Veranlagung unterliegenden Jahreseinkommens bildet."

Der Umstand, dass Vorauszahlungen und Veranlagungsbetrag nach dem gleichen Einkommen bemessen werden, den Vorauszahlungen also nicht das Einkommen eines früheren Kalenderjahres zugrunde liegt, führt dazu, dass die Vorauszahlungen ihrem eigentlichen Zweck, die künftige Jahressteuerschuld nach Möglichkeit zu decken, besser gerecht wird. Etwaige Änderungen, die den Einkommensverhältnissen zwischen der letzten Veranlagung und dem laufenden Jahr eintreten, werden ebenso wie etwa eingetretene Änderungen in den Familienverhältnissen des Steuerpflichtigen von vornherein automatisch berücksichtigt. Der sonst in solchen Fällen erforderlich werdenden Anpassungen der Vorauszahlungen an die geänderten Verhältnisse bedarf es insofern nicht. Dadurch konnte auch in Deutschland ein erheblicher Teil der bis dahin anfallenden Anpassungsfälle ausgeschaltet werden.[145]

Den zweiten Vorteil der Vorauszahlungsbemessung anhand vierteljährlicher Erklärungen hat man darin gesehen, dass dieses Konzept in Zeiten aufsteigender Konjunktur dem Fiskus schneller und zuverlässiger zu der dem erhöhten Einkommen entsprechenden höheren Einkommensteuer verhilft. Liegt das Einkommen im laufenden Steuerjahr erheblich höher als vorangegangenen Jahr, so sei es – abgesehen von den wenigen Fällen, in denen das Finanzamt davon rechtzeitig Kenntnis erhielt und daraufhin die Vorauszahlungen im Wege der Anpassung erhöht festsetzte – so gewesen, dass der Steuerpflichtige trotz seines erhöhten Einkommens die Vorauszahlungen nach seinem bisherigen niedrigen Einkommen entrichtete und die dem erhöhten Einkommen entsprechende höhere Einkommensteuer erst nach der Veranlagung in Form der erhöhten Abschlusszahlung zu entrichten brauchte. Durch seine vierteljährlichen Erklärungen wird

144 Erste Ausführungsanweisung zum Gesetz Nr. 12 des Kontrollrates vom 11.02.1946 betr. Änderung des EStG, des KStG und der Gewinnabführung vom 22. Februar 1946, abgedruckt in FR 1946 – 1947, S. 14 – 20.

145 Wieneke, Erfahrungen mit der Neuregelung der Einkommensteuer-Vorauszahlungen durch das Kontrollratsgesetz Nr. 12, StuW 1947 – 1948, S. 279, 292.

der Steuerpflichtige hingegen Vorauszahlungen leisten, die sich parallel zum tatsächlichen Geschäftsverlauf entwickeln.[146]

Dieses Vorauszahlungssystem ist von der Finanzverwaltung und von den Steuerpflichtigen seinerzeit in Deutschland dennoch als Notmaßnahme empfunden worden, deren Beendigung baldmöglichst angestrebt werden sollte.[147]

Tatsächlich ist das Konzept in Deutschland auch durch die Neufassung des § 35 Abs. 2 EStG mit dem Änderungsgesetz vom 29.04.1950 abgeschafft worden.[148]

Die Gründe dafür können in den Nachteilen des Systems gesehen werden, die die genannten zwei Vorteile wohl in ihrer Gesamtschau übertroffen haben. Von den gleichen Problemstellungen ist auch die Türkei mit der Anwendung der vierteljährlichen Vorauszahlungserklärungen betroffen. Die einzelnen Problembereiche können wie folgt zusammengefasst werden:[149]

Das Hauptproblem des Konzeptes der vierteljährlichen Erklärungen stellt im Wesentlichen die enorme Mehrbelastungen für den Steuerpflichtigen, seinen steuerlichen Berater und auch der Finanzverwaltung dar. Während sich für den Steuerpflichtigen im Konzept mit dem „Vorjahresvergleich" die zu entrichtenden Vorauszahlungen aus dem letzten Veranlagungsbescheid ohne weiteres ergibt, richtet sie sich bei dem vierteljährlichen Erklärungskonzept nach der Höhe des dem jeweiligen Vorauszahlungstermin vorangegangenen Vierteljahreseinkommens, so dass der Steuerpflichtige bzw. sein Berater das im abgelaufenen Vierteljahr unter Berücksichtigung ggf. bereits vorangegangener Vierteljahre erzielte Einkommen berechnen muss. Zudem muss der Steuerpflichtige über seinen Berater vier Quartalserklärungen zuzüglich eine Jahreserklärung beim Finanzamt einreichen anstatt eben nur einer Jahreserklärung.

Neben dieser Mehrbelastung auch bei den Beratern, kommt bei diesen hinzu, dass sie die kurze Frist, die nach Ablauf des Vierteljahres für die Anfertigung der Erklärungen zur Verfügung steht, zu den „Stoßzeiten" enorm unter Druck setzt. Erinnert sei dabei auch daran, dass grundsätzlich keine Fristverlängerungen möglich sind.[150]

Inhaltlich haben Steuerpflichtige und vor allem Berater das Problem, viermal im Jahr in der knappen Frist eine ordnungsgemäße Inventur vorzunehmen

---

146 Wieneke, Erfahrungen mit der Neuregelung der Einkommensteuer-Vorauszahlungen durch das Kontrollratsgesetz Nr. 12, StuW 1947 – 1948, S. 279, 293.

147 Barth, Die Rechtliche Bedeutung der Vorauszahlungserklärung, BB 1949, S. 494.

148 Heining, Die Anpassung der Einkommensteuer-Vorauszahlungen, BB 1950, S. 811.

149 Für eine ausführliche Darstellung der Probleme der damaligen Neuregelung in Deutschland siehe Wieneke, Erfahrungen mit der Neuregelung der Einkommensteuer-Vorauszahlungen durch das Kontrollratsgesetz Nr. 12, StuW 1947 – 1948, S. 279 ff.

150 Siehe hierzu oben S. 54 ff.

und passende Bewertungen durchzuführen. Auch buch- und bilanzmäßige Abschlussarbeiten müssen viermal im Jahr zu den Stoßzeiten und innerhalb der kurzen Frist erledigt werden.

Enorm ist auch die daraus resultierende Mehrbelastung für die Finanzbehörden. Anstatt einer Jahreserklärung müssen mit ihr zusammen fünf Erklärungen bearbeitet werden. Die sachliche und inhaltliche Überprüfung erscheint aufgrund der Masse unmöglich. Die Finanzkassen müssen die regelmäßig variierenden Sollstellungen der vierteljährlichen Vorauszahlungen überwachen.

Sicherlich existieren neben den hier genannten Schwierigkeiten, die dieses Konzept der vierteljährlichen Erklärungen mit sich bringt, weitere materielle Probleme in der Besteuerung, die durch diese Verfahrensweise bedingt bzw. verschärft werden.[151] Der Türkei steht zumindest mit dem Berechnungsprinzip anhand des „Vorjahresvergleichs“ eine weniger komplizierte und weniger aufwendige Alternative für die Berechnung der Steuervorauszahlungen zur Verfügung. Die Türkei kann sich aber auch vor allem die Erfahrungen, die Deutschland als Quelle für das System mit den Quartalserklärungen gemacht hat, besonders wertvolle Erkenntnisse zu Eigen machen.

3. Abgabe verfristeter Steuererklärungen unter einem sog. „Reue- und Besserungsgesuch“ („Pişmanlık ve Islah talebiyle verilen Beyanname“)

Die ihrem Wesen nach dem Steuerstrafrecht zuzuordnende strafbefreiende Selbstanzeige – ähnlich der Ausgestaltung im § 371 AO – existiert auch im türkischen VUK. Die dort ebenfalls im § 371 VUK geregelte Selbstanzeige („Pişmanlık ve Islah“) sieht in ihrer gesetzlichen Folge im Wesentlichen – ebenso wie § 371 AO – vor, dass die bereits entstandene Strafbarkeit rückwirkend[152] wieder beseitigt wird und, dass keine behördlichen Strafzuschläge gemäß § 344 VUK erhoben werden.[153]

Eine weitere, jedoch nicht dem Gesetz zu entnehmende Folge[154] ist, dass die Finanzbehörden die mitsamt einer rechtmäßigen Selbstanzeige bzw. einem sog.

151 Zu den zusätzlichen Schwierigkeiten bei der Anwendung bestimmter Sondervorschriften damals in Deutschland vgl. Wieneke, Erfahrungen mit der Neuregelung der Einkommensteuer-Vorauszahlungen durch das Kontrollratsgesetz Nr. 12, StuW 1947 – 1948, S. 279, 287 f.

152 Danıştay, 4'üncü Daire, 07.04.1988 tarihli karar, E. 1987/5752, K. 1988/ 1372; Kızılot, Vergi İhtilafları ve Çözüm Yolları, S. 161.

153 Zu Einzelheiten der strafbefreienden Selbstanzeige nach § 371 VUK siehe Özbalcı, Vergi Usul Kanunu, S. 975 ff.; Kızılot, Vergi İhtilafları ve Çözüm Yolları, S. 159 ff.

154 Özbalcı, Vergi Usul Kanunu, S. 976.

„Reue- und Besserungsgesuch" eingereichten verfristeten Steuererklärung als nicht verfristet behandeln und demnach nicht das für diese Fälle sonst übliche hoheitliche Veranlagungsverfahren einleiten.[155] Die Veranlagungsform einer solchen verfristeten Steuererklärung stellt in dem Fall ebenso wie eine fristgerecht eingereichte Erklärung eine Selbstveranlagung dar. Diese Verwaltungspraxis wird in der Literatur zum Teil als „behördliche Toleranz" (idari müsamaha") eingestuft.[156]

Für die Einräumung dieser „Toleranz" verlangt die Finanzverwaltung allerdings, dass die eingereichte verfristete Steuererklärung ein positives zu versteuerndes Einkommen ausweist, d.h. ergibt sich aus der verfristet eingereichten Steuererklärung kein positives zu versteuerndes Einkommen, so dass keine Steuer festgesetzt werden kann, wird die mit der Selbstanzeige verfristet eingereichte Steuererklärung von der Finanzverwaltung nicht mehr im Rahmen einer Selbstveranlagung ohne Bußgelder und der Festsetzung von Strafzuschlägen verarbeitet, sondern eben mit diesen Sanktionen als verfristete Steuererklärung zur hoheitlichen Veranlagung übergeleitet und ggf. die Schätzungskommission beauftragt oder eine Außenprüfung eingeleitet.[157] Die Verwaltungsauffassung fordert demnach für nicht nur für die „Heilung" der Fristversäumnis, sondern auch für die Anerkennung der Straffreiheit aufgrund der Selbstanzeige den Ausweis eines positiven zu versteuernden Einkommen in der nachgereichten Steuererklärung.

Das Oberverwaltungsgericht[158] hat entgegen der Verwaltungspraxis in mehreren übereinstimmenden Entscheidungen festgestellt, dass der Ausweis eines positiven zu versteuernden Einkommens in der verfristeten und im Rahmen einer Selbstanzeige abgegebenen Steuererklärung nicht zur Voraussetzung für die Einleitung der Selbstveranlagung und zur Herbeiführung der Straffreiheit gemacht werden dürfe.[159] Das Gericht verweist darauf, dass es für die Differenzie-

155 Die verfristete Steuererklärung kann auch binnen 15 Tagen nach der Selbstanzeige eingereicht werden, § 371 Abs. 1 Nr. 3 VUK.

156 Özbalcı, Vergi Usul Kanunu, S. 977.

157 Kızılot, Vergi İhtilafları ve Çözüm Yolları, S. 191; Özbalcı, Vergi Usul Kanunu, S. 937.

158 Das Oberverwaltungsgericht hat einen finanzrechtlichen Senat (Danıştay) und bildet die Revisionsinstanz im türkischen finanzgerichtlichen Aufbau. Als Eingangsinstanz existieren spezielle Finanzgerichte (Vergi Mahkemesi) wie auch in Deutschland. Zum finanzgerichtlichen Aufbau s. auch unten S. 76.

159 Danıştay, 4'üncü Daire, 22.10.1996 tarihli karar, E. 1995/4563, K. 1996/ 3763; 26.11.1979 tarihli karar, E. 1979/1872, K. 1979/3192; 9'uncu Daire, 18.04.1985 tarihli karar, E. 1994/4897, K. 1995/911; vgl. auch Kızılot, Vergi İhtilafları ve Çözüm Yolları, S. 200 m.w.H.

rung der Verwaltung keine gesetzliche Grundlage gibt[160] und dass eine derartige Unterscheidung „nicht dem Willen des Gesetzgebers“ entspricht.[161]

Für Steuerpflichtige in der Türkei, die es versäumt haben, die gesetzlichen Fristen für die Einreichung ihrer Steuererklärungen einzuhalten, besteht mit der Nachreichung der Erklärungen mit einem „Reue- und Besserungsgesuch“ nach der Rechtsprechung also auch dann die Möglichkeit, ihren steuerlichen Pflichten weiterhin im Rahmen der Selbstveranlagung nachzukommen, ohne Bußgelder, Strafzuschläge oder andere Strafen befürchten zu müssen, wenn die Erklärung kein positives zu versteuerndes Einkommen ausweist.

Bei einer sich aus der verfristeten Erklärung ergebenden Steuerschuld wird der Steuerpflichtige mit einem sog. „Reuezuschlag“ *(„pişmanlık zammı“)* gemäß § 51 AATUHK belastet, der ab der eigentlichen gesetzlichen Fälligkeit der Steuer pro Monat 2,5 % beträgt und einen Zinsausgleich darstellen soll.[162] Unter Berücksichtigung des Reuezuschlags und der Ungewissheit über den Zeitpunkt, an dem die Finanzbehörde mit der Einleitung des Schätzungsverfahrens dem „Reue- und Besserungsgesuch“ im Einzelfall Einhalt gebietet, ist diese Konzeption mit den regelmäßigen Fristverlängerungen für die Einreichung von Steuererklärungen in Deutschland nicht vergleichbar. Auch wenn die „Missachtung“ der gesetzlichen Erklärungsfristen durch die „Hintertür“ des „Reue- und Besserungsgesuchs“ in der Türkei heilbar erscheint, darf der von Amts wegen entstehende Reuezuschlag angesichts seiner Höhe von 30 % pro Jahr nicht unterschätzt werden.

4. Formen und Adressaten der Steuererklärungen

Die Steuererklärung muss auch in der Türkei nach amtlich vorgeschriebenem Vordruck erstellt und unterschrieben werden (§ 91 GVK, § 14 Abs. 8 KVK, § 42 KDV). Die Formulare werden vom Finanzministerium gestaltet und über die Finanzbehörden den Steuerpflichtigen kostenlos zur Verfügung gestellt.[163]

Es ist Ausfluss des Prinzips der Selbstveranlagung, dass der Steuerpflichtige nicht nur die Besteuerungsgrundlagen seiner steuerlichen Veranlagung selbst ermittelt, sondern dass er auch die von ihm geschuldete Steuer selbst berechnet. Diesen Betrag muss der Steuerpflichtige dann z.B. in den Formularen der Einkommen- bzw. der Körperschaftsteuererklärung an den hierfür vorgesehenen Stellen unter „Berechnete Einkommensteuer“ bzw. „Berechnete Körperschafts-

---

160 Danıştay, 7´nci Daire, 09.02.1983 tarihli karar, E. 1981/2542, K. 1983/ 217.

161 Danıştay, 4´üncü Daire, 08.06.1974 tarihli karar, E. 1972/4075, K. 1974/ 2417.

162 Kızılot, Vergi İhtilafları ve Çözüm Yolları, S. 191.

163 Beyanname Düzenleme Kılavuzu 2008, S. 301.

teuer" („Hesaplanan Gelir Vergisi" bzw. „Hesaplanan Kurumlar Vergisi") eintragen.

Seit dem 01.10.2004 lässt die türkische Finanzverwaltung auch die elektronische Übermittlung von Steuererklärungen zu (sog. „e-beyanname" als Abkürzung für elektronik beyanname also elektronische Steuererklärung). Gestützt auf die Ermächtigungsgrundlage im doppelten § 257 Abs. 1 Nr. 4 VUK hat das Finanzministerium am 30.09.2004 die erste amtliche Bekanntmachung[164] veröffentlicht, in der Einzelheiten zu der elektronischen Übermittlung von Steuererklärungen geregelt werden. Anfangs basierte diese Möglichkeit auf die freiwillige Inanspruchnahme der Steuerpflichtigen und war begrenzt auf einige Steuererklärungen wie etwa die Umsatzsteuererklärung, eine spezielle Verbrauchsteuererklärung[165], die Quellensteuererklärungen (z.B. für die Lohnsteuer oder Kapitalertragsteuer), oder die Stempelsteuerklärung[166]. Damit bezweckte die Finanzverwaltung eine schrittweise Heranführung an die bevorstehende gesamte Umstellung auf die elektronische Übersendung sämtlicher Steuererklärungen.[167]

In einer weiteren amtlichen Bekanntmachung vom 03.03.2005[168] sind für einige Steuererklärungen und für bestimmte Steuerpflichtige die elektronische Übermittlung verpflichtend geworden. In zwei folgenden amtlichen Bekanntmachungen vom 02.03.2006[169] und vom 01.02.2007[170] sind weitere Bestimmungen zur Ausweitung der elektronischen Erklärungspflichten statuiert worden, so dass ab 2006 von der Verpflichtung zur Abgabe von elektronischen Steuererklärungen folgende Steuerpflichtige betroffen sind: Steuerpflichtige mit gewerblichen Einkünften, Einkünften aus Land- und Forstwirtschaft und Steuerpflichtige mit

164 Amtliche Bekanntmachung vom 30.09.2004 mit der Nr. 340, veröffentlicht im Amtsblatt Nr. 25599.

165 Zur sog. speziellen Verbrauchssteuer (Özel Tüketim Vergisi) siehe Kesen, Das Steuerrecht der Türkei, S. 187 ff.

166 Zur Stempelsteuer (Damga Vergisi) siehe Kesen, Das Steuerrecht der Türkei, S. 213 ff.

167 Amtliche Bekanntmachung vom 30.09.2004 mit der Nr. 340, veröffentlicht im Amtsblatt Nr. 25599, Abschnitt III Abs. 1.

168 Amtliche Bekanntmachung vom 03.03.2005 mit der Nr. 346, veröffentlicht im Amtsblatt Nr. 25744.

169 Amtliche Bekanntmachung vom 02.03.2006 mit der Nr. 357, veröffentlicht im Amtsblatt Nr. 26096.

170 Amtliche Bekanntmachung vom 01.02.2007 mit der Nr. 367, veröffentlicht im Amtsblatt Nr. 26421.

freiberuflichen Einkünften, die ein Aktivvermögen von über 50.000 TL[171] oder einen Jahresumsatz von mehr als 100.000 TL[172] vorweisen.[173]

Körperschaftsteuererklärungen sind seit dem Veranlagungsjahr 2006 ohne irgendwelche Begrenzungen stets elektronisch zu versenden. Im Übrigen besteht für nicht verpflichtete Steuerpflichtige (weiterhin) die Möglichkeit, ihre Steuererklärungen freiwillig elektronisch zu versenden.

Der Verfahrensgang bei der elektronischen Übersendung der Steuererklärungen weist eine Reihe von Besonderheiten auf, so dass im Folgenden zunächst isoliert auf den herkömmlichen Verfahrensgang eingegangen wird. Der Ablauf bei der elektronischen Einreichung der Steuererklärung wird Gegenstand einer separaten Darstellung,[174] welcher bei Kenntnis des herkömmlichen Verfahrens verständlicher wird.

Adressaten der Steuererklärungen und der Voranmeldungen sind die Finanzämter am jeweiligen Wohn- oder Geschäftssitz des Steuerpflichtigen. (§ 92 GVK bzw. § 14 KVK). Neben der persönlichen Übergabe der Erklärungen und ihrer elektronischen Einreichung ist auch die Übersendung in eingeschriebener Form per Post möglich. Dabei ist das Datum des Poststempels für die Fristberechnung ausschlaggebend.[175] Demnach ist es beispielsweise für die fristgerechte Abgabe der Steuererklärung einer natürlichen Person also auch ausreichend, dass der Steuerpflichtige seine Steuererklärung als eingeschriebene Postsendung am 15. März „auf den Weg" bringt. Im Gegensatz dazu ist in Deutschland die Frist nicht schon durch die fristgerechte Aufgabe zur Post der Steuererklärung gewahrt. Ausschlaggebend ist in Deutschland der Eingang der Erklärung bei der zuständigen Behörde.[176]

Beachtenswert an dieser Stelle ist auch, dass es nach § 109 GVK gesetzlich vorgeschrieben ist, wann die (Selbst-) Veranlagung der Einkommensteuer bei der persönlich übergebenen Einkommensteuererklärung vom Finanzamt abgefertigt werden muss, d.h. wann die von dem Steuerpflichtigen erklärten Daten

---

171 Für 2004 betrug der Grenzwert des Aktivvermögens noch 200.000 TL und wurde für das Jahr 2005 auf 100.000 TL halbiert und für 2006 noch einmal auf den genannten Wert von 50.000 TL reduziert.

172 Für 2004 betrug der Grenzwert des Jahresumsatzes noch 400.000 TL und wurde für das Jahr 2005 auf 200.000 TL halbiert und für 2006 noch einmal auf 100.000 TL reduziert.

173 Es ist abzusehen, dass die betragsmäßige Begrenzung in Zukunft komplett entfallen und die elektronische Steuererklärung auch für die Einkommensteuer bedingungslos verpflichtend werden wird.

174 Siehe hierzu S. 79 ff.

175 Beyanname Düzenleme Kılavuzu 2008, S. 268.

176 Heuermann, in: H/H/Sp, AO, § 149 Rn. 26.

erfasst und der deklaratorische Festsetzungsschein[177] ausgestellt werden muss. Demnach hat dies bei persönlicher bzw. elektronischer Einreichung[178] noch am selben Tag zu erfolgen. Gleiches gilt gemäß § 16 Abs. 5, Alt. 1 KVK für die Körperschaftsteuererklärung. Wird die Einkommensteuererklärung auf dem Postwege übermittelt, hat die Veranlagung binnen sieben Tagen ab Eingang bei dem zuständigen Finanzamt zu erfolgen (§ 109 Abs. 1 Nr. 1 GVK). Bei postalischer Übersendung der Körperschaftsteuererklärung ist die Veranlagung bereits nach drei Tagen ab Eingang bei dem zuständigen Finanzamt durchzuführen (§ 16 Abs. 5, Alt. 2 KVK).[179]

5. Pflicht zur Konsultation eines Angehörigen der steuerberatenden Berufe

Im (doppelten) § 227 Abs. 1 Nr. 1 VUK hat der Gesetzgeber das Finanzministerium ermächtigt zu bestimmen, ob und unter welchen Voraussetzungen im einzelnen festgelegte Steuererklärungen bzw. Steueranmeldungen von Angehörigen der steuerberatenden Berufe zu unterzeichnen sind. Diese Konsultationspflicht legte das Finanzministerium 1997 mit der „Rechtsverordnung über die Unterzeichnung von Steuererklärungen durch Angehörige von steuerberatenden Berufen“[180] fest.

Diese Rechtsverordnung verpflichtet (abgesehen von einigen Ausnahmen)[181] jeden Steuerpflichtigen, seine Einkommen-, Körperschaft- und Umsatzsteuererklärung sowie seine Lohnsteueranmeldung von einem Angehörigen der steuerberatenden Berufe unterzeichnen zu lassen.[182] Abhängig von der Summe der Aktiva (aktiv toplamı) und der Überschreitung einer bestimmten „Nettoverkaufserlösgrenze“ (net satışlar toplamı) des Steuerpflichtigen ist lediglich danach zu differenzieren, ob die Steuererklärung von einem *Serbest Muhasebeci* (SM, freier Bilanzbuchhalter)[183] bzw. von einem *Serbest Muhasebeci Mali*

177 Zur Rechtsqualität des Festsetzungsscheins ausführlich unten S. 79 ff.

178 Zur elektronischen Einreichung der Steuererklärungen siehe unten S. 82 ff.

179 Für die Einreichung der Körperschaftsteuererklärung ist die elektronische Form inzwischen verpflichtend, vgl. unten S. 82 ff.

180 Rechtsverordnung veröffentlicht in der Resmi Gazete Nr. 23034 vom 29.06.1997: „4 Sıra No'lu Vergi Beyannamelerinin Serbest Muhasebeci ve Serbest Muhasebeci Mali Müşavirlerce İmzalanması Hakkında Genel Tebliğ“.

181 Jeweils nur für ihre eigenen Steuererklärungen: u.a. steuerliche Berater, Rechtsanwälte, Notare.

182 Die Nichtbeachtung der Konsultationspflicht führt gem. § 30 Abs. 2 Nr. 8 VUK zur Schätzung. Siehe hierzu unten S. 162 ff.

183 Aufgrund des Änderungsgesetzes mit der Nr. 5786 werden seit 2008 keine neuen Berufsträger mehr mit der Berufsqualifikation des „Serbest Muhasebeci“ zugelassen. Für

Müşavir (SMMM, der dem deutschen Steuerberater entspricht) zu unterzeichen oder von einem *Yeminli Mali Müşavir* (YMM, vereidigter Finanzberater, der dem deutschen Wirtschaftsprüfer entspricht),[184] mit einem Bestätigungsvermerk *(Tasdik)* zu versehen ist:

Die Rechtsverordnung verpflichtet für die Erstellung der Steuererklärung zur Inanspruchnahme eines SM bzw. eines SMMM, wenn die Summe des Aktivvermögens des Steuerpflichtigen und die Nettoverkaufserlöse bestimmte Grenzwerte nicht übersteigen. Für das Jahr 1997, in dem diese Konsultationspflicht durch die genannte Rechtsverordnung eingeführt wurde, hat das Finanzministerium den Grenzwert bei dem Aktivvermögen auf 200 Mrd. Türkische Lira/alte Währung (entspricht 200.000 TL) und die Nettoverkaufserlöse auf 400 Mrd. Türkische Lira/alte Währung (entspricht 400.000 TL) festgelegt. Gleichzeitig wurde eine jährliche Neubestimmung der Grenzwerte vorbehalten. Sollte keine Neubestimmung durch das Finanzministerium erfolgen, so bestimmt die Rechtsverordnung, dass der Neubewertungskurs (yeniden değerleme oranı) heranzuziehen ist. Der Neubewertungskurs entspricht der Inflationsrate[185], die gemäß § 298 VUK am Ende jedes Jahres vom Finanzministerium im Amtsblatt (Resmi Gazete) bekannt gegeben wird.

Bisher hat das Finanzministerium keine Neubestimmung der Grenzwerte vorgenommen, so dass auf die im Jahr 1997 festgelegten Grenzwerte die jährlichen Inflationsraten von 1998 bis heute hinzu zu addieren sind. Die folgende Tabelle zeigt die zur Bestimmung der Grenzwerte maßgebliche Entwicklung der Inflationsrate in der Türkei auf:

---

alle Berufsträger, die diese Berufsqualifikation bis zur Gesetzesänderung bereits erworben hatten, gilt allerdings ein Bestandsschutz. Sie sind nach wie vor berechtigt, Steuererklärungen im Rahmen der für sie geltenden Grenzwerte Steuererklärungen zu unterschreiben.

184 Zu den Berufsständen und zum Berufszugang der steuerberatenden Berufe in der Türkei vgl. Quick/Emir, WPg 2005, S. 79 – 90.

185 Sekdur/Altun, Mali Hukuk Ansiklopedisi, S. 752 f.

Tab. 2: Entwicklung der Inflationsrate in der Türkei[186]

Jahr	Resmi Gazete Datum und Nr.	VUK RVO-Nr.	Inflationsrate = Neubewertungskurs
1998	18.11.1998 / 23522	267	77,8 %
1999	18.11.1999 / 23880	279	52,1 %
2000	08.12.2000 / 24254	288	56,0 %
2001	01.12.2001 / 24600	301	53,2 %
2002	08.12.2002 / 24957	310	59,0 %
2003	04.12.2003 / 25306	325	28,5 %
2004	20.11.2004 / 25646	341	11,2 %
2005	18.11.2005 / 25997	353	9,8 %
2006	28.11.2006 / 26360	363	7,8 %
2007	17.11.2007 / 26703	377	7,2 %
2008	20.11.2008 / 27060	387	12,0 %

Unter Berücksichtigung der o.g. Ausgangsgrenzwerte für das Jahr 1997 und der jährlich hinzu zu addierenden Neubewertungskurse (Inflationsrate) lassen sich für die Jahre 1997 bis 2008 folgende Grenzwerte für das Aktivvermögen und die Nettoverkaufserlöse festlegen, bis zu denen die Konsultation eines SM oder SMMM Pflicht war bzw. ist:

Tab. 3: Grenzwerte für die Jahre 1997 bis 2008 (Angaben umgerechnet in neue Währung – TL)

Jahr	Neubewertungs-kurs (%)	Aktivvermögen TL	Nettoverkaufserlöse TL
1997		200.000,00	400.000,00
1998	77,8	355.600,00	711.200,00
1999	52,1	540.867,60	1.081.735,20
2000	56,0	843.753,46	1.687.506,91
2001	53,2	1.292.630,30	2.585.260,59
2002	59,0	2.055.282,17	4.110.564,34
2003	28,5	2.641.037,59	5.282.075,17
2004	11,2	2.936.833,80	5.873.667,59
2005	9,8	3.224.643,51	6.449.287,01
2006	7,8	3.476.165,70	6.952.331,40
2007	7,2	3.726.449,63	7.452.899,26
2008	12,0	4.173.623,59	8.347.247,17

186 Die Werte sind abrufbar unter: http://www.gib.gov.tr/index.php?id=1028.

Liegen bzw. lagen die entsprechenden Werte hingegen über den aufgezeigten Grenzwerten,[187] verpflichtet der (doppelte) § 227 VUK in Verbindung mit der genannten Rechtsverordnung die Steuerpflichtigen, ihre Steuererklärungen durch einen *Yeminli Mali Müşavir* (YMM, vereidigter Finanzberater, der dem deutschen Wirtschaftsprüfer entspricht) ratifizieren zu lassen.[188]

Der YMM führt dazu eine intensive steuerliche Buchprüfung durch und erteilt dem Steuerpflichtigen nur bei ordnungsgemäßer Erfüllung und Einhaltung aller steuerlichen Rahmenbedingungen einen umfassenden Bestätigungsvermerk *(tam tasdik)*. Über die Erteilung des Bestätigungsvermerks benachrichtigt der YMM das für den Steuerpflichtigen zuständige Finanzamt und leistet seine Unterschrift auf der entsprechenden Steuererklärung. Während die Konsultation eines YMM für der Steuerpflichtigen, der die maßgebenden Grenzwerte übersteigt, verpflichtend ist, besteht im Übrigen auch für Steuerpflichtige, die unter den Grenzen bleiben, die Möglichkeit, sich einen solchen YMM-Bestätigungsvermerk freiwillig einzuholen.[189] Auch wenn es zu der Auswirkung eines solchen freiwilligen Bestätigungsvermerks durch einen YMM keine offiziellen Stellungnahmen existieren, zeigt die Prüfungspraxis der Finanzbehörden nach übereinstimmender Auskunft von verschiednen steuerlichen Beratern, dass der Bestätigungsvermerk die Wahrscheinlichkeit einer Außenprüfung beachtlich herabsenkt. Die intensive Prüfungstätigkeit der YMM, ihre Qualifikation sowie ihre Vereidigung scheinen das Kontrollbedürfnis gewichtig zu senken. Mit dieser Möglichkeit verlagert die Finanzverwaltung ihre Prüfungsaufgabe auf die YMM.

Alle durch die Konsultationspflicht in die Steuererklärung bzw. Steueranmeldung zwingend involvierten Angehörigen der steuerberatenden Berufe sollen durch die Regelung des (doppelten) § 227 Abs. 2 VUK mit zur Verantwortung gezogen werden. Demnach unterfallen die betroffenen SM, SMMM oder YMM mit dem Steuerpflichtigen zusammen in eine kollektive und gesamtschuldnerische Haftung für den durch eine unrichtige oder verspätet abgegebene Steuererklärung bzw. Steueranmeldung entstehenden Steuerausfall, die festgesetzten (Säumnis-) Zuschläge und Verspätungszinsen.

---

187 Die Rechtsverordnung bestimmt im Abschnitt II. A), dass für die Eröffnung der Zuständigkeit des YMM die Überschreitung des Grenzwertes entweder des Aktivvermögens oder des Nettoverkaufserlöses ausreichend ist. Die Überschreitung muss also nicht kumulativ vorliegen.

188 Der YMM absolviert regelmäßig vor seiner Zulassung zum YMM-Examen eine zehnjährige praktische Tätigkeit als SMMM. Siehe hierzu Quick/Emir, WPg 2005, S. 79, 87.

189 „4 Sıra No´lu Vergi Beyannamelerinin Serbest Muhasebeci ve Serbest Muhasebeci Mali Müşavirlerce İmzalanması Hakkında Genel Tebliğ", Resmi Gazete Nr. 23034 vom 29.06.1997.

Die angesprochene „Rechtsverordnung über die Unterzeichnung von Steuererklärungen durch Angehörige von steuerberatenden Berufen“ erläutert die Einzelheiten der an diesen Personenkreis gestellten Anforderungen bei der „Unterzeichnung“ bzw. „Legitimierung“ der einzelnen Steuererklärungen bzw. – anmeldungen. Letztlich werden die Angehörigen der steuerberatenden Berufe verpflichtet, die Ihnen vom Steuerpflichtigen überlassenen Belege, Dokumente, die geführten Bücher und sämtliche andere relevanten Unterlagen und Informationen unter Beachtung der geltenden Vorschriften zu überprüfen und deren Richtigkeit sicher zu stellen. Alle zur Erstellung der Steuererklärungen bzw. – anmeldungen relevanten Dokumente unterfallen mit der Einreichung bei den Finanzämtern (auch) in den Verantwortungsbereich des unterzeichnenden Beraters.

Identifiziert der Berater Unregelmäßigkeiten oder ein verfälschtes Dokument, so ist er berechtigt, vom Steuerpflichtigen bzw. von seinem Mandanten Klärung zu verlangen. Ist daraufhin der Steuerpflichtige nicht bereit oder in der Lage, die Echtheit oder Rechtmäßigkeit des Dokumentes darzutun, ist der Berater verpflichtet, den Umstand dem für seinen Mandanten zuständigen Finanzamt innerhalb der Abgabefrist der Steuererklärung schriftlich mitzuteilen. Nur auf diese Weise kann sich der Berater seiner gesamtschuldnerischen Haftung entledigen.

Von der Konsultationspflicht nach dieser Rechtsverordnung nicht unmittelbar betroffen sind die „Kleinstgewerbetreibenden“, welche einer vereinfachten Gewinnermittlung unterliegen.[190] Doch nicht nur die als Anlage zur Steuererklärung dieser Kleinstgewerbetreibenden dienende tabellarische Umsatz- und Aufwandsaufzeichnung ist von einem Berufsträger der zuständigen Berufskammer zu erstellen und zu unterzeichnen, sondern auch der für diese Gruppe von Steuerpflichtigen besondere Steuererklärungs- bzw. Steueranmeldungsvordruck. In diesem Zusammenhang ist zu berücksichtigen, dass die Handels- bzw. Berufskammern, bzw. die von diesen eingerichteten Buchführungsbüros gemäß § 46 Absatz 3 GVK verpflichtet sind, in ausreichender Anzahl von den durch das Gesetz mit der Nr. 3568 vom 13.06.1989 bestimmten Berufsträgern zu beschäftigen. Dieses Gesetz regelt das Berufsrecht der SM, SMMM und der YMM, also die in der Türkei auch im Übrigen mit der Steuerberatung befassten Berufsfelder. Letztlich werden also auch die Steuererklärungen der Kleinstgewerbetreibenden von Angehörigen der steuerberatenden Berufe (mit-) unterzeichnet. Die Kleinstgewerbetreibenden könnten daraufhin ihre Steuererklärungen (nach der Unterzeichnung eines Berufsträgers) selbst beim zuständigen Finanzamt einreichen, was in der Praxis jedoch regelmäßig umgekehrt nach der Unterschrift des

190 Siehe hierzu unten S. 123.

Steuerpflichtigen direkt von den Mitarbeitern der Buchführungsbüros in die Wege geleitet wird.[191]

Die fehlende Pflicht zur Konsultation eines steuerlichen Beraters in Deutschland ist offensichtlich auch der augenfälligste Unterschied bei der Einreichung der Steuererklärungen.

Ohne fachkundige Hilfe wird ein Steuerpflichtiger regelmäßig jedoch nur in einfach gelagerten Fällen, z.B. wenn seine Einnahmen/Ausgaben überschaubar bzw. letztere bereits durch Pauschalen abgegolten sind, eine steuerrechtlich zutreffende Steuererklärung abgeben. Deshalb spricht in den übrigen Fällen bei von Laien gefertigten Steuererklärungen eine Vermutung dafür, dass die Steuererklärung unrichtig ist.[192] Aus diesem Grund hat Seer vorgeschlagen, die Umstellung in Deutschland auf ein Selbstveranlagungsverfahren mit Einführung einer Pflicht zur Konsultation eines Angehörigen der steuerberatenden Berufe für die Fälle zu verbinden, in denen der Steuerpflichtige nicht lediglich typisierende Abzugspauschalen beansprucht.[193] Seer stellt weiterhin fest, dass außerhalb der sog. Arbeitnehmer-Veranlagung bereits heute auch in Deutschland überwiegend Steuerberater die Steuererklärungen erstellen und so die Steuerveranlagungen vorbereiten.[194] Nach Schätzungen der Finanzverwaltung fertigen 90 % der Kapitalgesellschaften, 50-60 % der Gewerbetreibenden und 35 % der Arbeitnehmer ihre Steuererklärungen mit Hilfe eines Steuerberaters an.[195] Durch die Konsultationspflicht würde der Realität daher konsequent Rechnung getragen, was in der Türkei bereits seit 1997 praktiziert und dadurch das Kontrollbedürfnis bei den eingehenden Steuererklärungen deutlich verringert wird.

6. Gesetzlicher Klageausschluss bei der Selbstveranlagung

Ein Rechtsbehelfsverfahren auf finanzbehördlicher Ebene, etwa entsprechend dem Einspruch gemäß §§ 347 ff AO, existiert in der Türkei nicht. Der gesetzlich vorgesehene Rechtsbehelf gegen sämtliche Maßnahmen des Finanzamtes im Rahmen der Besteuerung ist grundsätzlich stets und direkt die Klage vor dem Finanzgericht (§ 377 Abs. 1 VUK). Dafür existiert als Eingangsinstanz ein eigenständiger Finanzgerichtlicher Rechtsweg. Die Urteile der Finanzgerichte können in der zweiten Instanz vor dem Oberverwaltungsgericht *(Danıştay)* an-

191 Beyanname Düzenleme Kılavuzu 2008, S. 21.

192 Tipke, in: Tipke/Kruse, AO, § 88 Rn. 10.

193 Seer, in: Ahrens/Nagel, FR 2002, S.261, 265; ders. in: Besteuerungsverfahren: Rechtsvergleich USA – Deutschland, Rn. 148.

194 Seer, Reform des Veranlagungsverfahrens, StuW 2003, S. 40, 55.

195 Vgl. Ahrens/Nagel, FR 2002, S. 261, 268.

gefochten werden, welcher einen eigenständigen Senat für Finanzangelegenheiten hat.

Lediglich für die Fälle hoheitlicher Veranlagung[196] besteht für den Steuerpflichtigen daneben und unabhängig davon die Möglichkeit, mit der Finanzbehörde in ein Verständigungsverfahren überzugehen.[197]

Wesentlicher Bestandteil des Selbstveranlagungskonzeptes in der Türkei ist es jedoch, dass der Steuerpflichtige im Anschluss an seine ordnungsgemäße Selbstveranlagung weder Zugang zum Verständigungsverfahren hat, noch die Möglichkeit der Klageerhebung. § 378 Abs. 2 VUK schließt eine Klageerhebung gegen eine im Wege der Selbstveranlagung durchgeführten Besteuerung ausdrücklich aus.

Darin kommt der Grundsatzgedanke des „venire contra factum proprium“ zum Ausdruck, wonach sich der Steuerpflichtige nicht in Widerspruch zum eigenen Verhalten setzen darf. Im § 378 Abs. 2 VUK heißt es wörtlich:

> „Die Steuerpflichtigen dürfen gegen die von ihnen selbst angemeldeten Besteuerungsgrundlagen und die auf diesen Grundlagen festgesetzten Steuern keine Klagen erheben.“[198]

In dem Selbstveranlagungssystem der Türkei übernimmt der Steuerpflichtige mit seinem Berater damit sowohl die Verantwortung für eine zutreffende Sachverhaltsauswertung als auch für dessen steuerrechtliche Würdigung. Wenn der Steuerpflichtige mit seinem Berater beispielsweise bei einer unklaren Rechtslage vor der Frage steht, ob ein Sachverhalt unter einen gesetzlich vorgesehen Befreiungstatbestand fällt, müssen sie sich entscheiden, ob sie den Sachverhalt in der Steuererklärung mit Auswirkung auf die Besteuerungsgrundlage berücksichtigen sollen oder nicht. Die besondere Problematik im gesetzlich geregelten Selbstveranlagungssystem der Türkei besteht darin, dass der Steuerpflichtige mit beiden Lösungsvarianten benachteiligt werden kann:

Folgt er in seiner Steuererklärung der ihm günstigen Lösung und gibt den fraglichen Sachverhalt als nicht steuerbar erst gar nicht an, so wird die Veranlagung zwar im ersten Schritt seiner Erklärung entsprechend durchgeführt, jedoch muss er während der Festsetzungsverjährungsfrist stets mit einer Prüfung seines Steuerfalles rechnen. Kommt die Finanzverwaltung nach einer entsprechenden Prüfung zu dem Ergebnis, dass der fragliche Sachverhalt steuererheblich gewesen ist, muss er neben der nachträglichen steuerlichen Berücksichtigung zudem mit Strafzuschlägen und Verspätungszinsen rechnen. Letztlich könnte er zwar

---

196 Zu den Fällen der hoheitlichen Veranlagung siehe unten S. 162 ff.

197 Zum Verständigungsverfahren siehe unten S. 187 ff.

198 Im Satz 2 des § 378 Abs. 2 VUK heißt es, dass die Korrekturvorschriften des VUK anwendbar bleiben. Zu den Korrekturmöglichkeiten siehe unten S. 215 ff.

gegen die Strafzuschläge gerichtlich vorgehen und die rechtliche Situation auf diese Weise von den Finanzgerichten überprüfen lassen, jedoch ist er dabei stets der Gefahr ausgesetzt, dass das Gericht seiner Ansicht nicht folgt und seine Klage kostenpflichtig abweist.

Berücksichtigt er andererseits den Sachverhalt von vornherein in seiner Steuerklärung als steuerlich erheblich mit der Folge, dass eine entsprechend höhere Grundlage der Besteuerung unterworfen wird, bleibt er der steuerlichen Mehrbelastung ausgesetzt, obwohl die Möglichkeit besteht, dass die für ihn günstige Lösung auch vor Gericht standgehalten hätte.

Der Steuerpflichtige hat zwar nach § 413 VUK die Möglichkeit, sich über Zweifelsfragen bei der Besteuerung schriftliche Auskünfte vom Finanzministerium einzuholen. Aufgrund der gesetzlich festgelegten fixen Abgabetermine für Steuererklärungen[199] besteht allerdings oft das Problem, dass der Steuerpflichtige bzw. sein Berater schlicht keine Zeit hat, einzelne Zweifelsfragen mit dem Finanzministerium zu klären, denn derartige „Klärungsanfragen" zögern die Abgabefrist der Steuererklärungen nicht hinaus; die Fristen werden durch derartige Anfragen nicht gehemmt. Gleiches gilt für die beim Einkommens-Verwaltungspräsidium organisierten Beratungshilfestellen zu steuerlichen Themen.[200]

Obwohl keine gesetzlich festgelegte Ausnahme zu dem Grundsatz des Rechtsbehelfausschluss existiert, hat sich aus ständiger Rechtsprechung des Oberverwaltungsgerichts[201] das Recht der Steuerpflichtigen entwickelt, die Steuererklärung mit einem „Klagevorbehalt" (İhtirazi Kayıtla Beyan) beim Finanzamt einzureichen.[202]

Hierzu muss die Steuererklärung mit einem deutlichen Hinweis versehen werden, aus dem sich der Klagevorbehalt ergibt.[203] Dabei sieht es das Oberverwaltungsgericht als ausreichend an, wenn auf den Klagevorbehalt nicht direkt bei Abgabe der Steuererklärung hingewiesen wird, sondern der Vorbehalt im

199 Zu den Abgabefristen vgl. S. 54 ff.

200 Bei den kostenlosen Beratungsstellen handelt es sich zum einen um das „Zentrum für Steuerkommunikation" (Vergi İletişim Merkezi) und zum anderen um das „Dienstzentrum für Steuerpflichtige" (Mükellef Hizmetleri Merkezi).

201 Exemplarisch Urteile des Oberverwaltungsgerichts vom 15.04.1992, Danıştay 3. D., E: 1990/776, K: 1992/1391 und vom 16.09.1993, Danıştay 3. D, E: 1992/2584, K: 1993/2273.

202 Im Gesetz wird der Klagevorbehalt inzwischen aufgrund von nachträglichen Änderungen einzelner Normen an zwei Stellen erwähnt (§ 112 Nr. 5 VUK und § 27 Nr. 3 İY-UK).

203 Kızılot, Vergi İhtilafları ve Çözüm Yolları, S. 214.

Nachhinein erklärt wird. Voraussetzung ist allerdings, dass dies innerhalb der Abgabefrist für die Steuererklärung geschieht.[204]

Der Vorbehalt der Klageerhebung kann sich auf die gesamte Steuererklärung beziehen oder auch vom Steuerpflichtigen begrenzt werden auf einzelne Angaben in der Erklärung.[205] Auf diese Weise kann sich der Steuerpflichtige den Zugang zur gerichtlichen Überprüfung einer unklaren Rechtslage auch bei der Selbstveranlagung offen halten.

7. Der Festsetzungsschein (Tahakkuk Fişi)

§ 20 VUK macht die Steuerberechnung bzw. die Ermittlung der zu zahlenden Steuer und dessen Festsetzung (tarh) grundsätzlich zur Aufgabe der Finanzämter. Im Rahmen des Selbstveranlagungssystems in der Türkei nehmen die Finanzämter diese Aufgabe in der Weise wahr, indem sie den vom Steuerpflichtigen in seiner Steuererklärung vorgelegten Sachverhalt und die von ihm vorgegebene Besteuerungsgrundlage als Ausgangswert der Berechnung der Steuerschuld zugrunde legen und die so ermittelte Steuerschuld in einem „Festsetzungsschein" (Tahakkuk Fişi) ausweisen (§ 25 Abs. 1 VUK).[206]

Die in dem Festsetzungsschein vom Finanzamt ausgewiesene Bemessungsgrundlage für die Steuer (Matrah) entspricht stets dem vom Steuerpflichtigen in seiner Steuererklärung angegebenem zu versteuernden Betrag, d.h. das Finanzamt übernimmt den vom Steuerpflichtigen ermittelten Wert für sein zu versteuerndes Einkommen. Auf Grundlage dieses Betrages wendet das Finanzamt (mit Hilfe von EDV) dann den Steuertarif an. Auf diese Weise wird die vom Steuerpflichtigen zu zahlende Steuer berechnet und in dem Festsetzungsschein ausgewiesen.[207]

Soweit der Steuerpflichtige bzw. sein Berater im Rahmen der Erstellung der Steuererklärung keinen Rechenfehler bei der Berechnung der zu zahlenden Steuer gemacht haben, stimmt dieser Betrag daher auch stets mit dem vom Finanzamt im Festsetzungsschein ausgewiesenen Betrag überein. Mit diesem Vorgang erfasst das Finanzamt also zunächst die für das entsprechende Veranlagungsjahr relevanten Daten und Werte und überprüft lediglich die Berechnung der Steuer, die der Steuerpflichtige bzw. sein Berater in der Steueranmeldung ausgewiesen hat. Die Finanzverwaltung stellt zu diesem Zeitpunkt keinerlei Nachforschungen an, sondern nutzt lediglich die vom Steuerzahler gelieferten

---

204 Urteil des Oberverwaltungsgerichts vom 16.09.1993, Danıştay 3. D, E: 1992/2584, K: 1993/2273.

205 Candan, Vergilendirme Yöntemleri ve Uzlaşma, S. 52.

206 vgl. Fischer, Finanzsystem und Finanzverwaltung der Türkei, S.316 f.

207 Özbalcı, Vergi Usul Kanunu, S. 199.

Informationen. Die Verantwortung dafür, dass die der Berechnung zugrunde liegenden Informationen vollständig und richtig sind, trägt weiterhin der Steuerzahler. Er ist für die Berechnung seiner Einkünfte, seiner Abzugsmöglichkeiten und auch für die Berechnung seines steuerpflichtigen Einkommens zuständig. Die Berechnung der Steuerschuld ist in den amtlichen Erklärungsvordrucken ebenfalls vorgesehen, die der Steuerpflichtige selbst bzw. sein Berater ebenfalls durchführt und entsprechend ausweist. Zusätzlich dazu führt die Finanzverwaltung die gleiche Berechnung durch, ermittelt so die zu zahlende Steuer und erfüllt quasi die Vorgabe des § 20 VUK.

Die zusätzliche Berechnung durch die Finanzverwaltung ist dabei nicht mehr als eine rein „mathematische Kontrolle" und ändert nichts daran, dass es sich bei der Steuererklärung in der Türkei um eine Selbstveranlagung handelt.[208] Nagel stellt in diesem Zusammenhang richtig fest, dass als Selbstveranlagung jedes Verfahren zu verstehen ist, dass die Ermittlung der relevanten steuergesetzlichen Tatsachen und die rechtzeitige Zahlung der Steuerschuld in den Verantwortungsbereich der Steuerzahler stellt. Zu welchem Zeitpunkt die Steuerschuld als festgesetzt gilt und wer den zu zahlenden Steuerbetrag letztlich ausrechnet, sind dagegen nur Fragen der Ausgestaltung des Verfahrens, ändern an seinem Charakter als Selbstveranlagung jedoch nichts.[209]

Der dem Steuerpflichtigen auszuhändigende Festsetzungsschein gilt auch als Empfangsbeleg für die abgegebene Steuererklärung (§ 25 VUK).[210] Im Einzelnen enthält der Festsetzungsschein gemäß § 26 VUK folgende Informationen:

- laufende Nummer des Festsetzungsscheins;
- Ausstellungsdatum;
- Steuerart;
- Datum der Steuererklärung;
- Besteuerungszeitraum;
- Vor- und Nachnahme des Steuerpflichtigen (bei Körperschaften: Bezeichnung der Firma);
- Anschrift des Steuerpflichtigen;
- Steuerbemessungsgrundlage;
- Steuerberechnung;
- Steuerbetrag;
- kurze Information über die Korrekturvorschriften und über die Eröffnung eines Klageverfahrens vor dem Finanzgericht.[211]

---

208 Fischer, Finanzsystem und Finanzverwaltung der Türkei, S.316 f.

209 Nagel, Selbstveranlagung im britischen und amerikanischen Steuerrecht, S. 9.

210 Özbalcı, Vergi Usul Kanunu, S. 199.

Das Finanzamt muss den Festsetzungsschein gemäß § 109 GVK bei Einkommensteuererklärungen bzw. gemäß § 16 Abs. 5, Alt. 1 KVK bei Körperschaftsteuererklärungen im Falle der persönlichen Abgabe durch den Steuerpflichtigen bzw. durch seinen Vertreter oder der elektronischen Einreichung noch am selben Tag ausstellen. Bei postalischer Übersendung der Einkommensteuererklärung muss der Festsetzungsschein gemäß § 109 Nr. 1 GVK binnen sieben Tagen nach Eingang beim Finanzamt und früher bei einer Körperschaftsteuererklärung gemäß § 16 Abs. 5, Alt. 2 KVK binnen drei Tagen nach Eingang ausgestellt werden. Auch die Bekanntgabe des Festsetzungsscheins gegenüber dem Steuerpflichtigen erfolgt dann per einfachen Brief auf dem Postwege (§ 28 VUK).

Auch anhand dieser extrem kurzen Bearbeitungszeiten wird deutlich, dass die eingehenden Steueranmeldungen lediglich an den Empfangsschaltern datentechnisch erfasst werden können. Eine eingehende Prüfung ist an dieser Stelle nicht vorgesehen und wäre auch tatsächlich nicht möglich.

Obwohl ähnlich wie in Deutschland die Steuerfestsetzung in einem dem Steuerbescheid ähnlich anmutenden Festsetzungsschein ausgewiesen wird, bestehen grundlegende Unterschiede. Während in Deutschland der Steuerbescheid als Verwaltungsakt nach § 124 Abs. 1 AO und damit auch die in ihm getroffenen Regelungen gegenüber dem Steuerschuldner erst dann wirksam werden, wenn der Steuerbescheid dem Steuerpflichtigen (oder einem Empfangsbevollmächtigten) bekannt gegeben wird, ist die Bekanntgabe des Festsetzungsscheins in der Türkei keine Voraussetzung für die Wirksamkeit der Steuerfestsetzung. Der im Übrigen die Zustellung von steuerlichen Verwaltungsakten und sonstigen steuerlichen Urkunden regelnde § 93 VUK nimmt ausdrücklich den Festsetzungsschein aus der Zustellungspflicht mit Postzustellungsurkunde heraus. Auch das ist ein Ausfluss des Prinzips der Selbstveranlagung: Die Veranlagung bzw. die Festsetzung der Steuer erfolgt hier stets auf Grundlage der durch den Steuerpflichtigen selbst mitgeteilten Bemessungsgrundlage.[212] Aus diesem Grund sieht es das türkische Steuerverfahrensrecht als entbehrlich an, dem Steuerpflichtigen die von ihm selbst bzw. durch seinen Berater ermittelten und in der Steuererklärung bereits angegebenen Besteuerungsgrundlagen und die zu zahlende Steuer noch einmal förmlich zuzustellen (was sonst für sämtliche Regelungen durch Verwaltungsakte Pflicht ist).

211 Der wiedergegebene Wortlaut des § 26 VUK ist an dieser Stelle etwas missverständlich. Soweit es sich um den Regelfall handelt, dass der Steuerpflichtige seine Steuererklärung ohne Klagevorbehalt abgibt, handelt es sich bei der im Festsetzungsschein vorgedruckten Standardinformation um den Hinweis auf den Ausschluss des Klageverfahrens gemäß § 378 VUK bei der Selbstveranlagung.

212 Özbalcı, Vergi Usul Kanunu, S. 199.

Trotzdem wird bei persönlicher Abgabe der Steuererklärung dem Steuerpflichtigen, bzw. dem Überbringer der Steuererklärung sofort der Festsetzungsschein ausgehändigt. Nimmt der Steuerpflichtige bzw. der Überbringer der Steuererklärung diesen Schein nicht an (§ 27 VUK) oder wird die Steuererklärung auf dem Postwege übersandt (§ 28 VUK), wird der Festsetzungsschein dem Steuerpflichtigen nach § 28 S. 2 VUK mit einfacher Post zugeschickt. Anders aber als die Bekanntgabe des Steuerbescheides in Deutschland bezweckt die Aushändigung bzw. postalische Übersendung des Festsetzungsscheins in der Türkei nicht, dass der mitgeteilte Inhalt (erst dann) wirksam wird, wenn der Betroffene davon Kenntnis erlangt. Bereits mit der behördlichen Ausstellung des Festsetzungsscheins, d.h. mit der datentechnischen Erfassung der Steueranmeldung, die insbesondere hinsichtlich der Bemessungsgrundlage für die Steuer mit den Angaben des Steuerpflichtigen in seiner Erklärung übereinstimmt, wird die Veranlagung wirksam[213] und die Steuer zu den gesetzlich festgelegten Zahlungsterminen fällig gestellt (§ 111 VUK).[214]

Bei Veranlagungen, die nicht auf Grundlage einer vom Steuerpflichtigen eingereichten Steuererklärung durchgeführt werden [z.B. bei der „Besteuerung von Amts Wegen“ (Re´sen Vergi Tarhı)], gilt diese Besonderheit hingegen nicht.[215]

8. Die elektronische Steuererklärung

a) Das ELSTER-Verfahren in Deutschland

Dem technischen Wandel hin zu einem E-Government[216] trägt in Deutschland das in § 150 Abs. 1 S. 2, Abs. 6 AO i.V.m. der sog. Steuerdaten Übermittlungsverordnung[217] gesetzlich verankerte Projekt „Elektronische Steuererklärung – ELSTER“ Rechnung.[218]

Seit dem 01.01.2000 lässt die deutsche Finanzverwaltung auch die elektronische Übermittlung von Steuererklärungsdaten zu. Bis 2005 war die elektronische Übermittlung von Steuererklärungen in Deutschland für keine Steuerart zwingend vorgeschrieben sondern basierte gänzlich auf freiwilliger Basis. Doch seit 2005 sind die Umsatzsteuervoranmeldungen und Lohnsteueranmeldungen

---

213 Kırbaş, Vergi Hukuku, S. 132; Özbalcı, Vergi Usul Kanunu, S. 200.

214 Zur Fälligkeit der Steuer vgl. S. 118 ff.

215 Ausführlich hierzu siehe S. 46 f sowie 193 ff.

216 Zum Begriff Seer, in: Tipke/Lang, Steuerrecht, § 21 Rn. 7 m.w.N.

217 StDÜV vom 28.01.2003, BGBl. I 2003, S. 139; geändert durch die Verordnung vom 20.12.2006, BGBl. I S. 3380.

218 Seer, in: Tipke/Lang, Steuerrecht, § 21 Rn. 183.

grundsätzlich auf elektronischem Weg nach Maßgabe der StDÜV an das Finanzamt zu übermitteln (§§ 18 Abs. 1 UStG, 41a Abs. 1 S. 2 EStG).[219]

Wird eine andere Steuererklärung, wie etwa die Einkommensteuer-, die Körperschaftssteuer oder die Umsatzsteuerjahreserklärung dem Finanzamt nach § 1 StDÜV elektronisch übermittelt, muss das elektronische Dokument gemäß § 87a Abs. 3 S. 2 AO grundsätzlich mit einer „qualifizierten Signatur"[220] nach dem Signaturengesetz versehen werden. Im Zeitpunkt des Zugangs bei der Finanzbehörde muss für diese anhand der qualifizierten elektronischen Signatur überprüfbar sein, wer Absender des Dokuments ist.[221]

Nach § 87a Abs. 6 AO in der Fassung des Jahressteuergesetzes 2007[222] kann das BMF durch Rechtsverordnung mit Zustimmung des Bundesrates seit dem 19.12.2006 für die Fälle der Abs. 3 und 4 neben der qualifizierten elektronischen Signatur bis zum 31.12.2011 auch ein anderes sicheres Verfahren zulassen, dass die Authentizität und die Integrität des übermittelten elektronischen Dokuments sicherstellt.

Auf dieser Grundlage trat die Verordnung zur Änderung der Steuerdaten-Übermittlungsverordnung vom 20.12.2006[223] in Kraft, so dass seit dem 01.01.2007 Steuererklärungen über das ELSTER-Portal wirksam auch ohne qualifizierte elektronische Signatur elektronisch übermittelt werden können. ELSTER setzt ein anderes Verfahren i.S.d. § 6 Abs. 1 StDÜV ein, welches den Datenübermittler authentifiziert und die in § 1 Abs. 3 S. 1 StDÜV bestimmten Anforderungen an die Gewährleistung der Authentizität und Integrität erfüllt.[224]

Auch in Deutschland können Steuerpflichtige gemäß § 1 Abs. 1 S. 2 StDÜV Dritte, wie z.B. Angehörige der steuerberatenden Berufe mit der Datenübermittlung beauftragen, wobei der steuerliche Berater dann dem Auftraggeber die übermittelten Daten in leicht nachprüfbarer Form zur Verfügung stellen muss (§ 6 Abs. 2 S. 1 StDÜV), der sie dann wiederum unverzüglich zu überprüfen hat (§ 6 Abs. 2 S. 2 StDÜV). Problematisch wird diese Methode allerdings dann, wenn der Steuerpflichtige behauptet, den die Erklärung übermittelnden steuerli-

---

219 Seer, in: Tipke/Lang, Steuerrecht, § 21 Rn. 187.

220 Die qualifizierte elektronische Signatur ersetzt die gesetzlich vorgeschriebene Unterschrift vgl. AEAO zu § 87a Nr. 3 Abs. 2, BFH, BStBl. II 2007, S. 276.

221 Ausführlich zum technischen Hintergrund der elektronischen Signatur Musil/Burchard/Hechtner, Verfahrensrechtliche Fragen der elektronischen Steuererklärung im Rahmen des Projektes ELSTER, S. 2290, 2292.

222 BGBl. I 2006, S. 2878 ff., 2902.

223 BGBl. I 2006, S. 3380; abgedruckt auch bei H/H/Sp, Abgabenordnung, § 150 Rn. 51.

224 Zu der technischen Anforderungserfüllung siehe Musil/Burchard/Hechtner, Verfahrensrechtliche Fragen der elektronischen Steuererklärung im Rahmen des Projektes ELSTER, S. 2290, 2292.

chen Berater hierzu gar nicht beauftragt oder ihm gegenüber keine Angaben oder Erklärungen gemacht zu haben. Der steuerliche Berater in Deutschland ist für eine entsprechende Dokumentation selbst verantwortlich.[225]

An der hoheitlichen Veranlagung in Deutschland ändert sich jedoch auch im Zuge der elektronisch eingereichten Steuererklärungen nichts, d.h. auch bei einer elektronisch eingereichten Steuererklärung wird die Steuer des Steuerpflichtigen mittels eines Steuerbescheids von der Finanzverwaltung festgesetzt (dazu anschließend hierzu unten). Lediglich als Serviceleistung der Finanzverwaltung im ELSTER-System kann sich der Steuerpflichtige eine konkrete Steuerberechnung seiner elektronisch erstellten Steuererklärung anzeigen lassen, die jedoch keine rechtliche Bindungswirkung entfaltet. Über die festzusetzende Steuer und die Nachzahlung bzw. Erstattung erteilt das Finanzamt nach wie vor einen Bescheid. Bei dem Aufruf der Berechnungsfunktion im ELSTER-System wird der Anwender explizit auf diesen Umstand hingewiesen.[226]

b) Das e-Beyanname-Verfahren in der Türkei

Zur Sicherstellung der Authentizität und Integrität der Daten in den (freiwillig oder verpflichtet) elektronisch übermittelten Steuererklärungen (e-Beyanname) bedient sich die türkische Finanzverwaltung einer vom deutschen ELSTER-Verfahren[227] in einigen Punkten abweichenden Methode. Eine große Bedeutung kommt dabei dem steuerlichen Berater in der Türkei zu.

aa) Registrierung der Berater im System

Zu berücksichtigen ist, dass im Ergebnis nahezu sämtliche Steuererklärungen in der Türkei von Angehörigen der steuerberatenden Berufe angefertigt und abgezeichnet werden.[228] Um überhaupt am e-Beyanname-Verfahren teilnehmen zu können, müssen daher zunächst die konsultierten Angehörigen der steuerberatenden Berufe ein von der Finanzverwaltung vorgegebenes Antragsformular mit einer Verpflichtungserklärung[229] ausfüllen, in dem sie die Teilnahme am e-

---

225 Musil/Burchard/Hechtner, Verfahrensrechtliche Fragen der elektronischen Steuererklärung im Rahmen des Projektes ELSTER, S. 2290, 2298.

226 Benutzerleitfaden zu ElsterFormular 2006/2007 der Thüringer Landesfinanzdirektion, Stand: 22.03.2007, Version: v1.0., S. 21.

227 Zum ELSTER-Verfahren in Deutschland siehe S. 82 f.

228 Ausnahmen bilden z.B. Notare und Rechtsanwälte, die ihre eigenen Steuererklärungen selbst beim Finanzamt einreichen und dazu sich selbst als Teilnehmer am e-Beyanname-Verfahren registrieren können. Zur Konsultationspflicht siehe oben S. 79 ff.

229 Das Antragsformular hat die Bezeichnung „Elektronik Beyanname Gönderme Aracılık Yetkisi Talep Formu ve Taahhütnamesi“, was übersetzt werden kann mit: „Antragsfor-

Beyanname-Verfahren als Vermittler beantragen und sich gleichzeitig zur ordnungsgemäßen Erfüllung der damit im Zusammenhang stehenden Anforderungen verpflichten.[230]

Sobald der Antrag das Finanzamt erreicht, wird er überprüft und im e-Beyanname-System erfasst. Daraufhin generiert das System für den Teilnehmer einen Benutzernamen, ein Kennwort und eine Verschlüsselungskennziffer, die allesamt in einem verschlossenen Umschlag dem steuerlichen Berater gegen eine schriftliche Empfangsbestätigung ausgehändigt wird. Die Empfangsbestätigung wird sowohl von dem Empfänger als auch vom Direktor des Finanzamtes oder seinem Stellvertreter unterzeichnet und zusammen mit dem Antragsformular in einer für den Berater angelegten Akte im Finanzamt aufbewahrt.[231]

Die auf der Internetseite des Finanzministeriums vorhandenen, fortlaufend aktualisierten Programme zur Erstellung der einzelnen Steuererklärungen können dort kostenlos heruntergeladen werden[232]. Zum Ausfüllen und bearbeiten der Formulare ist keine Online-Verbindung erforderlich. Die Zugangsdaten (Benutzername, Kennwort und Verschlüsselungskennziffer) benötigt der steuerliche Berater lediglich zur elektronischen Versendung der Steuererklärungen.

bb) Vermittlungs- und Haftungsvereinbarung zwischen Mandanten und Berater

Nachdem zwischen Berater und Finanzamt die Teilnahmemöglichkeit am e-Beyanname-Verfahren sichergestellt wurde, sind Berater und Steuerpflichtiger ihrerseits gehalten, unter sich einmalig eine schriftliche Vereinbarung zu treffen, die ebenfalls von der Finanzverwaltung vorgegeben ist.[233]

Nachdem im Punkt 1 der Vereinbarung die Vertragsparteien festgestellt werden, autorisiert der Steuerpflichtige unter Punkt 2 seinen Berater zum einen

---

mular zur Vermittlungsberechtigung für die Übersendung von elektronischen Steuererklärungen und Verpflichtungserklärung“ und ist der amtlichen Bekanntmachung vom 30.09.2004 mit der Nr. 340, veröffentlicht im Amtsblatt Nr. 25599 als Anlage 2 angefügt.

230 Ein entsprechendes Antragsformular hat das Finanzministerium auch für die bei den Handels- und berufsständischen Kammern eingerichteten Buchführungsbüros vorbereitet und in einem Rundschreiben vom 14.02.2005 mit der Nr. 15 veröffentlicht (15 Sıra Numaralı 14.02.2005 tarihli V.U.K. Sirküleri).

231 Amtliche Bekanntmachung vom 30.09.2004 mit der Nr. 340, veröffentlicht im Amtsblatt Nr. 25599, Abschnitt V Abs. 3.

232 Der Internetzugang zum e-Beyanname-Verfahren findet sich auf: http://www.gib.gov.tr.

233 Die Vorformulierte Vereinbarung hat die Bezeichnung „Elektronik Beyanname Aracılık ve Sorumluluk Sözleşmesi“, was übersetzt werden kann mit: „Vermittlungs- und Haftungsvereinbarung für elektronische Steuererklärungen“ und ist der amtlichen Bekanntmachung vom 30.09.2004 mit der Nr. 340, veröffentlicht im Amtsblatt Nr. 25599 als Anlage 3 angefügt.

zur elektronischen Versendung seiner Steuererklärungen an das Finanzamt und zum anderen zum elektronischen Empfang des daraufhin vom e-Beyanname-System generierten Festsetzungsscheins.

Ferner verpflichtet sich der Berater auch gegenüber dem Steuerpflichtigen, stets das aktuelle Regelwerk zur Übersendung elektronischer Steuererklärungen zu beachten. Darüber hinaus trägt nach der Vereinbarung der Berater die Verantwortung für den Versandt der Erklärungen sowie für den Erhalt der entsprechenden Festsetzungsscheine auf dem elektronischen Wege. Auf der anderen Seite verpflichtet sich der Steuerpflichtige, seinem Berater sämtliche steuerrelevanten Tatsachen mitzuteilen und Belege vorzulegen, die für die Erstellung und den Versandt der jeweiligen Erklärungen notwendig sind. Die Verantwortung des Steuerberaters ist demzufolge auch begrenzt auf die Informationen, die ihm zur Erstellung der Erklärungen zur Verfügung standen. Verarbeitet er die ihm zur Verfügung stehenden Informationen jedoch unrichtig oder unvollständig in den Steuererklärungen, haftet er für den daraus entstehenden Steuerverlust und die Strafzuschläge sowie für die Verspätungszinsen dem Finanzamt gegenüber gesamtschuldnerisch zusammen mit dem Steuerpflichtigen (Punkte 3 und 4 der Vereinbarung).

Die Vermittlungs- und Haftungsvereinbarung regelt ferner, dass der Berater dem Steuerpflichtigen ein Exemplar des Festsetzungsscheins (nach Wunsch des Pflichtigen als Ausdruck oder in Dateiform per E-Mail) zukommen lassen muss (Punkt 5 S. 2).

Von Bedeutung sind insbesondere die Punkte 6 und 8 der Vereinbarungen. Punkt 6 enthält Regelungen über die erforderlichen Unterschriften sowohl des Steuerpflichtigen selbst als auch des Beraters auf den Erklärungsvordrucken. Ähnlich wie in Deutschland nach § 150 Abs. 2 AO erklärt der Steuerpflichtige in der Türkei mit seiner Unterschrift auf seiner Steuererklärung auch, dass seine Angaben in den Steuererklärungen wahrheitsgemäß gemacht worden sind. Der steuerliche Berater versichert mit seiner Unterschrift, dass er die ihm vom Steuerpflichtigen zur Verfügung gestellten Unterlagen und Informationen sorgfältig geprüft und ordnungsgemäß und vollständig in der Steuererklärung berücksichtigt hat.

Das Problem der eigenhändigen Unterschrift auf der elektronischen Steuererklärung löst das e-Beyanname-Verfahren wie folgt: Durch seinen individuellen Benutzernamen, und dem geschützten Kennwort zuzüglich der geschützten Verschlüsselungskennziffer gewährleistet das Verfahren die Authentizität und Integrität der durch den individuellen „Datenkanal“ des Beraters an das Finanzamt übermittelten Erklärungen. Die ordnungsmäßige und vollständige Erfassung der von seinen Mandanten erhaltenen Informationen und Übermittlung via elektronischer Steuererklärung hat der Berater bereits generell in seinem Registrierungsantrag der Finanzverwaltung gegenüber verbindlich versichert.

Mit der Eintragung seiner personen- und berufsbezogenen Daten auf einer fertig gestellten individuellen Steuererklärung und dem Abschicken dergleichen betrachtet die Finanzverwaltung die jeweilige Steuererklärung durch den Berater als unterzeichnet. Im Punkt 6 der Vereinbarung mit dem Steuerpflichtigen wird auf diesen Umstand hingewiesen und zudem Bezug genommen auf das zwischen dem Berater und dem Steuerpflichtigen bestehende Dienstleistungsverhältnis.

Gestützt auf das genannte Vertragsverhältnis (Beratungsvertrag), die technischen Zugangsbedingungen des Beraters zum e-Beyanname-Verfahren und der unterzeichneten Vermittlungs- und Haftungsvereinbarung zwischen Steuerpflichtigem und Berater wird im Punkt 8 dieser Vereinbarung darauf hingewiesen, dass eine von dem Berater elektronisch versendete Steuererklärung auch durch den Steuerpflichtigen als unterzeichnet gilt.

Ein Exemplar der in zweifacher Ausfertigung zu unterzeichnenden Vermittlungs- und Haftungsvereinbarung bekommt der Steuerpflichtige selbst und das Zweite hat der Berater als Anlage zu seinem ursprünglichen Beratungsvertrag mit seinem Steuerpflichtigen zu nehmen und auf Verlangen der Finanzbehörde vorzuzeigen.[234]

cc) Der technische Ablauf

Der technische Ablauf des e-Beyanname-Verfahrens lässt sich wie folgt zusammenfassen[235]: Der Anwender (der steuerliche Berater) lädt sich die entsprechenden aktuellen Erklärungsvordrucke von der Internetseite der Finanzverwaltung[236] herunter und füllt die Formulare vollständig am Bildschirm aus. Das Programm beinhaltet einige Automatismen und mathematische Formeln, die dem Anwender die Dateneingaben vereinfachen und Rechenfehler vermeiden sollen. Die fertig gestellten Erklärungsvordrucke sind letztlich mit den berufs- und personenbezogenen Daten des Anwenders zu versehen, in digitale Ordner zu packen und von dem Anwender mit seinem Benutzernamen, seinem Kennwort und der Verschlüsselungskennziffer über die e-Beyanname-Plattform online an das Finanzamt zu versenden. Dort kommen die digitalen Ordner mit den Steuererklärungen im zentralen Erfassungssytem an und werden automatisch

234 Amtliche Bekanntmachung vom 30.09.2004 mit der Nr. 340, veröffentlicht im Amtsblatt Nr. 25599, Abschnitt V Abs. 6.

235 Der Ablauf ist dargestellt in der amtlichen Bekanntmachung vom 30.09.2004 mit der Nr. 340, veröffentlicht im Amtsblatt Nr. 25599, Abschnitt VI.

236 http://www.gib.gov.tr unter: e-Beyanname.

einer mathematischen Plausibilitätskontrolle unterzogen. Wird dabei vom System ein Fehler festgestellt, verschickt das System die fehlerbehaftete Erklärung prompt an den Anwender mit Hinweis auf den Fehler zur Korrektur zurück. Wenn keine Fehler (mehr) vom System festgestellt werden, akzeptiert es zunächst die Erklärung vorläufig und verschickt automatisch online eine „Genehmigungsanfrage" an den Anwender. In dem Zeitpunkt, in dem der Anwender diese Genehmigung mit einem Mausklick abgibt, erhält die Steuererklärung eine individuelle Nummer und gilt als beim Finanzamt eingereicht. Um eine verspätet abgegebene Steuererklärung zu vermeiden, muss daher der „Genehmigungsklick" vor 24.00 Uhr des letzten, für die Einreichung der entsprechenden Steuererklärung ausschlaggebenden Tages[237], durchgeführt werden.

Mit der Genehmigung der eingereichten Steuererklärung erzeugt das System automatisch den dazugehörigen Festsetzungsschein, der sofort dem Anwender online übermittelt wird (§ 28 Abs. 2 S. 1 VUK). Dieser kann daraufhin einen Ausdruck davon an seinem eigenen Drucker fertigen. Der Berater ist aufgrund der unterzeichneten Vermittlungs- und Haftungsvereinbarung verpflichtet, ein Exemplar des Festsetzungsscheins und auch der eigentlichen Steuererklärung seinem Mandanten zur Verfügung zu stellen (ebenfalls auf elektronischem Wege oder per Post). Im § 28 Abs. 3 VUK ist gesetzlich geregelt, dass mit der elektronischen Übermittlung des Festsetzungsscheins dieser dem Steuerpflichtigen als zugestellt gilt.

Die zur Erstellung der jeweiligen Steuererklärungen erforderlichen Programme, die vom Anwender kostenlos heruntergeladen werden können, stellen auch die technische Möglichkeit zur Verfügung, diverse Anlagen, Belege und Listen als Anhänge für die Steuererklärungen zu erstellen. Erfordert die Steuererklärung hingegen die Einreichung von Anlagen, Belegen etc., die nicht in dem zur Verfügung gestellten Programm selbst erstellt werden können, sind sie gesondert innerhalb der Erklärungsfristen beim Finanzamt einzureichen.

Treten technische Probleme bei der elektronischen Versendung der Steuererklärungen auf, müssen sie innerhalb der Erklärungsfristen in Papierform per eingeschriebener Postsendung oder persönlich bei Finanzamt eingereicht werden. Der steuerliche Berater ist daher gut beraten, die elektronische Steuererklärung nicht erst am letzten Tag der Einreichungsfrist zu versenden.

Hinsichtlich des gesetzlichen Klageausschlusses und der anerkannten Möglichkeit eines Klagevorbehalts bei Einreichung der Steuererklärung[238] ist im Zusammenhang mit dem Verfahren der elektronischen Steuererklärung keine besondere Regelung anzutreffen. Da aber das Oberverwaltungsgericht es als aus-

237 Zu den Erklärungsfristen siehe S. 54 ff.

238 Ausführlich hierzu siehe oben S. 76 ff.

reichend ansieht, wenn auf den Klagevorbehalt nicht direkt bei Abgabe der Steuererklärung hingewiesen, sondern der Vorbehalt im Nachhinein erklärt wird[239], dürfte im elektronischen Erklärungsverfahren wohl auf diese Vorgehensweise zurückgegriffen werden können. Voraussetzung wird allerdings auch hierbei sein, dass der Klagevorbehalt innerhalb der Abgabefrist für die Steuererklärung erklärt wird.

dd) Folgen der Nichtbeachtung der elektronischen Steuererklärungspflicht

Der Verstoß gegen die Pflicht zur Einreichung der Steuererklärungen auf elektronischem Wege[240] wird in Sonderregelungen nach Ausmaß des Verstoßes und in verschiedenen Eingruppierungen der Steuerpflichtigen unterschiedlich geahndet.

Geben die Steuerpflichtigen, die notwendiger Weise ihre Steuererklärungen elektronisch versenden müssen, ihre Erklärungen fristgemäß aber in Papierform ab, so erwarten sie je nach ihrer Eingruppierung folgende besondere Regelwidrigkeitsstrafen, die sich aus dem § 355 VUK / Nachtrag ergeben:

Tab. 4: Besondere Regelwidrigkeitsstrafen bei „falscher“ Erklärungsabgabe

§ 355 VUK / Nachtrag	**Gruppe der Steuerpflichtigen**	**Höhe der besonderen Regelwidrigkeitsstrafe**
Abs. 1	Kaufleute der 1. Klasse und Freiberufler	1.600 TL
Abs. 2	Kaufleute der 2. Klasse, buchhaltungspflichtige Land- und Forstwirte sowie der vereinfachten Gewinnermittlung unterliegende Steuerpflichtige	760 TL
Abs. 3	Sonstige Steuerpflichtige	350 TL

Für Fälle, in denen die Steuererklärung von den zur elektronischen Versendung Verpflichteten zwar ordnungsgemäß auf elektronischem Wege, aber verspätet versendet werden, sieht der § 355 Abs. 6 VUK / Nachtrag eine nach Verspätungszeitpunkten gestaffelte Regelwidrigkeitsstrafe vor:

Wird die elektronische Steuererklärung innerhalb der ersten 15 Tage nach regulärem Fristende eingesendet, so beträgt die Regelwidrigkeitsstrafe ¼ der

239 Urteil des Oberverwaltungsgerichts vom 16.09.1993, Danıştay 3. D, E: 1992/2584, K: 1993/2273.

240 Zu der Frage, wer aktuell verpflichtet ist, elektronische Steuererklärungen einzureichen siehe oben S. 82 ff.

sich aus § 355 VUK / Nachtrag je nach Eingruppierung des Steuerpflichtigen (siehe vorangegangene Tabelle) ergebenden Strafe. Wird die Erklärung innerhalb weiterer 15 Tage eingereicht, so erhöht sich die Regelwidrigkeitsstrafe auf ½.

9. Bußgelder für Ordnungswidrigkeiten und Strafzuschläge als Mittel zur Durchsetzung der Steuerpflicht

Das Selbstveranlagungsprinzip in der Türkei soll abgesichert werden durch die Androhung von „Bußgeldern für Ordnungswidrigkeiten" und einem bestimmten „Strafzuschlag".

Zuwiderhandlungen gegen gesetzlich auferlegte steuerliche Pflichten stellen gemäß § 351 VUK zunächst „Steuerordnungswidrigkeiten" *(„Usulsüzlük")* dar, die nach § 352 VUK aufgeteilt in zwei „Grade" und abhängig von der Eigenschaft des Steuerpflichtigen (Art des Steuersubjektes) unterschiedlich mit Geldbußen geahndet werden, die in einer speziellen Bußgeldtabelle aufgeführt sind.[241] Dabei werden neben den nicht fristgerecht abgegebenen Steuererklärungen auch Verstöße gegen weitere Mitwirkungspflichten, wie etwa Buchführungspflichten, Mitteilungspflichten oder Besiegelungspflichten[242] mit Bußgeldern bedroht.

Die Bußgeldtabelle ist dabei wie folgt gegliedert (Auszug):

Tab. 5: Gliederung der Bußgeldtabelle

„Gruppenzugehörigkeit" des Steuerpflichtigen	Ordnungswidrigkeit 1. Grades	Ordnungswidrigkeit 2. Grades
Kapitalgesellschaften	89,- TL	50,- TL
Kaufleute 1. Klasse (außer Kapitalgesellschaften) und Freiberufler	56,- TL	28,- TL
Kaufleute 2. Klasse	28,- TL	14,- TL
Andere Steuerpflichtige, die Steuererklärungen abgeben müssen	14,- TL	7,60 TL

Wird eine Steuererklärung bzw. Steueranmeldung nicht in der gesetzlich vorgesehenen Frist abgegeben, stellt dies gemäß § 352 Abs. 2 Nr. 1 VUK eine

241 Die Bußgeldtabelle wird in jährlich erscheinenden amtlichen Bekanntmachungen des Finanzministeriums aktualisiert. In § 352 VUK wird auf diese Tabelle Bezug genommen, die auch als Anlage zu dem VUK in den Gesetzessammlungen abgedruckt ist, vgl. hierzu z.B. Tüm Vergi Kanunları, Kanun Metinleri Dizisi, Seçkin Yayıncılik, Ankara 2009, S. 346.

242 Siehe hierzu S. 129 ff.

Ordnungswidrigkeit 1. Grades dar und wird demnach von Amts wegen mit der entsprechenden Geldbuße geahndet, die sich abhängig von der Eigenschaft des Steuerpflichtigen aus der dargestellten Tabelle ergibt. Führt die fehlende Steuererklärung zur Notwendigkeit einer Schätzung, d.h. wird die verfristete Steuererklärung nicht bis zur Einleitung des Schätzungsverfahrens[243] nachgereicht, verdoppelt sich die sich aus der Tabelle ergebende Geldbuße gemäß § 352 Abs. 1 S. 2 VUK. Eine weitergehende differenzierte Staffelung ist hingegen nicht vorgesehen.

Die Festsetzung der geschilderten Geldbuße stellt in der Türkei einen „Automatismus" dar, sobald die sich aus dem Katalog des § 352 VUK ergebenden Ordnungswidrigkeiten einstellen. So entsteht die Geldbuße in Bezug auf einzureichende Steuererklärungen automatisch bei Überschreiten der gesetzlich festgelegten Abgabefristen. Die Finanzbehörde hat in Bezug auf diese Geldbußen keinen Ermessensspielraum und kann demnach weder darüber entscheiden, ob die Geldbuße verhängt werden soll, noch hat sie Entscheidungsgewalt über ihre Höhe.

Gibt der Steuerpflichtige in Deutschland keine Steuererklärung ab, so wird die Finanzbehörde ihn zur Mitwirkung nach § 149 Abs. 1 S. 2 AO zunächst mit einer Fristsetzung auffordern. Dabei handelt es sich um einen Verwaltungsakt (§ 118 AO), der mit Zwangsmitteln nach § 328 Abs. 1 AO durchgesetzt werden kann. Da es sich bei der Steuererklärung um eine unvertretbare Maßnahme handelt, kommt als Zwangsmittel die Festsetzung von Zwangsgeld nach §§ 329, 333 AO in Betracht. Das Zwangsgeld darf 25.000,- Euro nicht übersteigen und ist dem Adressaten zuvor nach § 332 Abs. 1 S. 1 AO schriftlich anzudrohen.

Während das Ordnungswidrigkeitenbußgeld in der Türkei von Amts wegen festzusetzen ist, liegt die Festsetzung des Zwangsgeldes in Deutschland im Ermessen der Finanzbehörden. Zudem zeigt die Praxis, dass die Finanzbehörden die Einhaltung der Steuererklärungspflicht regelmäßig nicht zwangsweise nach §§ 328, 329 AO durchsetzen, sondern mittels einer Schätzung der Besteuerungsgrundlagen nach § 162 AO reagieren.[244] Auch wenn die Schätzung der Besteuerungsgrundlagen den Steuerpflichtigen in Deutschland nicht von seiner Erklärungspflicht befreit (§ 149 Abs. 1 S. 4 AO) und im § 152 AO die Möglichkeit der Festsetzung eines Verspätungszuschlages vorgesehen ist, fehlt es in Deutschland an einem effektiven Schutz vor der Säumnis des Steuerpflichtigen bei der Abgabe seiner Steuererklärungen. Denn auch die Festsetzung des Verspätungszuschlages gemäß § 152 AO liegt im Ermessen der Finanzbehörde. Es bedarf einer wohlbegründeten, abgewogenen Einzelfallentscheidung, die dem

243 Ausführlich zum Schätzungsverfahren siehe unten S. 162 ff.

244 Zur Schätzung siehe S. 162 ff.

Massenvollzug fremd ist. Demgemäß machen die deutschen Finanzbehörden auch vom Verspätungszuschlag wegen seiner Unwägbarkeiten und Kompliziertheit eher zögerlich und dazu auch höchst uneinheitlich Gebrauch.[245]

Der Vorteil des türkischen Ordnungswidrigkeitenbußgeldes liegt darin, dass er für die gesetzlich bestimmten Ordnungswidrigkeiten im Steuervollzug obligatorisch ist und einheitlich von Amts wegen festgesetzt wird. Einer zusätzlichen Ermessensausübung und Begründung der Festsetzung seitens der Finanzbehörde bedarf es insofern nicht. Die Höhe des Bußgeldes sollte allerdings nicht starr sein und lediglich nach der Art des Steuersubjektes bzw. der Gruppenzugehörigkeit des Steuerpflichtigen differenzieren, wie dies derzeit in der Türkei der Fall ist, sondern prozentual an der festgesetzten Steuer bemessen werden. Zudem könnte eine zeitliche Staffelung für eine Verspätung über die gesetzlich festgelegten Fristen hinaus festgelegt werden.[246]

Entsteht aufgrund der steuerlichen Mitwirkungspflichtverletzung ein sog. „Steuerverlust" *(Vergi ziyaı)*, wird neben dem Ordnungswidrigkeitenbußgeld ein bestimmter „Strafzuschlag" festgesetzt, der gemäß § 341 VUK ebenfalls kraft Gesetzes entsteht. Vom Sinn und Zweck her ist das in der Türkei als Strafzuschlag bezeichnete „Druckmittel" in Ansätzen vergleichbar mit dem Verspätungszuschlag des § 152 AO, wobei der Wirkungskreis des § 341 VUK wesentlich größer ist.

Was als „Steuerverlust" gilt, wird aus der Legaldefinition des § 341 Abs. 1 VUK deutlich. Danach liegt ein Steuerverlust vor, wenn

> „der Steuerpflichtige oder der Steuerschuldner seinen mit der Besteuerung zusammenhängenden Verpflichtungen nicht rechtzeitig oder nicht ordnungsgemäß nachkommt und dadurch die Steuer nicht zu den gesetzlich vorgesehenen Zeiten festgesetzt oder nur verkürzt festgesetzt werden kann."

Abgesichert werden damit nicht nur die Pflicht zur fristgemäßen und ordnungsgemäßen Abgabe der Steuererklärungen, sondern – wie das Bußgeld für Ordnungswidrigkeiten im Besteuerungsverfahren – auch alle gesetzlich festgelegten Mitwirkungspflichten des Steuerpflichtigen, wie z.B. Mitteilungspflichten oder Buchführungspflichten.

Die Festsetzung des Strafzuschlags erfolgt in der Türkei von Amts wegen durch die Finanzbehörde. Die Regelungen über den Steuerverlust und den Strafzuschlag in den §§ 341, 344 VUK befinden sich im vierten Buch des VUK und damit in dem Abschnitt der Steuerdelikte. Doch Abgesehen von dem Delikt der Steuerhinterziehung (Vergi kaçakcılığı, § 359 VUK) und der Teilnahme an einer

---

245 Seer, DStJG 31 (2008), S. 34.

246 So auch als Empfehlung für ein optimiertes Risikomanagement für Deutschland von Seer, DStJG 31 (2008), S. 33.

Steuerhinterziehung (İştirak, § 360 VUK) sind für die Feststellung und Ahndung der übrigen „Steuerverfehlungen“ gemäß §§ 364, 365 VUK die Finanzbehörden und nicht die Staatsanwaltschaft bzw. die Strafgerichte zuständig. Für die Strafzuschlagsfestsetzung ist daher kein Strafverfahren erforderlich. Eine Strafzuschlagsfestsetzung durch das Finanzamt und ein Strafverfahren vor einem Strafgericht mit anschließender Haft- oder Geldstrafe schließen sich zudem nicht aus, sondern können gemäß § 367 Abs. 4 VUK nebeneinander angewendet werden.

Ist die Folge einer Verletzung der den Steuerpflichtigen gesetzlich auferlegten Pflichten eine verspätet oder zu niedrig festgesetzte Steuer, so erwartet den Steuerpflichtigen ein Strafzuschlag, der seiner Höhe nach in § 344 VUK geregelt wird.

Die ursprüngliche und bis zum 31.12.2005 geltende Fassung des § 344 VUK hat das türkische Verfassungsgericht mit seinem Urteil vom 06.01.2005 für nichtig erklärt.[247] Bis dahin setzte sich die Höhe des Strafzuschlags aus zwei Komponenten zusammen, wobei Anknüpfungspunkt für den Ausgangswert der nachzuzahlende Steuerbetrag war:

Der Strafzuschlag für den nachzuzahlenden Steuerbetrag war danach die Summe aus dem nachzuzahlenden Steuerbetrag selbst und einem Betrag in Höhe der Hälfte eines Säumniszuschlages, der nach § 112 VUK zwischen gesetzlicher Fälligkeit der Steuer und der Zustellung des Bescheides über den Strafzuschlag beim Steuerpflichtigen entstehen würde.

Unter Zugrundelegung folgender Parameter konnte der zu erwartende Strafzuschlag mit einer Formel berechnet werden:[248]

C = Höhe des Strafzuschlags

Z = nachzuzahlender Steuerbetrag

F = monatlicher Zinssatz für die Berechnung des Säumniszuschlages

D = Anzahl der vollen Monate zwischen der gesetzlichen Fälligkeit der Steuer und der Zustellung des Bescheides über den Strafzuschlag

Die Formel lautete demnach: $C = Z + (Z \times F \times D / 2)$

Der monatliche Zinssatz für die Berechnung des Säumniszuschlags richtete sich nach § 112 VUK i.V.m. § 51 AATUHK. Dieser wird gemäß § 51 Abs. 3 AA-

247 Veröffentlicht in der Resmi Gazete vom 20.10.2005, E.2001/3, K.2005/4. Zu den Gründen der Nichtigerklärung siehe nächste Seite.

248 Dartsellung der Formel in ähnlicher Form mit Berechnungsbeispielen in: Beyanname Düzenleme Kılavuzu 2004, S. 1046 ff.

TUHK durch den Ministerrat laufend der schwankenden Inflation angepasst und beträgt derzeit monatlich 2,5 %.

Die sich aus dem § 344 Abs. 2 VUK a.F. ergebende Zuschlagsberechnungsformel bewirkte, dass der zu erwartende Strafzuschlag stets deutlich über der hoheitlich veranlagten, nachzuzahlenden Steuer lag.[249] Anhand der für das Jahr 2005 in der Türkei insgesamt hoheitlich festgesetzten Steuern und die damit in Zusammenhang stehenden Strafzuschläge lässt sich das Verhältnis beider Größenordnungen in einer Gegenüberstellung wie folgt veranschaulichen[250]:

Tab. 6: Gegenüberstellung der hoheitlich festgesetzten Steuern und Strafzuschläge in 2005 (tabellarisch)

Jahr	Hoheitlich festgesetzte Steuern (TL)	Festgesetzte Strafzuschläge (TL)
2005	217.880.230	499.949.728

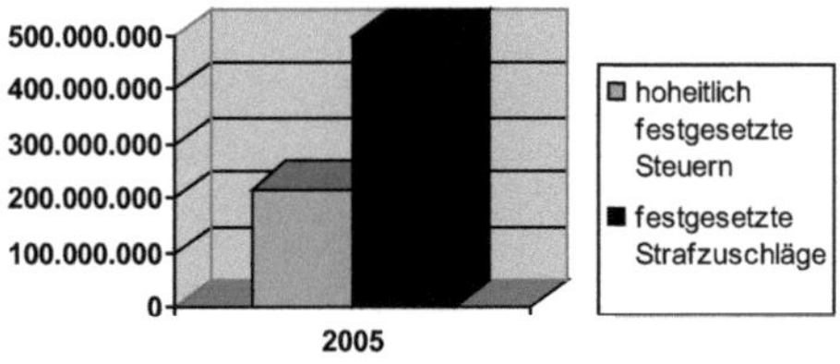

Abb. 3: Gegenüberstellung der hoheitlich festgesetzten Steuern und Strafzuschläge in 2005 (graphisch)

249 Özbalcı, Vergi Usul Kanunu, S. 925.

250 Die Werte entstammen dem Tätigkeitsbericht des Einkommens-Verwaltungspräsidiums für das Jahr 2005 (Gelir İdaresi Başkanlığı Faaliyet Raporu 2005). Die Tätigkeitsberichte sind vollständig abrufbar auf den Internetseiten des Einkommens-Verwaltungspräsidiums unter: http://www.gib.gov.tr/index.php?id=107.

Durch die Berechnungsformel ergaben sich regelmäßig Strafzuschläge, die ausufernde Größenordnungen angenommen haben und die eigentliche Steuerschuld, die neben dem Strafzuschlag vom Steuerpflichtigen zu begleichen war, stets überstiegen.[251]

In dem benannten Urteil des türkischen Verfassungsgerichts ist die Verfassungswidrigkeit der alten Berechnungsformel in der Verknüpfung zum variablen Zinssatz gesehen worden. Dieser wird gemäß § 344 Abs. 3 AATUHK laufend durch den Ministerrat als Teil der Exekutive bestimmt. In dieser Komponente des Strafzuschlags hat das Verfassungsgericht einen Verstoß gegen die Gewaltenteilung und gegen Art. 38 der türkischen Verfassung gesehen, der den auch in Deutschland bekannten Grundsatz „Keine Strafe ohne Gesetz" beinhaltet. Das Verfassungsgericht stufte in seinem Urteil den steuerlichen Strafzuschlag als Strafe im Sinne des Art. 38 der türkischen Verfassung ein und bemängelte an ihm, dass er (in seiner alten Version) mit seiner Komponente des variablen Zinssatzes keine ausschließlich durch die Legislative geschaffene Gesetzesgrundlage besaß, die auch die erforderliche Bestimmtheit der zu erwartenden Strafe vermissen ließ.[252]

Die neue Regelung des § 344 VUK sieht hingegen vor, dass die Höhe des Strafzuschlags bei hoheitlichen Steuerveranlagungen stets der Höhe des festgesetzten Steuerbetrags entsprechen soll.[253] Die Verknüpfung an den variablen Zinssatz wurde mit Wirkung zum 01.01.2006 aufgehoben. Werden demnach aufgrund hoheitlicher Steuerveranlagung beispielsweise 5.000 TL Steuern festgesetzt, werden gleichzeitig ebenfalls 5.000 TL Strafzuschläge nach § 344 VUK festgesetzt. Die neue Formel lautet mithin: $C = Z$.[254]

Die Übergangsregelung des § 27 VUK (geçici Madde) sieht die Anwendung der neuen Formel für Festsetzungen ab dem 01.01.2006 vor. Berücksichtigt werden demnach auch hoheitliche Steuerfestsetzungen ab diesem Datum für Veranlagungszeiträume, die vor dem 01.01.2006 liegen.[255]

In seiner gesetzlichen Ausgestaltung soll der Strafzuschlag sowohl eine repressive als auch eine präventive Wirkung entfalten. Zum einen soll der Steuerpflichtige für sein „Fehlverhalten" in der Vergangenheit, das zu einem „Steuerverlust"[256] geführt hat, sanktioniert werden (§§ 341, 344 VUK) und zum anderen wirkt schon die Institution des Strafzuschlags an sich präventiv und will die

---

251 Zur „Relativierung" der Strafzuschlagshöhen im Rahmen von Verständigungsverhandlungen siehe S. 225.

252 Özyer, Açıklama ve Örneklerle Vergi Usul Kanunu, S. 846 f.

253 Beyanname Düzenleme Kılavuzu 2008, S. 1100.

254 Zu den Parametern siehe oben S. 92 f.

255 Beyanname Düzenleme Kılavuzu 2008, S. 1100.

256 Zum Begriff „Steuerverlust" siehe oben S. 92.

ordnungsgemäße Erfüllung der steuerlichen Mitwirkungspflichten, insbesondere die Einreichung frist- und ordnungsmäßiger Steuererklärungen von vornherein sicherstellen.

III. Vereinbarkeit der Bußgelder und Strafzuschläge im türkischen Steuervollzug mit Artikel 6 der Europäischen Menschenrechtskonvention

Die in der Türkei zur Anwendung kommenden Bußgelder und Strafzuschläge im Steuervollzug stellen in erster Linie Instrumente zur Sicherung der gleichmäßigen Besteuerung dar, müssen sich aber nichtsdestoweniger an rechtsstaatlichen Vorgaben messen lassen. Als zusätzliche Geldleistungspflicht, die an die Verletzung einer steuerlichen Pflicht anknüpft, wird die Festsetzung eines (Straf-) Zuschlags oder eines Bußgeldes von dem betroffenen Steuerpflichtigen regelmäßig als „Sanktion für seinen Ungehorsam" wahrgenommen.[257]

Demnach stellt sich die Frage, ob und inwieweit die in der Türkei für Mitwirkungspflichtverletzungen verhängten Ordnungswidrigkeitenbußgelder und Strafzuschläge als „Strafen" i.S.v. Art. 6 der Europäischen Menschenrechtskonvention (EMRK) vom 04.11.1950 mit der Folge zu qualifizieren sind, dass die dort verankerten Garantien eines fairen Verfahrens zur Anwendung kommen.

Die EMRK ist der fünfte völkerrechtliche Vertrag, der im Rahmen des Europarats, dem die Türkei 1949 noch vor Deutschland als Mitglied beigetreten ist, geschlossen wurde. Sie wurde am 4. November 1950 in Rom durch die Signatarstaaten Belgien, Dänemark, Deutschland, Frankreich, Irland, Island, Italien, Luxemburg, Niederlande, Norwegen, dem Vereinigten Königreich sowie von der Türkei unterzeichnet.

Als innerstaatliches Recht kann die EMRK allerdings nur dann unmittelbar Wirkung entfalten, wenn sie über einen Transformationsakt innerstaatliches Recht geworden ist. Soweit dies geschieht, gilt die Konvention als Norm des nationalen Rechts. Sie entfalten nicht nur völkerrechtlichen Geltungsanspruch, sondern auch rechtliche Geltung für alle Instanzen im Staat, die an die Konvention gebunden sind. Der Beitritt des Staats und die Transformation durch das Parlament sind in diesem Sinne bereits die Auswirkung der Konvention auf die staatlichen Instanzen.

Völkerrechtliche Verträge werden in die türkische Rechtsordnung durch ein Zustimmungsgesetz nach Art 90 Abs. 5 der türkischen Verfassung transformiert.

257 So auch Seer/Krumm in einer vorausschauenden Untersuchung zur Bedeutung des Art. 6 der Europäischen Menschenrechtskonvention für ein steuerverfahrensrechtliches Zuschlagssystem, StuW 2006, S. 346.

Im Falle der EMRK handelt es sich um das Zustimmungsgesetz vom 10. März 1954 nach Art 26 der türkischen Verfassung von 1924.[258]

Auch die aktuelle türkische Verfassung enthält allerdings keine ausdrückliche Normierung, in der allgemein und unmissverständlich der Status völkerrechtlicher Verträge in der türkischen Normenhierarchie geregelt wird.

Zurückgegriffen werden kann lediglich auf Art. 90 Abs. 5 Satz 1 der türkischen Verfassung als Ausgangsnorm. Demnach haben ordnungsgemäß entstandene völkerrechtliche Verträge Gesetzeskraft *(„kanun hükmü")*. In Art. 90 Abs. 5 Satz 2 der Verfassung kommt die Besonderheit hinzu, dass „gegen sie (völkerrechtliche Verträge) das Verfassungsgericht mit der Behauptung der Verfassungswidrigkeit nicht angerufen werden kann. Durch Art. 90 Abs. 5 Satz 3 der Verfassung sind zwar Zweifel hinsichtlich des Vorrangs gegenüber einfachen Gesetzen seit Mai 2004 ausgeräumt worden, indem für Kollisionsfälle den völkerrechtlichen Verträgen der Vorrang gegeben wird, das Verhältnis der EMRK zur türkischen Verfassung ist jedoch weiterhin strittig. Überdies sind auch die Rechtsprechungslinien der hohen türkischen Gerichte zur Stellung des Vertragsvölkerrechts bisher noch uneinheitlich.[259]

Ungeachtet der Wechselwirkung zum nationalen Verfassungsrecht und der Rechtsdurchsetzung vor den nationalen Gerichten bis hin zum Verfassungsgericht gewährt die EMRK dem Bürger mit der Möglichkeit der Individualbeschwerde zum Europäischen Gerichtshof für Menschenrechte selbst einen effektiven Durchsetzungsmechanismus. Die Türkei hat das Recht der Individualbeschwerde gemäß Art. 25 EMRK (erst) 1987 und die Zuständigkeit des EGMR gemäß Art. 46 EMRK (erst) 1990 anerkannt.[260]

Gegenstand der Individualbeschwerde ist im weitesten Sinne die (behauptete) Verletzung einer Konventionsgewährleistung durch einen der Mitgliedsstaaten (vgl. Art. 34 EMRK). Als Verletzungsakt kommt jedes staatliche bzw. dem Staat zuzurechnende Verhalten in Betracht. Erachtet der EGMR die Beschwerde für begründet, sind die Vertragsstaaten verpflichtet, das Urteil des EGMR zu befolgen (Art. 46 Abs. 1 EMRK). Innerstaatliche Gesetze oder Rechtsakte auf-

258 Gesetz Nr. 6366 v. 10.03.1954, Resmi Gazete v. 19.03.1954, Nr. 8662.

259 Aras, Die Bedeutung des EMRK für den Grundrechtsschutz in der Türkei, ZEuS 2007, S. 230 m.w.N.; Can, Auslegung der Verfassung und Verfassungsgerichtsbarkeit in der Türkei, Deutsch-Türkisches Forum für Staatslehre I, Depenheuer/Dogan/Can, Münster 2004, S. 66 ff.

260 Aras, Die Bedeutung des EMRK für den Grundrechtsschutz in der Türkei, ZEuS 2007, S. 236.

zuheben, vermag der EGMR allerdings nicht; seine Kompetenz ist auf die Feststellung der Konventionsverletzung beschränkt.[261]

Im Zusammenhang mit der Auferlegung von bestimmten abgabenrechtlichen Zuschlägen konzentriert sich die konventionsrechtliche (Un-) Vereinbarkeit mit der im Folgenden auszugsweise wiedergegebenen Garantie eines „fairen Verfahrens“ (Art. 6 EMRK):

> „(1) Jede Person hat ein Recht darauf, dass über Streitigkeiten in Bezug auf ihre zivilrechtlichen Ansprüche und Verpflichtungen oder über eine gegen sie erhobene strafrechtliche Anklage von einem unabhängigen und unparteiischen auf Gesetz beruhenden Gericht in einem fairen Verfahren, öffentlich und innerhalb angemessener Frist verhandelt wird. (…).
>
> (2) Jede Person, die einer Straftat angeklagt ist, gilt bis zum gesetzlichen Beweis der Schuld als unschuldig.
>
> (3) (…).“

Um den Anwendungsbereich des Art. 6 EMRK zu eröffnen und seine materiellen Garantien zu gewährleisten, müssten die im türkischen Steuervollzug im Einzelfall auferlegten Bußgelder und Strafzuschläge „strafrechtliche Anklagen“ i.S.d. Art. 6 EMRK darstellen. Auf eine „Anklage“ i.S. einer „formellen Anklageerhebung“ kommt es dabei allerdings nicht an.[262] Vielmehr ist nach dem EGMR[263] ausreichend, dass die einzelne Maßnahme alternativ nach nationalem Recht ein Strafverfahren darstellt, sie sowohl abschreckenden als auch vergeltenden Charakter aufweist oder die Schwere der Sanktion Art. 6 EMRK zur Anwendung bringt. Dabei soll nicht die tatsächlich verhängte, sondern die im Verfahren drohende Sanktion maßgeblich sein. In der Rechtssache *Janosevic*[264] ordnete der EGMR steuerliche Zuschläge des schwedischen Steuerrechts auf Einkommen- und Umsatzsteuer i.H.v. 20 % bis 40 % des Mehrbetrags, die allein auf die objektive Missachtung der Erklärungspflichten anknüpfen, dem Strafbegriff des Art. 6 EMRK zu.

Bereits aus nationaler Warte rein formal betrachtet liegt es nah, die in der Türkei vorgesehenen Sanktionen als „Strafen“ i.S.d. Art. 6 EMRK einzustufen. Das VUK selbst spricht sowohl bei den Sanktionen für „Steuerordnungswidrigkeiten“ gemäß § 352 VUK als auch bei den Zuschlägen für einen eintretenden „Steuerverlust“ gemäß § 344 VUK ausdrücklich von „Ceza“, also von Strafen

---

261 Seer/Krumm, Bedeutung des Art. 6 der Europäischen Menschenrechtskonvention für ein steuerverfahrensrechtliches Zuschlagssystem, StuW 2006, S. 346, 347 m.w.N.

262 Grabenwarter, Europäische Menschenrechtskonvention, § 9 Rn. 2.

263 EGMR v. 08.06.1976, EuGRZ 1976, S. 221.

264 EGMR v. 23.07.2002 – 34619/97, Rs. Janosevic ./. Schweden, abrufbar unter http://www.echr.coe.int.

und im § 352 Abs. 1 S. 1 VUK auch von „cezalandırılır" („wird bestraft") als Folge für eine Ordnungswidrigkeit.

Auch der abschreckende und der vergeltende Charakter dieser Maßnahmen sowie die Schwere der Sanktion zumindest bei dem „Strafzuschlag", der gemäß § 344 Abs. 1 VUK neuerdings stets in Höhe von 100 % des hoheitlich festgesetzten Steuerbetrages von Amts wegen ausgesprochen wird, stehen für die Einstufung als „Strafen" im Sinne des EGMR und des § 6 EMRK. Da der gemäß § 344 Abs. 1 VUK drohende Strafzuschlag von 100 % in seiner Höhe stets mit dem automatisch tatsächlich festgesetzten Zuschlag übereinstimmt, bedarf es insoweit auch keiner weitergehenden Differenzierung zwischen „drohendem" und tatsächlich „festgesetztem" Strafzuschlag. Daran ändert nach den Maßstäben des EGMR auch die Tatsache nichts, dass im Rahmen von möglichen anschließenden Verständigungsverhandlungen zwischen dem betroffenen Steuerpflichtigen und der Finanzbehörde massive und „gesicherte" Abschläge von durchschnittlich 95 % vereinbart werden und der tatsächlich durchgesetzte Strafzuschlag demnach nur noch 5 % des Zusatzbetrages ausmacht.[265] An der „drohenden" Sanktion von 100 %, die sich direkt aus § 344 Abs. 1 VUK ergibt und der Einstufung als „Strafe" in der Auslegung des EGMR ändert sich dadurch nichts.

Nachdem der Anwendungsbereich des Art. 6 EMRK auch bei den in der Türkei zur Anwendung kommenden Bußgeldern bzw. Strafzuschlägen eröffnet erscheint, müssen der nationale Gesetzgeber und im jeweiligen Einzelfall die Finanzbehörden sowie die in der Türkei ebenfalls vorhandenen Finanzgerichte dem Steuerpflichtigen die konventionsrechtlichen Garantien des Art. 6 EMRK gewähren. Aber der gesetzlich angedrohte Strafzuschlag von 100 % allein stellt nicht bereits einen Verstoß gegen Art. 6 EMRK dar. Es geht bei den Garantien des Art. 6 EMRK um die Gewährung eines verfahrensrechtlichen Mindeststandards im Einzelfall. Dazu zählen insbesondere das Recht auf Zugang zu einem unabhängigen Gericht, die Unschuldsvermutung und ein faires Verfahren.[266]

Diese Rechtsschutzmöglichkeit wird im türkischen Steuerverfahrensrecht gewährleistet. Auch wenn die Geldbußen für steuerliche Ordnungswidrigkeiten sowie die Strafzuschläge direkt von den Finanzbehörden auferlegt werden, sind die steuerlichen Sanktionsinstrumente in der Türkei gemessen an Art. 6 EMRK als solche nicht angreifbar. Denn schon die „Öztürk"-Entscheidung zum deutschen Ordnungswidrigkeitenrecht hat gezeigt, dass auch konventionsrechtlich

---

265 Zu den Verständigungsverhandlungen in der Türkei und die dabei erzielten Resultate vgl. unten S. 201 ff.

266 Seer/Krumm, Bedeutung des Art. 6 der Europäischen Menschenrechtskonvention für ein steuerverfahrensrechtliches Zuschlagssystem, StuW 2006, S. 356.

dem „unabhängigen Gericht“ durchaus eine Behörde vorgeschaltet sein kann, die für sich betrachtet die Voraussetzung der Unabhängigkeit nicht erfüllt. Ausreichend ist, dass gegen die Verwaltungsentscheidung der Rechtsweg zu einem Spruchkörper eröffnet ist, der den Anforderungen an ein „unabhängiges Gericht“ gerecht wird.[267]

Wird in der Türkei eine Steuer hoheitlich festgesetzt oder eine steuerliche Strafe durch die Finanzbehörde erhoben bzw. angeordnet, steht dem Steuerpflichtigen gemäß § 377 VUK der Rechtsweg zu den Finanzgerichten offen. Die Finanzgerichte in der Türkei können im Rahmen der Gerichtsverfahren sowohl Rechts- als auch Tatsachenfragen uneingeschränkt nachprüfen.[268]

Letztlich sind *Seer* und *Krumm* in ihrer Untersuchung zur Bedeutung des Art. 6 EMRK für ein verschuldensunabhängig ausgestaltetes steuerverfahrensrechtliches Zuschlagssystem unter Bezugnahme auf ein grundlegendes Urteil des EGMR[269] auch zu dem Schluss gekommen, dass die „Unschuldsvermutung“ des Art. 6 EMRK einem derartigen System nicht generell entgegensteht.[270] Es ist nicht erforderlich, dass die Unschuldsvermutung in ihrem strafprozessualen Verständnis Anwendung findet. Der EGMR hat den nationalen Gesetzgebern ausdrücklich zugestanden, steuerliche Mitwirkungspflichten durch verschuldensunabhängige Zuschläge abzusichern, die allein an das objektive Vorliegen einer Mitwirkungspflichtverletzung anknüpfen. Ausreichend sei, dass dem – sodann beweisbelasteten – Steuerpflichtigen die Möglichkeit offen stehe, subjektive Entlastungsgründe vorzutragen.

Ohne einen wirkungsvollen Sanktionsmechanismus für die Nichterfüllung steuerlicher Pflichten wäre jede Mitwirkungspflicht ohne effektive Relevanz. Die Nichtbeachtung derartiger Pflichten mit dem Ergebnis einer steuerlichen „Weniger- bzw. Nichtbelastung“ ohne die Befürchtung einer wirkungsvollen Sanktion, würde für den steuerunehrlichen Bürger geradezu einen Anreiz bieten, seinen steuerlichen Pflichten nicht oder zumindest nicht umfassend nachzukommen. Derartige „Sicherungsmittel“ würden den „Makel der Verfassungs-

---

267 EGMR v. 21.02.1984, Rs. „Öztürk“, EuGRZ 1985, S. 62 ff.; Seer/Krumm, Bedeutung des Art. 6 der Europäischen Menschenrechtskonvention für ein steuerverfahrensrechtliches Zuschlagssystem, StuW 2006, S. 356.

268 Özbalcı, Vergi Usul Kanunu, S. 1055 ff.

269 EGMR v. 23.07.2002 – 34619/97, Rs. Janosevic ./. Schweden Rz. 100 ff., abrufbar unter http://www.echr.coe.int.

270 Seer/Krumm, Bedeutung des Art. 6 der Europäischen Menschenrechtskonvention für ein steuerverfahrensrechtliches Zuschlagssystem, StuW 2006, S. 356.

widrigkeit infolge eines strukturellen Vollzugsdefizits“[271] bereits in sich selbst tragen und die Ungleichmäßigkeit der Besteuerung geradezu fördern.

Das Ergebnis, dass sich die verschuldensunabhängig ausgestalteten Steuerzuschläge in der Türkei de lege lata im Rahmen der konventionsrechtlichen Verfahrensgarantien der EMRK bewegen, sagt allerdings noch nichts über die Zulässigkeit der in der Türkei anzutreffenden Rechtswirklichkeit unter Beachtung der nationalen verfassungsrechtlichen Fundamentalprinzipien aus. Die Untersuchung der in der Türkei rege durchgeführten Verständigungsverfahren, bei denen auch der automatisch festgesetzte Strafzuschlag regelmäßig einen „ausgedehnt dispositionsfähigen“ Gegenstand der Verhandlungen darstellt, zeigt an späterer Stelle dieser Arbeit eklatante Unvereinbarkeiten mit den Eckpfeilern des Rechtsstaatsprinzips.[272]

IV. Das Erhebungsverfahren

1. Fälligkeit der Abschlusszahlungen

Die Selbstveranlagung zeichnet sich u.a. auch dadurch aus, dass es zur Fälligkeit der Steuerschuld keiner Festsetzung mittels hoheitlichen Steuerbescheids bedarf, weil die Fälligkeitstermine gesetzlich festgelegt sind.[273] Der Festsetzungsschein in der Türkei weist zwar in der dafür vorgesehenen Spalte aus, wann die Steuer fällig wird (Verginin Vadesi). Dabei richtet sich die Fälligkeit gemäß § 111 Abs. 1 VUK aber stets nach den in den Einzelsteuergesetzen vorgesehenen Zeiträumen. Der Ausweis der Fälligkeit auf dem Festsetzungsschein hat daher nur deklaratorischen Charakter und gibt nur das wieder, was durch die Einzelsteuergesetze schon festgeschrieben ist.

Der Steuerbescheid in Deutschland hingegen besitzt eine wichtige Titelfunktion für die Durchsetzung des Steueranspruchs.[274] Anders als in der Türkei steht die Fälligkeit der Steuer grundsätzlich nicht kalendarisch fest, sondern hängt im deutschen Besteuerungsverfahren von der Existenz eines Steuerbescheids ab.

Die Einkommensteuer-Abschlusszahlung wird gemäß § 36 Abs. 4 S. 1 EStG innerhalb eines Monats nach Bekanntgabe des Steuerbescheids fällig. Dasselbe gilt aufgrund der Verweisung des § 31 Abs. 1 KStG auf die Vorschriften des Einkommensteuergesetzes für die Körperschaftsteuer-Abschlusszahlung. Selbst

---

271 Seer/Krumm, Bedeutung des Art. 6 der Europäischen Menschenrechtskonvention für ein steuerverfahrensrechtliches Zuschlagssystem, StuW 2006, S. 356.

272 Siehe hierzu unten S. 222 ff.

273 Seer, StuW 2003, S. 40, 45.

274 Seer, in: Besteuerungsverfahren: Rechtsvergleich USA – Deutschland, Rn. 48.

im Falle der Umsatzsteuer-Jahreserklärung, die als Steueranmeldung Selbstberechnungscharakter besitzt, wird die Umsatzsteuer-Abschlusszahlung erst einen Monat nach Eingang der Steueranmeldung beim Finanzamt fällig (§ 18 Abs. 4 S. 1 UStG). Dies ist konsequent, weil § 168 Abs. 1 S. 1 AO die Steueranmeldung als einen gegen sich selbst erlassenen Steuerbescheid fingiert.[275]

In der Türkei bestimmt § 111 Abs. 2 VUK, dass der letzte Tag der dort benannten „Zahlungszeiträume" den Fälligkeitstag darstellt. Im Bereich der Einkommensteuer legt § 117 GVK neben den quartalsweisen Vorauszahlungen[276] für die Jahresabschlusszahlung aufgrund der Jahreserklärung fest, dass für die im Monat Februar abzugebenden Jahressteuererklärungen[277] als Zahlungszeiträume die Monate Februar und Juni und für die im Monat März abzugebenden Jahressteuererklärungen als Zahlungszeiträume die Monate März und Juli zu berücksichtigen und in zwei gleichen Raten zu zahlen sind.[278] Demnach wird die Steuer-Abschlusszahlung des Steuerpflichtigen, der seine Jahressteuererklärung regelmäßig im Februar des auf das Veranlagungsjahr folgenden Jahres abgibt, in zwei gleichen Raten jeweils am letzten Werktag der Monate Februar und Juni fällig. Diese zwei Fälligkeitstermine werden als Ende der Zahlungszeiträume in dem Festsetzungsschein mit jeweils der Hälfte der Steuerschuld ausgewiesen. Im § 37 Abs. 4 AATUHK ist die Möglichkeit vorgesehen, die bestehende Steuerschuld vor ihrer Fälligkeit zu bezahlen.[279]

Bei postalischer Übersendung der Steuererklärung z.B. einer natürlichen Person zum 25. Februar, ist die vom Steuerpflichtigen selbst berechnete und in seiner Steuerklärung ausgewiesene Steuerschuld unabhängig vom Erhalt des Festsetzungsscheins zum Fälligkeitstermin Ende Februar (zur Hälfte) zu bezahlen (§ 111 Abs. 4 VUK).[280] Der Steuerpflichtige kann sich nicht darauf berufen, den Festsetzungsschein erst im Laufe des Monats März erhalten zu haben. Auch an dieser Regelung wird deutlich, dass es aufgrund der Selbstveranlagung keiner Konkretisierung der Steuerschuld durch einen gesonderten Bescheid der Finanzverwaltung bedarf. Anders als im deutschen Besteuerungsverfahren ist es in der Türkei (im regulären Verfahrensgang) weder erforderlich, dass die Steuer ho-

275 Seer, in: Besteuerungsverfahren: Rechtsvergleich USA – Deutschland, Rn. 48; Siehe hierzu bereits oben S. 50.

276 Siehe hierzu oben S. 58 ff., 103 ff.

277 Zu den einzelnen Abgabefristen der Steuererklärungen siehe oben S. 58 ff.

278 Insoweit ist Kesen, Das Steuerrecht der Türkei, S. 31 zu widersprechen, wenn er feststellt, dass der Steuerpflichtige mit der Abgabe der Steuererklärung die von ihm selbst errechnete Steuer sofort zu zahlen hat und die Steuer mit Aushändigung des Veranlagungsscheins (zutreffender: Festsetzungsschein) fällig wird.

279 Öncel/Kumrulu/Cağan, Vergi Hukuku, S. 123.

280 Mutluer, Vergi Genel Hukuku, S. 143.

heitlich festgesetzt wird (§§ 155 Abs. 1, 218 Abs. 1 AO) noch dass ein Leistungsgebot ergeht (§ 254 Abs. 1 S. 1 AO).

Für Steuerpflichtige, die einen Großteil ihrer Einkünfte aus Land- und Forstwirtschaft erzielen, kann das Finanzministerium gemäß § 117 Abs. 3 GVK im Bedarfsfalle mehr als zwei Zahlungstermine festlegen, die abhängig vom Anbaugebiet und Erzeugnisart variieren können.

Für Körperschaften sieht das Gesetz im § 21 Abs. 1 KVK nur einen Zahlungstermin für die sich aus der Jahreserklärung ergebende Körperschaftsteuer vor. Es ist das Ende des Monats, das auf die Abgabepflicht der Körperschaftsteuererklärung folgt.[281] Wenn das Wirtschaftsjahr dem Kalenderjahr entspricht, ist die Körperschaftsteuererklärung zwischen dem 1. bis zum Abend des 25. April des Folgejahres abzugeben und die Körperschaftsteuer demnach bis Ende des Monats April zu bezahlen.

2. Fälligkeit der Vorauszahlungen

Wie bereits zu den Ausführungen der Abgabefristen für die Steuererklärungen dargestellt, sind auch in der Türkei Vorauszahlungen zur Einkommen- und Körperschaftsteuer zu entrichten, zu deren Berechnung und Festsetzung „quartalsweise Einkommen- und Körperschaftsteuer-Voranmeldungen" einzureichen sind.[282] § 120 GVK / Nachtrag bestimmt, dass die vierteljährlichen Einkommensteuer-Voranmeldungen jeweils bis zum vierzehnten Tag des übernächsten Monats, der dem jeweiligen Voranmeldungszeitraum folgt, beim Finanzamt einzureichen und die errechneten Einkommensteuer-Vorauszahlungen bis zum siebzehnten desselben Monats zu begleichen sind.[283] Zu einer tabellarischen Übersicht der Fälligkeitstermine, die bei Körperschaften geringfügig abweichen, kann an dieser Stellen nach oben verwiesen werden.[284]

Die vom Steuerpflichtigen bzw. von seinem Berater in der Voranmeldung selbst zu berechnenden Vorauszahlungsbeträge sind zu den genannten Fälligkeitsterminen zu leisten und werden auf die Steuerschuld des laufenden Jahres angerechnet. Ergibt sich nach der Anrechnung der Vorauszahlungen eine Überzahlung, so dienen diese Beträge primär zum Ausgleich eventuell vorhandener anderweitiger Steuerschulden des Steuerpflichtigen. Hat der Steuerpflichtige

281 Zu den Abgabefristen der Steuererklärungen vgl. oben S. 54 ff.

282 Ausführlich zu den Quartalserklärungen oben S. 58 ff.

283 Die von Kesen, Das Steuerrecht der Türkei, S. 131 angegebene Abgabefrist (15. Tag des dem Kalendervierteljahr folgenden Monats) innerhalb der früher auch die Fälligkeit der Vorauszahlungen eintrat, wurde mit dem Änderungsgesetz Nr. 5035 am 25.12.2003 auf die hier angegebenen Termine abgeändert.

284 Vgl. Tabelle auf S. 60.

keine anderen offenen Rückstände oder verbleibt nach deren Abzug dennoch ein Teilbetrag, so wird dieser dem Steuerpflichtigen erstattet. Die Erstattung wird allerdings nicht automatisch vorgenommen, sondern sie bedarf eines Erstattungsantrags des Steuerpflichtigen bis zum Ende des dem Veranlagungsjahr folgenden Jahres (§ 120 Abs. 1 a.E. VUK / Nachtrag). Ohne einen fristgerechten Antrag erlischt der Erstattungsanspruch des Steuerpflichtigen. Aus der Sicht des Steuerpflichtigen ist dieser zusätzliche Aufwand zu kritisieren. Hier wäre eine Regelung sinnvoll, nach der etwaige aus Einzelsteuern resultierende Guthaben, soweit sie nicht mit anderen Steuerschulden verrechnet werden, von Amts wegen zu erstatten sind.[285]

Auch in Deutschland existieren feststehende Termine für Vorauszahlungszwecke. Dabei werden Einkommen- und Körperschaftsteuer-Vorauszahlungen vierteljährlich am 10. März, 10. Juni, 10. September und 10. Dezember des laufenden Steuerjahres fällig (§ 37 Abs. 1 EStG bzw. § 31 Abs. 1 KStG i.V.m. § 37 Abs. 1 EStG). Voraussetzung für den Eintritt der Fälligkeit ist aber auch hier der Erlass eines Steuerbescheids, nämlich des Vorauszahlungsbescheids (§ 37 Abs. 3 S. 1 EStG).[286] Dies hat zur Folge, dass ohne einen Vorauszahlungsbescheid nach § 240 AO, anders als in der Türkei[287], keine Säumniszuschläge anfallen können.[288]

3. Zahlungswege

Die in der Türkei gängigen Zahlungsmodalitäten hinsichtlich der fällig gewordenen Steuern wirken im Vergleich zu der in Deutschland geübten Praxis eher ungewöhnlich. Während der § 110 Abs. 1 VUK vergleichbar mit § 224 Abs. 1 S. 1 AO bestimmt, dass der Steuerpflichtige seine Steuerschuld an das für ihn zuständige Finanzamt (organisatorisch an die Finanzkasse) zu entrichten hat, erscheint die tatsächliche Umsetzung der Zahlungsvorgänge eigenartig.

Der vor Ort insbesondere zum Ende der „Zahlmonate"[289] zu bestaunende Andrang der Steuerpflichtigen an die zumeist mit mehreren Kassenschaltern ausgestatteten Finanzkassen lässt bereits ahnen, dass „Barzahlungen" zur Tilgung der Steuerschuld in der Bevölkerung auch aktuell noch weit verbreitet zu sein scheinen. § 110 Abs. 1 VUK bestimmt, dass die Einzahlung der Steuer-

285 Fischer, Finanzsystem und Finanzverwaltung der Türkei, S. 354.

286 Drenseck, in: Schmidt, Einkommensteuergesetz, Kommentar, § 37 Rn. 2.

287 Zu den Säumniszuschlägen in der Türkei (Gecikme Zammı) siehe oben S. 112 f.

288 Ausführlicher zum Säumniszuschlag in Deutschland im nächsten Punkt.

289 Zu den „Zahlmonaten" können insbesondere die Monate Februar, März, Juni und Juli gezählt werden, da in diesen Monaten die zu zahlenden Teilbeträge fällig werden. Zu den einzelnen Fälligkeitsterminen siehe oben S. 103 ff.

schuld grundsätzlich bei dem Finanzamt zu erfolgen hat, wo der Steuerpflichtige geführt wird. In § 110 Abs. 2 VUK ist allerdings vorgesehen, dass der Ausgleich der Steuerschuld auch bei jeder anderen Finanzkasse vorgenommen werden kann. Hierbei ist vom Steuerpflichtigen anzugeben, welches Finanzamt eigentlich für ihn zuständig ist.

Bereits im Forschungsbericht des Bundesministeriums für wirtschaftliche Zusammenarbeit von 1983[290] wurde die Barzahlung als die weitgehend übliche Abwicklung der Steuerentrichtung in der Türkei moniert und es zu Recht für „erstrebenswert" erachtet, „dass längerfristig die Steuern auch unbar über das allgemeine Bankensystem mit befreiender Wirkung geleistet werden können sollte."[291]

Neben der Barzahlung bei den Finanzkassen, die gegen Ausgabe einer Zahlungsquittung erfolgt (§ 40 Abs. 1 AATUHK), existiert in der Türkei für die Steuerpflichtigen eine besondere Möglichkeit zum Ausgleich ihrer Steuerschulden: das türkische Finanzministerium hat aufgrund der Ermächtigung im § 41 AATUHK, Banken und andere Finanzinstitute mit der treuhänderieschen Erhebung bzw. Entgegennahme von öffentlichen Abgaben zu betrauen, im Jahre 1973 zunächst die T.C. Ziraat Bankası A.Ş. entsprechend bevollmächtigt. Diese (halbstaatliche) Landwirtschaftsbank war die erste Bank, die berechtigt wurde, Steuerzahlungen von Steuerpflichtigen für das Finanzamt entgegen zu nehmen und zu quittieren.[292]

Nach 1993 hat das Finanzministerium die Anzahl der mit den Steuervereinnahmungen betrauten (zum großen Teil privaten) Banken und Finanzinstitute bis heute auf die folgenden 23 gesteigert:[293]

- Akbank A.Ş.
- Albaraka Türk Katılım Bankası A.Ş.
- Alternatifbank A.Ş.
- Anadolu Bankası A.Ş.
- Türkiye Finans Katılım Bankası A.Ş.
- Asya Katılım Bankası A.Ş.

290 Fischer, Finanzsystem und Finanzverwaltung der Türkei, S. 338, 339.

291 Fischer, Finanzsystem und Finanzverwaltung der Türkei, S. 339.

292 Fischer, Finanzsystem und Finanzverwaltung der Türkei, S. 339 wo auch festgestellt wird, dass die Einzahlung der Steuerschuld auch bei der Post möglich war.

293 Die Namen und die konkreten Bevollmächtigungszeitpunkte der einzelnen Banken und Finanzinstitute sind aufgelistet in den jährlich erscheinenden Tätigkeitsberichten des Einkommens-Verwaltungspräsidiums, Gelirler Genel Müdürlüğü Faaliyet Raporu; Im Internet ist eine ständig aktualisierte Liste auf den Seiten des Einkommens-Verwaltungspräsidiums unter www.gib.gov.tr unter „Yararlı Bilgiler" (Nützliche Infos) abrufbar.

- Denizbank A.Ş.
- Finansbank A.Ş.
- HSBC Bankası A.Ş.
- Kuveyt Türk Katılım Bankası A.Ş.
- Oyak Bank T.A.Ş.
- Şekerbank A.Ş.
- T.C. Ziraat Bankası
- T. Garantie Bankası A.Ş.
- T. Halk Bankası T.A.Ş.
- T. İşbankası A.Ş.
- Tekfenbank
- Tekstilbank A.Ş.
- Turkish Bank
- Fortis Bank A.Ş.
- Türk Ekenomi Bankası A.Ş.
- Vakıflar Bankası T.A.O.
- Yapı ve Kredi Bankası

Somit wird den Steuerpflichtigen ermöglicht, neben den Finanzkassen auch die in der Türkei weit verbreiteten Filialen der betrauten Banken aufzusuchen, um ihre Steuerschulden zu begleichen. Die Steuergelder werden von den Banken und Finanzinstituten gemäß § 41 AATUHK treuhänderisch für das Finanzministerium bzw. das jeweilige Veranlagungsfinanzamt vereinnahmt und müssen innerhalb von sieben Tagen nach Zahlungseingang an die staatliche Zentralbank der Türkei (T.C. Merkez Bankası) überwiesen werden (§ 41 Abs. 3 AATUHK). Bei Fristüberschreitung drohen den Banken gemäß § 41 Abs. 5 AATUHK Verspätungszuschläge. Darüber hinaus sind die Filialleiter der jeweiligen Bankfiliale, welche die Steuern vereinnahmt, nach § 41 Abs. 6 AATUHK verantwortlich für die jeweils fristgerechte Abführung an die türkische Zentralbank.[294]

Für die fristgerechte Begleichung der Steuerschuld ist bei dieser Zahlungsvariante für den Steuerpflichtigen gemäß § 44 Abs. 1 AATUHK seine eigene Einzahlung bei der treuhänderisch agierenden Bank ausschlaggebend. Über den Einzug der Steuer erteilt die Bank dem Steuerpflichtigen einen Empfangsbeleg (Vergi Tahsil Alındısı), der ihm als Zahlungsnachweis dient.

294 Bis zum Urteil des türkischen Verfassungsgerichts vom 23.04.2004 mit der Nr. E. 2001/119, K. 2004/37 war nach § 41 Abs. 7 AATUHK bei verspäteter Weiterleitung der vereinnahmten Steuerbeträge zudem auch noch ein Strafzuschlag von 10 % des jeweiligen Steuerbetrages gegen die betroffene Bank festzusetzen. Mit dem genannten Urteil hat das Verfassungsgericht diese Regelung aufgehoben.

An der Feststellung im Forschungsbericht des Bundesministeriums für wirtschaftliche Zusammenarbeit von 1983[295], dass Zahlungen über das allgemeine Bankensystem in der Türkei aus „verwaltungstechnischen“ Gründen nicht von der Finanzverwaltung entgegengenommen werden können[296], ist bis heute nur eine eingeschränkte und umständliche Entwicklung zu beobachten:

Eine bargeldlose Überweisung der Steuerschuld auf ein Bankkonto der Finanzkasse ist in der Türkei aufgrund des § 41 Abs. 2 AATUHK nur begrenzt möglich. Die in Deutschland völlig unproblematische Überweisung der Steuerschuld von der kontoführenden Bank des Steuerpflichtigen (X-Bank) auf ein Konto der Finanzkasse bei einer anderen Bank (Y-Bank) ist in der Türkei nicht möglich. Eine bargeldlose Überweisung der Steuerschuld funktioniert gemäß § 41 Abs. 2 Nr. 2 AATUHK nur dann, wenn die kontoführende Bank der Finanzkasse mit der Bank des zahlungsanweisenden Steuerpflichtigen übereinstimmt (Überweisung von einem Konto bei der X-Bank auf ein anderes von der X-Bank geführtes Konto). Dadurch ist dem Steuerpflichtigen eine bargeldlose Überweisung seiner Steuerschuld auf ein konkretes Bankkonto der Finanzkasse nur dann möglich, wenn die Finanzkasse bei der Bank, bei dem auch er sein Konto führt, ebenfalls ein Konto eingerichtet hat.[297] Das Instrument der Einzugsermächtigung ist im türkischen Zahlungsverkehr kaum verbreitet.

Im bargeldlosen Zahlungsverkehr wesentlich verbreiteter als die Überweisung auf ein bestimmtes Konto der Finanzkasse oder die in Deutschland bekannte Einzugsermächtigung ist der „Abbuchungsauftrag“ des Steuerpflichtigen von seinem Girokonto an seine kontoführende Bank, die gleichzeitig auch eine Treuhandvereinbarung mit dem Finanzministerium zur Vereinnahmung von Steuerzahlungen hat. Aufgrund der Tatsache, dass das Finanzministerium mittlerweile mit den genannten 23 verschiedenen Bankhäusern entsprechende Treuhandvereinbarungen geschlossen hat, ist jedoch praktisch nahezu jeder Steuerpflichtige mit seinem Girokonto in der Lage, seine jeweilige Steuerschuld unbar direkt bei seiner kontoführenden Bank schuldbefreiend abbuchen zu lassen.

Bei Steuererklärungen, die nicht auf elektronischem Wege eingereicht werden, verlangen die treuhänderisch agierenden Banken für die schuldbefreiende Zahlung die Vorlage des Festsetzungsscheins, der alle erforderlichen Angaben in Bezug auf die Steuerschuld und den Steuerpflichtigen enthält. Sofern die zugrunde liegende Steuererklärung elektronisch eingereicht wurde, können auch die mit dem Einzug von Steuerzahlungen betrauten Banken (die ebenfalls in das e-Beyanname-Netz eingegliedert sind) die automatisch erzeugten Festsetzungs-

295 Fischer, Finanzsystem und Finanzverwaltung der Türkei, S. 338, 339.

296 Fischer, Finanzsystem und Finanzverwaltung der Türkei, S. 339.

297 Beyanname Düzenleme Kılavuzu 2008, S. 272.

scheine des jeweiligen Steuerpflichtigen im Computersystem aufrufen und einsehen. Eine gesonderte Vorlage durch den Steuerpflichtigen ist in diesem Fall nicht erforderlich.[298]

Zu beachten ist allerdings, dass aufgrund der jeweiligen Treuhandvereinbarungen sämtliche mit der Entgegennahme von Steuerzahlungen beauftragten Banken ausschließlich bis zum Fälligkeitstag[299] zur Entgegennahme von Steuerzahlungen berechtigt sind.[300] Sofern der Steuerpflichtige die fristgerechte Zahlung seiner Steuerschuld versäumt, hat er nur noch die Möglichkeit bzw. die Pflicht, die zu zahlende Steuerschuld und die ggf. angefallenen Säumniszuschläge bei der zuständigen Finanzkasse in bar auszugleichen.[301]

Auch wenn sich durch die Erweiterung der mit der Entgegennahme von Steuerzahlungen beauftragten Banken der zeitaufwendige und bürokratische Zahlungsprozess deutlich erleichtert hat, erscheint die Abwicklung der Steuerzahlung insgesamt nach wie vor verbesserungsbedürftig.[302]

4. Säumniszuschlag bei verspäteter Steuerzahlung

Für eine verspätete oder unterlassene Steuerzahlung, d.h. bei Missachtung der gesetzlichen Fälligkeitstermine, muss der Steuerpflichtige gemäß § 51 AATUHK einen Säumniszuschlag (Gecikme Zammı) in Höhe eines bestimmten monatlichen Prozentsatzes für die rückständige Steuer zahlen. Dieser Prozentsatz wird in unregelmäßigen Zeitabständen im Rahmen von Erlassen durch das Finanzministerium abhängig von der Inflation im Lande neu festgelegt.[303] Seit 1981 schwankt er zwischen 15 % und dem derzeitigen Tiefstand von 2,5 % seit dem 03.04.2006. Dieser Säumniszuschlag entsteht im Gegensatz zum deutschen

---

298 Amtliche Bekanntmachung vom 30.09.2004 mit der Nr. 340, veröffentlicht im Amtsblatt Nr. 25599, Abschnitt VI Abs. 5/2.

299 Zu den einzelnen Fälligkeitsterminen der unterschiedlichen Steuerarten siehe oben S. 101 ff.

300 Hinweis in der Broschüre des Einkommens-Verwaltungspräsidiums mit dem Titel: „Wie kann ich mit Leichtigkeit meine Steuern bezahlen“ (Vergimi kolayca nasıl öderim“) Jahr 2007, S. 13, abrufbar unter www.gib.gov.tr.

301 Hinweis in der Broschüre des Einkommens-Verwaltungspräsidiums mit dem Titel: „Wie kann ich mit Leichtigkeit meine Steuern bezahlen“ (Vergimi kolayca nasıl öderim“) Jahr 2007, S. 13, abrufbar unter www.gib.gov.tr.

302 Zutreffende Wortwahl bereits von Fischer, Finanzsystem und Finanzverwaltung der Türkei, S. 339.

303 Eine Übersicht über die Zinssätze der letzten 25 Jahre ist abgedruckt unter § 51 AATUHK der Gesetzessammlung Tüm Vergi Kanunlkarı, Seçkin Yayıncılık.

System nicht für jeden angefangenen[304], sondern erst für jeden vollen Monat aber darüber hinaus auch anteilig für jeden einzelnen Tag, der nicht Bestandteil eines vollen Monats ist (§ 51 Abs. 1 S.2 AATUHK). Dabei werden jedem Monat 30 Tage zugrunde gelegt.[305]

Ausgehend von 2,5 % Säumniszuschlag für jeden Monat beträgt er 30 % pro Jahr ist damit auch unter Berücksichtigung einer Inflationsrate von derzeit um die 10 % enorm hoch. Im Vergleich dazu entsteht der Säumniszuschlag in Deutschland in Höhe von 1 % der rückständigen Steuer für jeden angefangenen Monat und beträgt damit auf das Jahr gerechnet 12 %.

Übereinstimmend mit dem deutschen Säumniszuschlag entsteht er auch in der Türkei kraft Gesetzes, ohne dass es einer behördlichen Festsetzung bedürfte (§ 52 Abs. 2 AATUHK) und kennt keine Höchstgrenze.

Einen Erlass der Säumniszuschläge als Ermessensentscheidung aufgrund von sachlichen oder persönlichen Unbilligkeitsgründen, wie er etwa im § 227 AO für Deutschland geregelt ist, sieht das türkische Verfahrensrecht nicht vor. Er kann nur wie die eigentliche Steuerschuld nur durch einen Erlass nach § 115 VUK zum Erlöschen gebracht werden, der bei Ereignissen eingreift, die enumerativ aufgezählt sind (z.B. Feuer, Erdbeben, Überschwemmung, Insekteninvasionen und andere Kalamitäten).

V. Weitere Erlöschenstatbestände neben der Zahlung

Ansprüche aus dem Steuerschuldverhältnis erlöschen insbesondere durch Zahlung (§§ 110 bis 112 VUK). Dabei spielt es keine Rolle, ob die Steuerschuld zuvor auf Grundlage einer eingereichten Steuererklärung im Rahmen der Selbstveranlagung oder hoheitlich festgesetzt wurde. Neben der Zahlung[306] existieren auch in der Türkei weitere Erlöschenstatbestände: Verjährung (§§ 113, 114, 374 VUK und §§ 102 bis 104 AATUHK), Aufrechnung (§ 23 AATUHK, §§ 118 ff. BK) und Erlass (§ 115 VUK, §§ 105, 106 AATUHK). Von besonderer Bedeutsamkeit sind dabei die Verjährungstatbestände und die Möglichkeiten der Aufrechnung, die nachfolgend durchleuchtet werden sollen:

---

304 In Deutschland entsteht der Säumniszuschlag gemäß § 240 Abs. 1 S. 1 AO für jeden angefangenen Monat in Höhe von monatlich 1 %.

305 Beyanname Düzenleme Kılavuzu 2004, S. 1096.

306 Zur Zahlung im Anschluss an eine Selbstveranlagung s. oben S. 54 ff.; zur Zahlung nach einer hoheitlichen Veranlagung s. unten S. 178 ff.

1. Verjährung (Zamanaşımı)

Auch das türkische Besteuerungsverfahren verfügt zur Herstellung von Rechtssicherheit und Rechtsfrieden das Instrument der Verjährung von Steueransprüchen. Ähnlich wie das deutsche, sieht auch das türkische Verfahrensrecht neben einer Festsetzungsverjährung (§§ 113, 114 VUK) auch eine Zahlungsverjährung (§§ 102 bis 104 AATUHK) vor.

a) Festsetzungsverjährung

§ 113 VUK bestimmt, dass nach Ablauf der Festsetzungsfrist der Steueranspruch erlischt und dass dies von Amts wegen zu berücksichtigen ist.

Während die Festsetzungsverjährungsfristen in Deutschland gemäß § 169 Abs. 2 AO zwischen einem Jahr und zehn Jahren variieren können, existiert in der Türkei gemäß § 114 Abs. 1 VUK nur eine einheitliche Festsetzungsfrist von fünf Jahren. Die Festsetzungsfrist beginnt in der Türkei immer mit Ablauf des Kalenderjahres, in dem die Steuer entstanden ist (§ 114 Abs. 1 VUK), wozu gemäß § 19 Abs. 1 VUK auf den Ablauf des Kalenderjahres abgestellt wird, in dem der materielle Steuertatbestand verwirklicht wurde. Die Festsetzungsfrist ist nach § 113 Abs. 2 VUK „ohne Rücksicht auf einen Antrag des Steuerpflichtigen" mithin ebenso wie in Deutschland von Amts wegen zu berücksichtigen. Sie führt in der Türkei dazu, dass bestehende Steueransprüche erlöschen und damit weder festgesetzt noch erhoben werden dürfen.[307]

Ein nach Ablauf der Festsetzungsfrist ergehender Steuerbescheid leidet in Deutschland zwar unter einem schwerwiegenden Fehler und ist rechtswidrig, mangels Offenkundigkeit dieses Fehlers ist er aber nicht nichtig nach § 125 AO.[308] Aus diesem Grund entsteht ein Erstattungsanspruch (§ 37 Abs. 2 AO) in Deutschland nur, wenn der Bescheid (etwa nach Anfechtung) aufgehoben wird.[309]

Auch in der Türkei ist die Entstehung der Steuer von der Abgabe einer Steuererklärung unabhängig. Da aber die Finanzbehörden bei der Veranlagung bzw. bei der Feststellung, welche Steuer in welcher Höhe entstanden ist, auf die Mitwirkung des Steuerpflichtigen angewiesen sind (insbesondere im Selbstveranlagungsprinzip auf die Einreichung von Steuererklärungen), hat es der Steuerpflichtige auch in der Türkei faktisch in der Hand, die tatsächliche Festsetzungs-

307 Özyer, Açıklama ve Örneklerle Vergi Usul Kanunu, S. 201 f.

308 Kruse, in: Tipke/Kruse, AO, vor § 169 Rn. 2.

309 Seer, in: Tipke/Lang, Steuerrecht, § 21 Rn. 296.

frist durch pflichtwidrige Nichtabgabe zu verkürzen.[310] Umso erstaunlicher ist es aber, dass in der Türkei eine sog. Anlaufhemmung, wie sie im § 170 Abs. 2 S. 1 Nr. 1 AO geregelt ist, nicht vorgesehen ist.

Um zu vermeiden, dass der Steuerpflichtige durch Nichtabgabe seiner Steuererklärung die tatsächliche Festsetzungsfrist verkürzt[311], sieht § 170 Abs. 2 S. 1 Nr. 1 AO im Gegensatz zu dem Regelwerk in der Türkei eine praktisch sehr bedeutsame sog. Anlaufhemmung vor. Abweichend von § 170 Abs. 1 AO beginnt in Fällen, in denen aufgrund gesetzlicher Vorschrift eine Steuererklärung einzureichen ist, die Festsetzungsfrist erst mit Ablauf des Kalenderjahres zu laufen, in dem die Steuererklärung (bzw. -anmeldung, Anzeige) eingegangen ist. Um die Finanzbehörde zur Durchsetzung der Steuererklärungspflicht anzuhalten, begrenzt § 170 Abs. 2 Nr. 1 AO die Anlaufhemmung jedoch auf den Ablauf des dritten Kalenderjahres, das auf das Entstehungsjahr folgt.[312]

Auch wenn Verständnis dafür aufgebracht werden kann, dass durch die Verjährung Rechtssicherheit hergestellt wird, ist für den Fall der unterlassenen Mitwirkung des Steuerpflichtigen nicht nachvollziehbar, warum in der Türkei zugelassen wird, dass der Steuerpflichtige durch die Nichtabgabe der Steuererklärung die Festsetzungsfrist faktisch selbst verkürzen kann. Auch die Wurzeln dieser Regelung scheinen übrigens auch aus der „Vorlage" der Reichsabgabenordnung herzurühren, denn nach § 145 Abs. 1 RAO begann zu seinerzeit die Festsetzungsverjährung auch in Deutschland mit Ablauf des Jahres, in dem der Anspruch entstanden war. Auch wenn in den Absätzen 2 und 3 des § 145 RAO gewisse Abweichungen von diesem Grundsatz geregelt waren, betrafen diese nicht die Veranlagungssteuern (wie etwa die Einkommensteuer). Die Verjährung der Einkommensteuer begann (ebenso wie heute in der Türkei) mit Ablauf des Kalenderjahres und damit gleichzeitig mit der Entstehung der Steuerschuld.[313] Auf den Zeitpunkt der Einreichung der Steuer wurde auch in der RAO keine Rücksicht genommen.

Hinsichtlich einer Ablaufhemmung sind in der Türkei nur zwei gesetzliche Fälle vorgesehen, bei denen der Fristablauf hinausgezögert wird. Neben der Ablaufhemmung aufgrund höherer Gewalt gemäß § 15 i.V.m. § 13 VUK ist der zweite, weitaus bedeutsamerer Fall im § 114 Abs. 2 VUK geregelt. Wird danach vor Ablauf der Festsetzungsfrist eine von der Finanzverwaltung unabhängige

310 Die Anlaufhemmung im § 170 Abs. 2 S. 1 Nr. 1 AO verhindert, dass die Festsetzungsfrist bei Nichtabgabe der Steuererklärung, Steueranmeldung oder Anzeige verkürzt wird. Vgl. hierzu Kruse, in: Tipke/Kruse, AO, § 170 Rn. 7.

311 Seer, in: Tipke/Lang, Steuerrecht, § 21 Rn. 299.

312 Seer, in: Tipke/Lang, Steuerrecht, § 21 Rn. 299; die Anlaufhemmung gilt nicht für die Umsatzsteuer und die Verbrauchsteuern außer die Stromsteuer (§ 170 Abs. 2 AO).

313 Becker/Riewald/Koch, RAO, § 145, S. 475; RFH, RStBl. 1933, S. 7.

Schätzungskommission[314] mit der Schätzung der Besteuerungsgrundlagen beauftragt, so läuft die Festsetzungsfrist erst einen Tag später weiter, nachdem das zuständige Finanzamt das Schätzungsergebnis von der Schätzungskommission erhalten hat. Die Festsetzungsfrist wird demzufolge zwischen dem Tag der Beauftragung der Schätzungskommission und dem Folgetag der Ergebnisübermittlung an das Finanzamt gehemmt. Die gehemmte Zeit wird im Anschluss bei dem regulären Fristablauf berücksichtigt.[315] Dies gilt auch für den Fall, dass die Schätzungskommission das Schätzungsergebnis dem Finanzamt noch vor Ablauf der regulären Festsetzungsfrist übermittelt. Die Festsetzungsfrist wird also stets um die Zeitdauer, die durch die Schätzungskommission für die Ergebnisermittlung beansprucht wurde, verlängert.[316]

Im Gegensatz zur Türkei, wo neben den Fällen höherer Gewalt nur die Tätigkeitsaufnahme der Schätzungskommission eine Ablaufhemmung bewirkt, kommen in Deutschland nach § 171 AO neben Fällen höherer Gewalt wesentlich mehr Gründe in Betracht, die eine Ablaufhemmung bewirken. Von besonderer praktischer Relevanz ist die Ablaufhemmung insbesondere:

- bei (außergerichtlichen und gerichtlichen) Rechtsbehelfen (§ 171 Abs. 3a AO): Diese Regelung hält auch nach Ablauf der Festsetzungsfrist den gesamten Steueranspruch offen und ermöglicht so weiterhin eine Verböserung im Einspruchsverfahren bzw. eine Saldierung im Klageverfahren;
- für die Außenprüfung (§ 171 Abs. 4 AO): mit dem Beginn der Außenprüfung (§ 198 S. 2 AO) wird die Festsetzungsfrist für die geprüften Steuerarten und Besteuerungszeiträume solange gehemmt, bis die aufgrund der Außenprüfung erlassenen Steuerbescheide unanfechtbar geworden oder nach Bekanntgabe einer Mitteilung i.S.d. § 202 Abs. 1 S. 3 AO drei Monate verstrichen sind; damit die Festsetzungsfrist nicht „verewigen" kann, jedoch nur längstens bis zum Ablauf einer weiteren Festsetzungsfrist i.S.d. § 169 Abs. 2 AO.

In der Türkei sind vergleichbare Ablaufhemmungen dem Gesetz nicht zu entnehmen.[317] Auch die Einleitung einer Außenprüfung oder die Erhebung einer Klage hemmt demzufolge im Gegensatz zu § 171 Abs. 4 bzw. 3a AO grundsätzlich nicht die Festsetzungsverjährung. Lediglich für den Fall, dass die Finanzbe-

314 Zur Schätzungskommission, ihren Aufgaben, ihrer Zusammensetzung und zum Verhältnis zwischen ihr und der Finanzverwaltung vgl. ausführlich S. 163 ff.

315 Candan, Vergilendirme Yöntemleri ve Uzlaşma, S. 196.

316 Mit Berechnungsbeispielen: Özyer, Açıklama ve Örneklerle Vergi Usul Kanunu, S. 202 f.

317 Uluatam/Methibay, Vergi Hukuku, S. 149; Öncel/Kumrulu/Cağan, Vergi Hukuku, S. 137.

hörde gegen das Schätzungsergebnis der Schätzungskommission[318] gemäß § 377 Abs. 2 VUK eine Klage vor dem Finanzgericht erhebt, ist aufgrund einer Entscheidung des Großen Senats des Oberverwaltungsgerichts aus dem Jahre 1970[319] anerkannt und in der Praxis üblich, dass während der Dauer dieser Klage die Festsetzungsverjährung gehemmt wird.[320] Dabei wird unterstellt, dass die Zeit, in der die Entscheidung der Schätzungskommission vom Gericht überprüft wird, noch zum Schätzungsverfahren der Schätzungskommission selbst angehört und daher unter den Regelungsbereich des § 114 Abs. 2 VUK fällt.[321] In der Literatur wird zu Recht kritisiert, dass der Gesetzgeber für diesen Fall bisher keine gesetzliche Grundlage geschaffen hat.[322]

Es ist offensichtlich, dass die fehlende Hemmung der Festsetzungsverjährung für naturgemäß langwierige und zeitverzögert anlaufende Maßnahmen, wie etwa Außenprüfungen, die mehrere Jahre umfassen oder Gerichtsverfahren, die durch die Steuerpflichtigen im Anschluss an eine hoheitliche Steuerfestsetzung eingeleitet werden, problematisch sein können. Damit beispielsweise eine von der Verjährung bedrohte hoheitliche Steuerfestsetzung im Rahmen einer Außenprüfung möglich bleibt, liegt die einzige und in der Praxis bei geeigneten Fällen zur Anwendung kommende Lösung darin, dass die Prüfungsbeamten noch kurz vor Ablauf der Festsetzungsverjährung das Schätzungsverfahren einleiten und dazu die Schätzungskommission anrufen, damit der einzige gesetzliche Fall der Ablaufhemmung eintritt.[323] Dieser Weg wird selbstredend nur dann eingeschlagen, wenn die Prüfungsbeamten steuerlich erhebliche Feststellungen getroffen haben oder zumindest Anlass zu solchen Vermutungen bestehen, aber aufgrund der drohenden Festsetzungsverjährung für die Prüfer keine Zeit mehr verbleibt, ihre Prüfungstätigkeiten zum Abschluss zu bringen. Die eingeschaltete Schätzungskommission hat gemäß § 75 Abs. 1 VUK u.a. sämtliche Prüfungsbefugnisse, die auch den Prüfungsbeamten der Finanzbehörden zustehen, so dass in derartigen Fällen die Prüfungsaufgaben durch die Schätzungskommission aufgenommen und weitergeführt werden.[324] Dieses „Ausweichmanöver" wäre aller-

318 Zur Schätzungskommission, ihren Aufgaben, ihrer Zusammensetzung und zum Verhältnis zwischen ihr und der Finanzverwaltung vgl. ausführlich S. 163 ff.

319 Urteil des Großen Senats des Oberverwaltungsgerichts, Danıştay İçtihadı Birleştirme Kurulu, E.1969/6, K.1970/13.

320 Zur Möglichkeit der Klageerhebung der Finanzbehörde gegen die Schätzungskommission im Einzelnen siehe unten S. 166 ff.

321 Öncel/Kumrulu/Cağan, Vergi Hukuku, S. 137.

322 Öncel/Kumrulu/Cağan, Vergi Hukuku, S. 137.

323 Candan, Vergilendirme Yöntemleri ve Uzlaşma, S. 154.

324 Ausführlich zur Schätzungskommission, ihren Aufgaben, ihrer Zusammensetzung und zum Verhältnis zwischen ihr und der Finanzverwaltung vgl. S. 163 ff.

dings entbehrlich, wenn die Festsetzungsfrist auch während der Prüfungszeit der Außenprüfer gehemmt werden würde.

Für den Fall der gerichtlichen Feststellung einer unrechtmäßigen hoheitlichen Veranlagung ist eine daraufhin korrigierte Veranlagung seitens der Finanzbehörde nicht mehr möglich, wenn während des Gerichtsverfahrens die Festsetzungsfrist von fünf Jahren abgelaufen ist.[325] Dies führt unweigerlich zu der Folge, dass der richtige Steueranspruch des Staates aufgrund der während des Gerichtsverfahrens auslaufenden Verjährungsfrist untergeht. Auch für diese bedenkliche Folge der aktuellen Rechtslage ist eine Abhilfe seitens des Gesetzgebers dringend anzuraten, die in einer Ablaufhemmung ähnlich der dargestellten Konzeption in Deutschland gesehen werden kann.[326]

b) Zahlungsverjährung

Die Zahlungsverjährung ist einheitlich für alle öffentlich-rechtlichen Forderungen im AATUHK, dem Gesetz über die Erhebung öffentlicher Forderungen, geregelt. Nach § 102 Abs. 1 AATUHK beträgt die Zahlungsverjährungsfrist in Übereinstimmung zur deutschen Regelung im § 228 S. 2 AO fünf Jahre. Sie beginnt mit Ablauf des Kalenderjahres, in dem der Anspruch erstmals fällig geworden ist. Nach Eintritt der Zahlungsverjährung erlischt der öffentlich-rechtliche Zahlungsanspruch. Speziell für die Zahlungsverjährung sieht der § 102 Abs. 2 AATUHK vor, dass Zahlungen des Steuerpflichtigen trotz der Kenntnis über die Zahlungsverjährung akzeptiert werden.

Die Zahlungsverjährung unterliegt in den im § 104 AATUHK enumerativ genannten drei Fällen einer Ablaufhemmung und in den im § 103 AATUHK wiederum enumerativ aufgeführten 11 Fällen einer Unterbrechung.

Die Ablaufhemmung tritt für die Dauer der nachfolgend aufgeführten Fälle ein:

- Der Steuerpflichtige hält sich im Ausland auf;
- der Steuerpflichtige führt einen betrügerischen Bankrott herbei;
- aufgrund einer Erbauseinandersetzung wird zunächst von der Steuererhebung abgesehen.

Im Unterschied zur Ablaufhemmung schiebt sich die Frist bei der Unterbrechung in den im § 103 Abs. 1 AATUHK abschließend aufgezählten Fällen nicht um einen bestimmten Zeitraum hinaus, sondern beginnt in dem der Unterbrechung folgenden Kalenderjahr erneut zu laufen (§ 103 Abs. 2 AATUHK). Zu den wichtigsten Unterbrechungstatbeständen gehören: schriftliches Leistungs-

---

325 Öncel/Kumrulu/Cağan, Vergi Hukuku, S. 137.

326 So auch Öncel/Kumrulu/Cağan, Vergi Hukuku, S. 137.

gebot, Pfändungen und andere Arten von Vollstreckungsmaßnahmen, Sicherheitsleistungen und gerichtliche Anordnungen der Unterbrechung.

Die Stundung eines hoheitlichen Anspruchs ist nicht gesondert als Unterbrechungsgrund im § 103 Abs. 1 AATUHK aufgeführt, weil eine Stundung in der Türkei gemäß § 48 Abs. 1 AATUHK notwendigerweise u.a. von einer Sicherheitsleistung abhängig gemacht wird. Die Sicherheitsleistung ist als Unterbrechungstatbestand im § 103 Abs. 1 AATUHK berücksichtigt, so dass auch die Stundung automatisch zur Unterbrechung der Zahlungsverjährung führt.[327]

2. Aufrechnung (Takas)

Die Aufrechnung gibt den Beteiligten die Möglichkeit, sich selbst durch einseitige Erklärung die Befriedigung ihres Anspruches zu verschaffen. Doch weder das VUK noch das AATUHK als spezielles Gesetz über die Erhebung öffentlicher Forderungen beinhalten in der Türkei umfassende Regelungen über Aufrechnungsmöglichkeiten für das Steuerschuldverhältnis.

Die Situation, in der eine Aufrechnung möglich ist, beschreibt § 23 Abs. 1 AATUHK seinem Wortlaut nach wie folgt:

> „Bereits erhobene öffentliche Forderungen, die aufgrund gesetzlicher Vorschriften wieder erstattet werden müssen, können gegen Schulden des Betroffenen, die er gegenüber der erstattenden Behörde hat, aufgerechnet werden.“

Aus dem Wortlaut der Norm wird deutlich, dass die Vorschrift die Möglichkeit einer Aufrechnung eigentlich nur für die Behörde vorsieht und nicht für den Bürger.[328] In diesem Zusammenhang spielt auch in der Türkei das zivilrechtliche Schuldrechtsverhältnis eine Rolle. Auch im türkischen Schuldrecht ist es den Beteiligten möglich, die Aufrechnung durch eine einseitige Erklärung herbeizuführen, ohne dass es einer Einverständniserklärung der Gegenseite bedarf (§ 118 Abs. 1 BK). Im § 123 Nr. 3 BK ist jedoch für die Fälle, in denen einer der Beteiligten der Staat oder einer seiner Einrichtungen ist und es sich um einen öffentlich-rechtlichen Anspruch handelt, ausdrücklich vorgesehen, dass eine wirksame Aufrechnung gegen diesen Anspruch einverständnisabhängig ist.[329]

Überwiegend wird allerdings vertreten, dass auch eine Aufrechnung des Steuerpflichtigen gegen Steuerforderungen der Finanzbehörden möglich ist, soweit dem Steuerpflichtigen ein fälliger Erstattungsanspruch gegenüber der Fi-

---

327 Öncel/Kumrulu/Cağan, Vergi Hukuku, S. 140.

328 Bei Inkrafttreten des BGB galt auch das privilegium fisci, das die Aufrechnung gegenüber Steueransprüchen ausschloss, und nur dem Steuergläubiger die Aufrechnung mit Steueransprüchen erlaubte. Siehe dazu Loose, in: Tipke/Kruse, AO, § 226 Rn. 4.

329 Uluatam/Methibay, Vergi Hukuku, S. 154.

nanzbehörde zusteht. Ein Einverständnis der Finanzbehörde setzt eine wirksame Aufrechnung des Steuerpflichtigen nicht voraus.[330] Die in § 123 BK vorgesehene Einverständnisvoraussetzung bezieht sich demnach nur auf Ansprüche des Steuerpflichtigen aus anderen Rechtsverhältnissen gegenüber der Finanzbehörde außerhalb des Steuerschuldverhältnisses. Dies könnten Ansprüche aus zivilrechtlichen Beziehungen zwischen der Finanzbehörde und dem Steuerpflichtigen sein.[331]

Im Hinblick auf die mögliche Aufrechnung im Rahmen des Steuerschuldverhältnisses muss es sich bei der Gegenforderung des Steuerpflichtigen um eine ursprüngliche Steuerzahlung gehandelt haben, die aufgrund einer gesetzlichen Vorschrift (z.B. aufgrund einer Korrekturnorm[332]) erstattungspflichtig geworden sein muss. Ferner ist es nicht unerheblich, gegen welche öffentliche Kasse die Gegenforderung des Steuerpflichtigen besteht. Eine Aufrechnung kann nur gegenüber der Behörde erfolgen, die nicht nur die aktuelle Hauptforderung gegenüber dem Steuerpflichtigen hat, sondern selbst im Gegenzug erstattungspflichtig hinsichtlich des Gegenanspruches ist. In dieser Einschränkung wird in der Literatur ein Widerspruch zum Grundsatz der „Einheit der Staatskasse" gesehen.[333] In der Rechtsprechung wird es zumindest für möglich gehalten, dass eine Aufrechnung durchführbar ist, wenn beanspruchendes und erstattungspflichtiges Finanzamt auseinander fallen.[334]

Konkreter als es in der Türkei der Fall ist, sieht die heutige AO mit Verweis auf die Regelungen des BGB explizit für das Steuerschuldverhältnis und für alle Anspruchsberechtigten gleichwertig die Möglichkeit der Aufrechnung vor (§ 226 AO). Demnach ist in Deutschland der Steuerpflichtige uneingeschränkt zur Aufrechnung berechtigt, sofern die Voraussetzungen der Aufrechnung im konkreten Fall gegeben sind. Eine kleine Einschränkung erfährt die Möglichkeit der Aufrechnung für den Steuerpflichtigen auch in Deutschland aus § 226 Abs. 3 AO, wonach dieser gegen Ansprüche aus dem Steuerschuldverhältnis nur mit unbestrittenen oder rechtskräftig festgestellten Gegenansprüchen aufrechnen kann. Im Ergebnis ist diese Einschränkung in Deutschland vergleichbar mit der Einverständnisvoraussetzung für eine Aufrechnung in der Türkei mit einem Anspruch, der nicht aus dem Steuerschuldverhältnis herrührt.

330 Öncel/Kumrulu/Cağan, Vergi Hukuku, S. 147 f.

331 Öncel/Kumrulu/Cağan, Vergi Hukuku, S. 147.

332 Zum Korrektursystem in der Türkei vgl. S. 237 ff.

333 Öncel/Kumrulu/Cağan, Vergi Hukuku, S. 148.

334 Urteil des Oberverwaltungsgerichts, Danıştay, 7. Daire, E. 1969/1340, K. 1970/520.

Vierter Abschnitt: Die einzelnen Mitwirkungspflichten der Steuerpflichtigen

Auch im System der Selbstveranlagung können sich die Behörden nicht allein auf die Informationen verlassen, die sich aus den Steueranmeldungen ergeben, sondern sind auf weitere Mitwirkungspflichten der Steuerpflichtigen angewiesen. Die umfassenden Mitwirkungspflichten des Steuerpflichtigen im steuerlichen Ermittlungsverfahren sind im 2. Buch des Steuerverfahrensgesetzes (§§ 156 – 257 VUK) geregelt. Die gesetzliche Systematik unterteilt die Pflichten in sechs Abschnitte, die folgendermaßen überschrieben sind:

- 1. Abschnitt (§§ 153 – 170 VUK): Mitteilungspflichten
- 2. Abschnitt (§§ 171 – 196 VUK): Buchführungspflichten
- 3. Abschnitt (§§ 227 – 242 VUK): Dokumente (Rechnungen etc.)
- 4. Abschnitt (§§ 243 – 246 VUK): Erklärungen in der Landwirtschaft
- 5. Abschnitt (§§ 247 – 252 VUK): Steuerkarte
- 6. Abschnitt (§§ 253 – 257 VUK): Aufbewahrungs- und Vorlagepflichten

Diese gesetzlich normierten Mitwirkungspflichten des Steuerpflichtigen sollen im Folgenden kurz erläutert werden:

I. Mitteilungspflichten

Um bei fortlaufenden periodischen Besteuerungen wie bei der Einkommens- oder der Körperschaftssteuer die stets aktuelle Informationsverbindung zwischen der Finanzbehörde und dem Steuerpflichtigen sicherstellen zu können, sind die Finanzbehörden auf diverse Mitteilungen angewiesen, die in der Türkei direkt vom Steuerpflichtigen erfüllt werden sollen. Die Mittelungs- und Anzeigepflichten des Steuerpflichtigen erstrecken sich dabei im Wesentlichen auf nachstehende Bereiche:

- Aufnahme von Arbeit
- Adressen- oder Beschäftigungsveränderungen
- Beschäftigungsbeendigungen

1. Aufnahme von Arbeit

Nach § 153 VUK sind folgende Steuerpflichtige verpflichtet, die Aufnahme ihrer Tätigkeit unverzüglich dem Finanzamt mitzuteilen:

(1) steuerpflichtige Gewerbetreibende und Handwerker,

(2) Freiberufler,

(3) körperschaftssteuerpflichtige (juristische) Personen,

(4) Gesellschafter von Personengesellschaften und auch Kommanditisten einer Kommanditgesellschaft.

Welche „Auslöser" die Tätigkeitsaufnahme i.S. des § 153 VUK ausmachen, bestimmt das Gesetz differenzierend für Gewerbetreibende und für Freiberufler:

Die Merkmale, die bei Gewerbetreibenden eine Tätigkeitsaufnahme indizieren und bei deren Vorliegen eine solche Tätigkeitsaufnahme von Gesetzes wegen angenommen wird, sind im § 154 VUK aufgezählt:

(1) Eröffnung einer Betriebsstätte; dabei muss mit der Handels- oder Produktionstätigkeit aktiv begonnen worden sein. Die Anmietung der Gewerberäume oder –plätze an sich oder die bloße Einrichtung des Betriebes ohne aktive Tätigkeit gilt nicht als Tätigkeitsaufnahme;

(2) Eintragung in das Handels- oder Berufsregister, auch wenn noch keine Betriebseröffnung erfolgt ist;

(3) Die tatsächliche Ausführung der Arbeit bei den Steuerpflichtigen, die der Pauschbesteuerung[335] unterliegen.

Bei den Freiberuflern wird die Aufnahme ihrer freiberuflichen Tätigkeit angenommen, wenn eine der folgenden Voraussetzungen erfüllt ist (§ 155 VUK):

(1) Eröffnung einer Betriebsstätte wie z.B. eine Praxis, ein Büro oder eine Werkstätte;

(2) Anbringen von Schildern und Tafeln, die auf die berufliche, tatsächlich ausgeübte Tätigkeit hinweisen;

(3) Anzeigen jeder Art, die auf die nachhaltige Berufsausübung verweisen;

(4) Eingehen einer Mitgliedschaft bei einem Berufsverband, um als Freiberufler eine Tätigkeit auszuüben.

2. Adressen- oder Beschäftigungsveränderungen

Zu den Meldepflichten des Steuerpflichtigen gehört auch die Mitteilung über jede Anschriften- oder Wohnsitzänderung (§ 157 VUK). Diese Pflicht trifft, anders als die Mitteilungspflicht über die Aufnahme von Arbeit, nicht nur Gewerbetreibende und Freiberufler, sondern jeden Steuerpflichtigen.

Gewerbetreibende, Land- und Forstwirte und Freiberufler haben darüber hinaus jede Änderung im Hinblick auf ihren Tätigkeitsbereich dem Finanzamt

335 Vgl. dazu Fischer, Finanzsystem und Finanzverwaltung der Türkei, S. 311 ff.

mitzuteilen. Nach § 158 VUK sind diese Steuerpflichtigen zur Meldung verpflichtet, wenn sie

(1) die Voraussetzungen der Steuerpflicht einer neuen Steuerart erfüllen,

(2) Änderungen in Bezug auf die Art ihrer Steuerpflicht erfahren,

(3) von der Steuerpflicht in die Steuerfreiheit übergehen.

§ 159 VUK verpflichtet sie zudem zur Mitteilung, wenn sich die Anzahl ihrer Betriebsstätten ändert.

3. Aufgabe der Tätigkeit

Die Aufgabe ihrer Tätigkeit der in § 153 VUK genannten Steuerpflichtigen (steuerpflichtige Gewerbetreibende und Handwerker, Freiberufler, körperschaftssteuerpflichtige Personen, Gesellschafter von Personengesellschaften und auch Kommanditisten einer Kommanditgesellschaft), ist gemäß § 160 VUK ebenfalls eine mitteilungspflichtige Tatsache.

Unter Aufgabe der Tätigkeit versteht das Gesetz die Einstellung und endgültige Beendigung aller Handlungen, die die Erfüllung eines Steuertatbestandes zur Folge haben (§ 161 Abs. 1 VUK).

Eine, aus welchen Gründen auch immer nur kurzfristige Unterbrechung der Tätigkeit fällt nicht unter den Begriff der Aufgabe (§ 161 Abs. 2 VUK).

Gemäß § 160 Abs. 2 VUK ist die Finanzbehörde unter gewissen Voraussetzungen auch befugt, die Steuerpflichtigkeit einer Person aufzuheben, die zwar ihre Tätigkeit aufgegeben, dies jedoch nicht dem Finanzamt mitgeteilt hat. Hierfür muss das Finanzamt die Kenntnis über die Tätigkeitsaufgabe anderweitig, z.B. nach einer Außenprüfung, erlangt haben. Dies befreit jedoch nicht von der Steuerpflichtigkeit, wenn sich herausstellt, dass die Tätigkeit an einem anderen Ort (weiter-) geführt worden ist.

In Fällen der Liquidation und der Insolvenz sind die mit diesen Vorgängen beauftragten Amtsträger und Insolvenzverwalter verpflichtet, die Beschlüsse über die Liquidation oder der Insolvenz und deren Beendigung jeweils dem Finanzamt mitzuteilen (§ 162 VUK).

Der Tod eines Steuerpflichtigen wird der Aufgabe seiner Tätigkeit gleichgestellt (§ 164 Abs. 1 VUK). In diesem Fall sind die Erben, die die Erbschaft nicht ausgeschlagen haben, zur Mitteilung gegenüber dem Finanzamt verpflichtet. Die Mitteilung eines Erben befreit die anderen von dieser Pflicht (§ 164 Abs. 2 VUK).

4. Fristen und Formen der Mitteilung

Regelmäßig sind die mitteilungspflichtigen Tatsachen innerhalb einer Monatsfrist nach ihrer Entstehung dem zuständigen Finanzamt mitzuteilen (§ 168 Nr. 1 S. 2 VUK).

Eine Ausnahme macht das Gesetz im Falle des Todes eines Steuerpflichtigen: Im § 16 VUK ist eine generelle Regelung getroffen, wonach bei einem für das Steuerverfahren relevanten Todesfall auf die gesetzlich festgelegten Fristen, die dann von den Erben einzuhalten wären, eine zusätzliche Zeitspanne von weiteren drei Monaten gewährt wird.

Für die erforderliche Mitteilung über den der Geschäftsaufgabe gleichgestellten Todesfall eines Steuerpflichtigen (§ 164 Abs. 1 VUK) bedeutet dies, dass der die Erbschaft nicht ausschlagende Erbe diese Mitteilung spätestens vier Monate nach dem Tod des steuerpflichtigen Erblassers dem zuständigen Finanzamt gegenüber abgeben muss.

Eine andere Frist als die Monatsfrist gilt jedoch für die Aufnahme von Arbeit. Gemäß § 168 Nr. 1 S. 1 VUK ist dieser Umstand binnen zehn Tagen nach der Geschäftsaufnahme dem zuständigen Finanzamt mitzuteilen.

Veränderungen an Grundstücken oder Gebäuden mit Relevanz für die Grundsteuer sind innerhalb einer Frist von zwei Monaten mitteilungspflichtig.

Grundsätzlich sind alle Mitteilungen dem zuständigen Finanzamt in schriftlicher Form zu übermitteln (§ 169 S.1 VUK). Bei Steuerpflichtigen, die nicht verpflichtet sind, Bücher zu führen und die schreib- und leseunkundig sind, macht § 169 S. 2 VUK eine Ausnahme und gestattet diesen Personen die mündliche Mitteilung. Diese Mitteilungen werden dann beim Finanzamt in einer Niederschrift festgehalten.

5. Rechtsfolgen der Zuwiderhandlung gegen Mitteilungspflichten

Kommt ein Steuerpflichtiger den ihm auferlegten Mitteilungspflichten nicht nach, begeht er eine Steuerordnungswidrigkeit gemäß § 351 VUK. Steuerordnungswidrigkeiten sind im § 352 VUK nach deren Intensität in zwei Gruppen (Grade) aufgeteilt.

Die unterlassene fristgerechte Mitteilung einer Arbeitsaufnahme stellt gemäß § 352 Abs. 1 Nr. 7 VUK eine Ordnungswidrigkeit 1. Grades dar. Die Nichtbeachtung bzw. nicht fristgerechte Beachtung der übrigen Mitteilungspflichten bilden gemäß 352 Abs. 2 Nr. 4 VUK Ordnungswidrigkeiten 2. Grades.

Die begangenen Ordnungswidrigkeiten werden entsprechend ihrem Grad unterschiedlich mit Geldbußen geahndet, die in einer Bußgeldtabelle aufgeführt sind.[336] Das Bußgeld soll, ähnlich wie es die §§ 328, 329 AO für das Zwangsgeld in Deutschland vorsehen, einen gewissen Druck auf den Pflichtigen zur Erfüllung seiner Mitteilungspflichten ausüben. Der entscheidende Unterschied besteht allerdings darin, dass in der Türkei die Bußgelder ohne eine vorherige Aufforderung zur Anzeige festgesetzt werden und dass das deutsche Zwangsgeld mit max. 25.000 Euro durchaus höher ausfallen kann, als die Geldbußen in der Türkei, die laut aktueller Tabelle zwischen 2 TL und 89 TL variieren.[337]

6. Schwächen des türkischen Mitteilungssystems

Die direkte Verpflichtung der Steuerpflichtigen in der Türkei, das Finanzamt so umfassend mit steuererheblichen Informationen zu versorgen, ist ein Resultat des mangelhaften Informationsaustauschs zwischen den übrigen Behörden und der Finanzbehörde. Auch andere Einrichtungen und Anlaufstellen für Steuerpflichtige, die steuererhebliche Informationen erhalten, stehen unzureichend in der Pflicht, diese Informationen an die Finanzbehörden weiterzuleiten.

Der Vergleich mit der Situation in Deutschland zeigt, dass Anzeigepflichten direkt gegenüber den Finanzbehörden in Deutschland nicht so umfassend geregelt sind, wie dies in der Türkei der Fall ist. Der Grund dafür ist in dem weiteren Anwendungsbereich der Kontrollmitteilungen im Rahmen der Amtshilfe in Deutschland zu sehen, so dass in Deutschland die Finanzbehörden bei zahlreichen steuererheblichen Informationen nicht auf Anzeigen der Steuerpflichtigen angewiesen sind. Der Anwendungsbereich von Kontrollmitteilungen umfasst allgemein Mitteilungen und Anzeigen, die Behörden, Gerichte, Rundfunkanstalten, Notare, Kreditinstitute, Versicherungsunternehmen, Vermögensverwalter den Finanzämtern über steuerliche Verhältnisse Dritter in bestimmten Fällen zu machen haben (Beispiele: § 93a AO i.V.m. der Mitteilungsverordnung v.

336 Die Bußgeldtabellen werden in jährlich erscheinenden amtlichen Bekanntmachungen des Finanzministeriums aktualisiert. In § 352 VUK wird auf diese Tabellen Bezug genommen, die auch als Anlage zu dem VUK in den Gesetzessammlungen abgedruckt sind, vgl. hierzu z.B. Tüm Vergi Kanunları, Kanun Metinleri Dizisi, Seçkin Yayıncılik, Ankara 2009, S. 346.

337 Auch wenn die angedrohten Bußgelder gemäß § 352 Abs. 1 VUK in doppelter Höhe festgesetzt werden, sofern die „Verfehlung" des Steuerpflichtigen zu einer hoheitlichen Veranlagung führt, können die Bußgeldhöhen keine abschreckende Wirkung entfalten. Vielmehr ist das Bußgeld in der Zusammenschau mit dem sog. „Strafzuschlag" gemäß § 341 VUK zu sehen, der deutlich höhere Größenordnungen annehmen kann. Zum Strafzuschlag vgl. oben S. 90 ff.

07.09.1993, § 45e EStG i.V.m. mit der ZinsinformationsVO v. 26.01.2004, § 29 EStDV, §§ 33, 34 ErbStG, § 18 GrEStG, § 12 FeuerschStG, § 10a VersStG).[338]

Zur Sicherstellung der steuerlichen Erfassung natürlicher Personen verpflichtet § 136 AO - ebenfalls anders als in der Türkei - nicht die natürliche Person selbst, sondern die Meldebehörden, die ihnen nach dem Meldewesen bekannt gewordenen Änderungen in den Angaben nach § 135 AO (Name, Familienstand, Geburtstag und Geburtsort, Religionszugehörigkeit, Wohnsitz, Erwerbstätigkeit oder Beschäftigung, Betriebsstätten) dem zuständigen Finanzamt mitzuteilen. Gemeinden stehen in Deutschland in der Verpflichtung, den Betriebsfinanzämtern (§§ 18 Abs. 1 Nr. 2, 22 Abs. 1 AO) jede Betriebsstättenanmeldung mitzuteilen.

Der Ausbau von Kontrollmitteilungspflichten und der dadurch erzielte unmittelbare Informationsfluss von den genannten Einrichtungen und Anlaufstellen, trägt in effektiver Weise dazu bei, dass die Finanzbehörden von steuerlich erheblichen Aktivitäten der Steuerpflichtigen Kenntnis erlangen, ohne auf ihre direkten Miteilungen angewiesen zu sein. Eine entsprechende Mitteilungs- und Informationsverflechtung wäre daher auch in der Türkei wünschenswert.

Angesichts der enorm hohen Schattenwirtschaft in der Türkei von etwa 50 % der gesamten Wirtschaftsaktivitäten ist davon auszugehen, dass die Steuerpflichtigen ihren unmittelbaren Mitteilungspflichten nicht hinreichend nachkommen. Der Ausbau von Kontrollmitteilungspflichten anderer Behörden und Einrichtungen kann sicherlich einen gewissen Beitrag dazu leisten, steuererhebliche Informationen an das Finanzamt zu übermitteln und dadurch der Schattenwirtschaft effektiver entgegen zu wirken.

II. Buchführungspflichten

Buchführungspflichten sind in der Türkei sowohl im türkischen Handelsgesetzbuch in den §§ 66 ff. TTK als auch in der türkischen Abgabenordnung in den §§ 171 ff. VUK geregelt. Eine Maßgeblichkeit der Handelsbilanz für die Steuerbilanz ist aber anders als etwa in Deutschland gesetzlich nicht geregelt. Für Zwecke der Feststellung und Prüfung der Besteuerungsgrundlagen sind die steuerrechtlichen Buchführungspflichten in der türkischen Abgabenordnung in Anlehnung an das Handelsrecht deutlich ausführlicher geregelt, so dass man auch von einer „umgekehrten faktischen Maßgeblichkeit" sprechen kann.[339] Die normative Ausgestaltung in den Steuergesetzen umfasst dabei die Bestimmung der

338 Seer, in: Tipke/Lang, Steuerrecht, § 21 Rn. 263 m.w.N.

339 Pürsün/Lauer, Die Rechnungslegung in der Türkei für Kapitalgesellschaften, WPg 1995, S. 13 f.; A. Akkaya, Türkisches Gewinnermittlungsrecht, S. 126.

Buchführungspflicht, ihre Art und ihren Umfang sowie die Rechtsfolgen bei ihrer Verletzung.

Im Gegensatz zu der Regelung in der Türkei ergeben sich die Buchführungspflichten in Deutschland nicht primär aus den Steuergesetzen, sondern werden zu einem nicht unbedeutenden Teil aus anderen Gesetzen in das Steuerrecht übernommen. Daher kann man im deutschen Steuerrecht eine Aufteilung nach „abgeleiteter" und „originärer" Buchführungspflicht unterscheiden.[340]

Welche Steuerpflichten in der Türkei in welcher Weise und in welchem Umfang verpflichtet sind, für Zwecke des Besteuerungsverfahrens Bücher zu führen, regeln die §§ 171 ff. VUK.

§ 172 VUK benennt zunächst die buchführungspflichtigen natürlichen und juristischen Personen wie folgt:

(1) Angehörige des Handelsgewerbes und des Handwerks;

(2) Handelsgesellschaften;

(3) Staatliche Wirtschaftsunternehmen;

(4) Wirtschaftliche Geschäftsbetriebe von Vereinen oder Stiftungen;

(5) Freiberufler;

(6) Landwirte.

Im Anschluss daran nimmt das Gesetz im § 173 VUK wiederum einige Steuerpflichtige aus der Buchführungspflicht aus. Danach sind folgende Steuerpflichtige nicht verpflichtet, Bücher zu führen:

(1) Einfache Handwerker sowie Land- und Forstwirte, die von der Einkommensteuerpflicht befreit sind (z.B. nach § 9 GVK Schuster, Friseure, Schuhputzer, Wäscher usw. mit der Bedingung, dass kein Geschäftsbetrieb eingerichtet ist);

(2) Steuerpflichtige, die nach dem türkischen Einkommensteuergesetz (GVK) der vereinfachten Gewinnermittlung unterliegen.

Diese Steuerpflichtigen, die als „Kleinstgewerbetreibende" bezeichnet werden können, unterliegen gemäß § 46 GVK dieser vereinfachten Gewinnermittlung (Basit usulde ticari kazancın tespiti). Im Unterschied zu den Kaufleuten erster und zweiter Klasse[341] und den Freiberuflern sind sie nicht verpflichtet, Bücher zu führen. Ihr Gewinn und damit die steuerliche Bemessungsgrundlage werden

340 Seer, in: Tipke/Lang, Steuerrecht, § 21 Rn. 178.

341 Zu den Kaufmannsklassen siehe S. 125 ff. Zur begrifflichen Abgrenzung der „vereinfachten" Gewinnermittlung wird im weiteren Verlauf der Arbeit in Übereinstimmung mit der gesetzlichen Wortwahl bei den Kaufleuten der ersten und zweiten Klasse und bei Freiberuflern von der Gewinnermittlung im „Normalverfahren" gesprochen.

dadurch ermittelt, dass von ihrem Umsatzerlös die im Vorfeld gemachten Aufwendungen (Anschaffungskosten) und die sonstigen abzugsfähigen Ausgaben abgezogen werden. Die Belege für Aufwendungen und Umsatz müssen getrennt voneinander aufbewahrt werden. Voraussetzung für dieses vereinfachte Gewinnermittlungsverfahren ist gemäß §§ 47, 48 GVK, dass der Kleinstgewerbetreibende persönlich sein eigenes Geschäft betreibt und der jährliche Einkaufswert seiner Waren 60.000 TL bzw. der jährliche Verkaufswert seiner Waren 89.000 TL nicht übersteigt. Erzielt der Steuerpflichtige anders als durch Einkauf und Verkauf von Waren (z.B. durch Dienstleistungen) seinen Gewinn, liegt die Gewinngrenze für das vereinfachte Verfahren bei 30.000 TL. Macht er beides zusammen (Einkauf und Verkauf von Waren zuzüglich weiterer Geschäftstätigkeiten, z.B. Dienstleistungen), liegt die Gewinngrenze bei 60.000 TL. Als weitere Besonderheit bei diesen Kleinstgewerbetreibenden ist zu beachten, dass das Finanzministerium aufgrund der Ermächtigung im doppelten § 257 VUK eine Rechtsverordnung[342] erlassen hat, in welcher Einzelheiten der vereinfachten Gewinnermittlung geregelt werden. Insbesondere verpflichtet diese Rechtsverordnung die Kleinstgewerbetreibenden zum Beleg sämtlicher Geschäftsaktivitäten durch Rechnungen und Quittungen. Als Einnahmennachweis ist hierzu auch ein Tagesbeleg ausreichend, in welchem der Tagesertrag mit entsprechendem Datum aufgeführt wird.[343]

Ferner bildet diese Rechtsverordnung die Grundlage für die Verpflichtung sämtlicher Kleinstgewerbetreibender, sich bei ihren jeweiligen handelsspezifischen bzw. berufsständischen Kammern registrieren zu lassen und die von ihnen für ihre Geschäftstätigkeit gesammelten Belege monatlich dort bzw. bei den durch die Berufskammern speziell eingerichteten „Buchführungsbüros" (vgl. § 46 Abs. 3 GVK: meslek odalarının oluşturdukları bürolar) abzugeben. Die Mitarbeiter dieser Büros legen für jeden Kleinstgewerbetreibenden jährlich eine Akte an und ergänzen diese monatlich um die eingereichten Belege. Die sich aus den Belegen ergebenden Werte erfassen die Mitarbeiter der berufsständischen Kammern tabellarisch. Die Summen der Erträge und Aufwendungen werden daraufhin in einer Jahresübersicht festgehalten, die sowohl von dem Kleinstgewerbetreibenden (als Steuerpflichtigem) als auch von einem Vertreter der berufsständischen Kammer unterschrieben und von dieser auch abgestempelt wird. Diese Jahresübersicht dient dann als Anlage für die jährliche Steuererklärung des Steuerpflichtigen.[344] Letztlich bestehen dadurch auch für die Kleinstgewer-

342 215 seri numaralı Gelir Vergisi Genel Tebliği, veröffentlicht in der Resmi Gazete Nr. 23545 vom 06.12.1998; abrufbar unter: http://www.gib.gov.tr/index.php?id=1028.

343 Beyanname Düzenleme Kılavuzu 2008, S. 18.

344 Beyanname Düzenleme Kılavuzu 2008, S. 19.

betreibenden gewisse Aufzeichnungspflichten für ihre Einnahmen und Ausgaben und die zusätzliche Verpflichtung, diese Aufzeichnungen über die „Buchführungsbüros“ der zuständigen Berufskammern durchführen zu lassen. Dadurch sollen auch bei kleinen Familiengeschäften, die gerade in Vororten und Dörfern zahlreich anzutreffen sind, die Ermittelbarkeit der richtigen Besteuerungsgrundlagen sichergestellt werden. Eine vergleichbare Einrichtung existiert in Deutschland nicht.

> (3) Von der Buchführungspflicht sind ferner staatliche Wirtschaftsunternehmen und wirtschaftliche Geschäftsbetriebe von Vereinen und Stiftungen ausgenommen, soweit sie auch von der Körperschaftsteuer befreit sind.

Haben jedoch die genannten natürlichen oder juristischen Personen darüber hinausgehende weitere, nicht von der Steuerpflicht befreite Einkünfte, so dehnt sich die Ausnahme von der Buchführungspflicht nicht auf diese Einkünfte aus, d.h. auch die genannten Steuerpflichtigen bleiben insoweit über diese weiteren Einnahmen buchführungspflichtig (§ 173 Abs. 2 VUK).

1. Kaufmannsklassen

Bei Kaufleuten (gewerbetreibende natürliche oder juristische Personen) unterscheidet das Gesetz im Hinblick auf die Buchführungspflicht zwischen Kaufleuten erster Klasse und Kaufleuten zweiter Klasse (§ 176 VUK).

a) Kaufleute „erster Klasse“

Kaufleute der ersten Klasse haben ihre Bücher nach Bilanzierungsgrundsätzen (bilanço hesabı) zu führen (§ 176 Alt. 1 VUK).

Welcher Kaufmann in welche Klasse einzustufen ist, richtet sich nach seiner Form bzw. nach seiner Umsatz- und Ertragsstärke.

Formabhängig unter die erste Klasse einzustufen und damit bilanzierungspflichtig sind sämtliche Handelsgesellschaften (§ 177 Nr. 4 VUK). Das sind alle Personen- und Kapitalgesellschaften, die in den Regelungsgehalt des türkischen Handelsgesetzbuches (Türk Ticaret Kanunu, TTK) fallen.[345] Nach § 136 TTK umfasst das Gesetz offene Handelsgesellschaften, Kommanditgesellschaften, Aktiengesellschaften, Gesellschaften mit beschränkter Haftung und Genossenschaften.

Daneben fallen auch unter Kaufleute erster Klasse diejenigen, die bestimmte Umsatz- und Ertragsgrenzen überschreiten. Im § 177 Nrn. 1 bis 3 VUK sind Grenzwerte bestimmt, bei deren Überschreitung die Kaufmannseigenschaft der ersten Klasse eingenommen wird. Im Einzelnen gilt hierzu folgendes: Kaufleute,

345 Özbalcı, Vergi Usul Kanunu, S. 489.

die ihren Handel damit betreiben, dass sie von ihnen eingekaufte Ware verarbeitet oder unverarbeitet weiterveräußern und dabei ein Jahreseinkaufsvolumen von 119.000 TL oder ein Jahresverkaufsvolumen von 168.000 TL übersteigen, fallen unter die Kaufleute erster Klasse (§ 177 Nr. 1 VUK).

Kaufleute, die anders als mit dem Einkauf und Verkauf von Waren beschäftigt sind, fallen dann unter die Kaufleute erster Klasse, wenn ihr Bruttogewinn 68.000 TL übersteigt (§ 177 Nr. 2 VUK).

Kaufleute, die sowohl einen Handel mit Waren betreiben, als auch weitergehende Dienstleistungen anbieten, fallen dann unter die Kaufleute erster Klasse, wenn sie das Fünffache des oben genannten Gewinnbetrages (also 5 x 68.000 TL = 340.000 TL) und ein Jahresverkaufsvolumen von mehr als 110.000 TL erzielen (§ 177 Nr. 3 VUK).[346]

In die erste Kaufmannsklasse zählt das Gesetz darüber hinaus solche natürlichen oder juristischen Personen, die ihre Bücher freiwillig nach Bilanzierungsgrundsätzen führen (§ 177 Nr. 6 VUK).

b) Kaufleute „zweiter Klasse"

Kaufleute der zweiten Klasse haben ihre Bücher hingegen durch eine Einnahmen-Überschussrechnung (işletme hesabı esası) zu führen (§ 176 Alt. 2 VUK).

Welcher Kaufmann in die zweite Kaufmannsklasse eingestuft wird, regelt § 178 VUK. Diese sind alle verbleibenden Kaufleute, die nicht nach § 177 VUK als Kaufmann der ersten Klasse eingestuft werden. Damit stellen zunächst alle Kaufleute, die unter die absoluten Grenzwerte der Kaufleute erster Klasse fallen, solche der zweiten Klasse dar. Zudem räumt § 178 Nr. 2 VUK dem Finanzministerium das Recht ein, Kaufleute unabhängig der erläuterten Kaufmannskriterien der zweiten Kaufmannsklasse zuzuordnen. Schließlich erlaubt es § 178 Abs. 2 VUK Kaufleuten, die erst eine neue Geschäftstätigkeit aufnehmen, bis zu ihrer Einstufung anhand der Kaufmannskriterien ihre Bücher nach der Einnahmen-Überschussrechnung zu führen.

In Deutschland lassen sich die umfangreichsten Buchführungspflichten primär aus dem HGB ableiten, wobei einheitlich auf die Kaufmannseigenschaft und auf den Begriff des Handelsgewerbes an sich abgestellt wird. Die Buchführungspflicht aufgrund Überschreitung gewisser Grenzwerte aus § 141 AO ist in Deutschland hingegen nur subsidiär.

346 Aufgrund der in der Vergangenheit stark schwankenden Inflation in der Türkei wurden die Grenzwerte jährlich neu bestimmt.

2. Wechsel der Kaufmannsklasse

a) Übergang von der zweiten in die erste Kaufmannsklasse

Kaufleute, die aufgrund ihrer Umsatz- und Ertragsverhältnisse in die Klasse zwei eingestuft sind, können in die erste Kaufmannsklasse umgestuft werden. Dazu ist eine Steigerung ihrer Umsatz- und Ertragszahlen in einer bestimmten Größenordnung erforderlich. Als Grenzwerte werden die für den Kaufmann erster Klasse maßgebenden Werte aus § 177 VUK zugrunde gelegt.

Eine Umstufung von der Kaufmannsklasse zwei in die Kaufmannsklasse eins erfolgt gemäß § 180 VUK dann, wenn

(1) innerhalb eines Wirtschafsjahres ein für die Kaufmannsklasse eins maßgebender Umsatz- oder Ertragswert um mehr als 20 % überstiegen wird

oder

(2) innerhalb von zwei aufeinander folgenden Wirtschaftsjahren ein für die Kaufmannsklasse eins maßgebender Umsatz- oder Ertragswert um bis zu 20 % überstiegen wird.

Der Wechsel in die Kaufmannsklasse eins und damit in die Buchführungspflicht nach Bilanzierungsgrundsätzen erfolgt im entsprechenden Folge (-wirtschafts) -jahr.

b) Übergang von der ersten in die zweite Kaufmannsklasse

Umgekehrt sind gemäß § 179 VUK Kaufleute, die bislang unter der Kaufmannsklasse eins eingestuft waren, in die Kaufmannsklasse zwei einzustufen, wenn

(1) innerhalb eines Wirtschafsjahres ein für die Kaufmannsklasse eins maßgebender Umsatz- oder Ertragswert um mehr als 20 % unterschritten wird

oder

(2) innerhalb von drei aufeinander folgenden Wirtschaftsjahren ein für die Kaufmannsklasse eins maßgebender Umsatz- oder Ertragswert um bis zu 20 % unterschritten wird.

Mit der Umstufung, die im Folge (-wirtschafts) -jahr erfolgt, kommen die Kaufleute, die von der Klasse eins in die Klasse zwei umgestuft werden, aus der Pflicht zur Bilanzierung heraus und können ihre Bücher nach der Einnahmen-Überschussrechnung führen.

3. Art der Buchführung

Die Buchführung ist gemäß § 171 VUK so zu gestalten, dass für die Zwecke der Besteuerung folgende Ziele der Buchführungspflicht gesichert werden:

- Feststellung der steuerlich relevanten Vermögens- und Einkommensverhältnisse des Steuerpflichtigen;
- Feststellung der steuerlich relevanten Tätigkeits- und Abrechnungsergebnisse;
- Feststellung der steuerlichen Behandlung des Steuerpflichtigen;
- Kontroll- und Untersuchungsmöglichkeit der steuerlichen Verhältnisse des Steuerpflichtigen anhand der Rechnungsführung;
- Kontroll- und Untersuchungsmöglichkeit der steuerlichen Verhältnisse Dritter anhand der Unterlagen und der Rechnungsführung des Steuerpflichtigen.

Unter Beachtung dieser Grundsätze sind die Steuerpflichtigen nach § 175 Abs. 1 S. 1 VUK in der Art und Weise ihrer Buchführung, die ihrer Tätigkeitsstruktur angepasst sein soll, im Wesentlichen freigestellt. Das Finanzministerium wird allerdings im § 175 Abs. 2 VUK ermächtigt, Buchführungsstandards, einheitliche Abrechnungsmodelle und Finanztabellen sowie entsprechende Verfahrensvorschriften durch Rechtsverordnungen festzulegen. Dabei bleiben die handelsrechtlichen Vorschriften über die Buchführung, die im Türkischen Handelsgesetzbuch (§§ 66 ff. Türk Ticaret Kanunu) geregelt sind, unberührt.

Das Finanzministerium hat in einer bisweilen von einem bis auf zehn Punkte herangewachsenen Serie der „Rechtsverordnungen zur Anwendung des Buchhaltesystems" (Muhasebe Sistemi Uygulama Genel Tebliğleri) von der gesetzlichen Ermächtigung Gebrauch gemacht. Die Grenzen der „freien" Buchführungsmethoden werden dem Steuerpflichtigen bzw. den Buchhaltern durch diese Verordnungen gesetzt.[347]

Im ersten Teil dieser Verordnung sind grundsätzliche Regelungen für folgende Bereiche getroffen:

(1) Grundbegriffe in der Buchhaltung

(2) Erläuterung der Buchführungspolitik

(3) Grundsätze über Finanztabellen

(4) Aufbau und Vorlage der Finanztabellen

(5) Einheitlicher Rechnungsrahmen, Rechnungsplan und deren Funktion

---

347 Beyanname Düzenleme Kılavuzu 2008, S. 874.

In den weiteren Teilen der genannten Verordnung sind konkrete Regelungen über einzelne Rechnungsmethoden angeführt, die einer ständigen Änderung bzw. Erweiterung durch das Finanzministerium unterliegen.[348]

Die Bücher sind periodisch jeweils für ein Abrechnungszeitraum zu führen (§ 174 Abs. 1 VUK). Dies ist regelmäßig das Kalenderjahr. Steuerpflichtige, die ein hiervon abweichendes Geschäftsjahr festlegen wollen, können dies beim Finanzministerium beantragen. In jedem Fall beträgt ein Abrechnungszeitraum jedoch 12 Monate.

Vom Kalenderjahr abweichende Wirtschaftsjahre werden vom Finanzministerium vor allem für Steuerpflichtige aus der Landwirtschaft, aus dem Bildungs- und Schulungswesen und für steuerpflichtige Gesellschaften, an denen ausländische Anteilseigner beteiligt sind, genehmigt. Dies hängt damit zusammen, dass in der Landwirtschaft die Ernte regelmäßig im Spätsommer anfällt, Bildungs- und Schulungslehrgänge regelmäßig im Herbst beginnen und im Sommeranfang des folgenden Jahres enden und bei steuerpflichtigen Gesellschaften mit ausländischen Anteilseignern das Geschäftsjahr im Ausland nicht unbedingt mit dem Kalenderjahr übereinstimmt.[349]

Ein weniger als 12 Monate umfassender Bemessungszeitraum (ein Rumpfwirtschaftsjahr) ist möglich, wenn in diesem Zeitraum eine Betriebseröffnung oder eine Betriebsaufgabe erfolgt. Die gewerblichen oder land- und forstwirtschaftlichen Einkünfte, die im Rumpfwirtschaftsjahr erzielt werden, sind bei der Steuerveranlagung dem Kalenderjahr zuzuordnen, in dem der Betrieb eröffnet bzw. aufgegeben worden ist (§ 174 Abs. 5 VUK).

4. Die einzelnen zu führenden Bücher

Während die Kaufleute zweiter Klasse lediglich ein so genanntes einfaches Betriebsrechnungsbuch zu führen haben, welches die einzelnen Geschäftsaktivitäten des Kaufmanns beinhaltet (§ 193 VUK), haben die bilanzierungspflichtigen Kaufleute der ersten Klasse die folgenden drei voneinander getrennten Bücher zu führen (§ 182 VUK):

aa) Eintragungspflichtige Geschäftsvorfälle werden numerisch und datumsbezogen im Tagesjournal aufgelistet (§ 182 VUK);

bb) Das Hauptbuch umfasst die im Tagesjournal enthaltenen Eintragungen und ordnet diese systematisch bestimmten Konten bzw. Einzelposten zu (§ 184 VUK). Die einzelnen Geschäftsvorfälle werden also im Hauptbuch jeweils in den zutreffenden Einzelposten festgehalten;

348 Beyanname Düzenleme Kılavuzu 2008, S. 874 ff.

349 Beyanname Düzenleme Kılavuzu 2008, S. 873.

cc) Das Inventarbuch ist das Verzeichnis der Inventur und Bilanzen zum Schluss eines jeden Wirtschaftsjahres und ist datiert auf den Bilanzstichtag (§ 185 VUK). Das Inventar ist das Ergebnis der durch zählen, messen, wiegen oder bewerten durchgeführten Bestandsaufnahme (Inventur) am Bilanzstichtag über das Vermögen, Forderungen und Schulden des Steuerpflichtigen. Die im Inventar vorhandenen Vermögensgegenstände und Schulden sind nach den Bewertungsvorschriften der §§ 258-330 VUK zu bewerten;

dd) Bis zum 31.12.1998 war daneben noch ein so genanntes „Tageskassenbuch" zu führen. Darin waren sämtliche Kasseneingänge und Kassenausgänge sich gegenüberstehend zu dokumentieren. Diese Pflicht wurde durch eine Gesetzesänderung[350] zum 01.01.1999 aufgehoben.

In Deutschland statuiert § 238 HGB die Pflichten des Kaufmanns, in einer für einen Sachverständigen Dritten nachvollziehbaren Weise Bücher zu führen (Abs. 1) und bestimmte Dokumente aufzubewahren (Abs. 2). § 239 HGB enthält Vorschriften über die äußere Form der nach § 238 HGB zu führenden Bücher.

Der Begriff „Handelsbücher" wird vom Gesetz nicht definiert. Nach den Grundsätzen ordnungsmäßiger Buchführung haben sich allerdings auch in Deutschland Grund-, Haupt- und Nebenbücher herausgebildet. Die Geschäftsvorfälle werden in einem Grundbuch (Journal) in zeitlicher und in einem Hauptbuch (Sachkonten) in sachlicher Ordnung aufgezeichnet. In Nebenbüchern werden i.d.R. der Kassen-, Wechsel-, Kontokorrent sowie Lohn- und Gehaltsverkehr festgehalten. Daneben ist eine Anlagenbuchhaltung allgemein üblich. Die Gestaltung der Buchführung ist in beiden Ländern mithin äußerst ähnlich.

5. „Besiegelungspflicht" der Bücher (Tasdik)

Eine bemerkenswerte Besonderheit liegt in einer formalen Anforderung der Bücher. Der Steuerpflichtige hat gemäß § 220 VUK das Tagesjournal und das Inventarbuch für jedes einzelne Wirtschaftsjahr gesondert besiegeln bzw. autorisieren zu lassen (Tasdik). Bei der Besiegelung bzw. Autorisierung handelt es sich um die Nummerierung der einzelnen Seiten des noch inhaltsleeren, zur Buchführung dienenden gebundenen Buches bzw. Heftes durch einen Notar, der auf jeder einzelnen Seite mit dem offiziellen Siegel des Notars bestempelt werden muss.

Zuständig für die Autorisierung ist der am Sitz der Betriebsleitung bzw. am Wohnort des Kaufmanns niedergelassene Notar. Auf diese Weise soll sichergestellt werden, dass vorgenommene Eintragungen nicht ohne weiteres verändert werden können. Außerdem werden die zu besiegelnden Bücher vom Notar gemäß § 224 VUK personalisiert, d.h. der Notar trägt den Namen des Inhabers des

350 § 82 Abs. 1 b des Gesetzes mit der Nr. 4369.

Buches bzw. die Firma mit Anschrift ein, Anzahl der Gesamtseiten des Buches, Wirtschaftsjahr, zuständiges Finanzamt des Steuerpflichtigen, Datum und Nummer der Besiegelung, Siegel und Unterschrift des Notars.

In der Gründungsphase einer Aktiengesellschaft oder einer Gesellschaft mit beschränkter Haftung kann sich der Steuerpflichtige zur Autorisierung der Bücher neben dem Notar auch an die zuständige Handelsregisterbehörde wenden (§ 223 Abs. 3 VUK).

§ 183 VUK erlaubt es den Steuerpflichtigen auch, ihre Bücher mit Loseblattsammlungen zu führen. Entscheiden sie sich hierfür, müssen auch hierbei die einzelnen Blätter nummeriert und mit dem offiziellen Siegel des Notars besiegelt werden. Im Ergänzungsbedarf sind auch die Ergänzungsblätter vor Verwendung zur entsprechenden Buchführung fortlaufend zu nummerieren und zu besiegeln.

Eine Verpflichtung zur Besiegelung des Hauptbuches sieht das VUK nicht vor. Eine entsprechende Besiegelungspflicht auch für das Hauptbuch ergibt sich aber aus § 69 des türkischen Handelsgesetzbuches (TTK), so dass letztlich auch das Hauptbuch von einem Notar zu besiegeln ist.

Die Zeitpunkte für die Besiegelung sind im § 221 VUK wie folgt aufgeführt:

(1) bei fortlaufender Geschäftstätigkeit im letzten Monat vor Beginn eines neuen Wirtschaftsjahres (auch bei vom Kalenderjahr abweichendem Wirtschaftsjahr);

(2) bei Wiederaufnahme des Geschäftsbetriebs, bei Wechsel der Kaufmannsklasse und bei Neuaufnahme einer Geschäftstätigkeit jeweils vor der genannten Aktion;

(3) bei Aufhebung einer Steuerbefreiung innerhalb von zehn Tagen nach der entsprechenden Aufhebung;

(4) bei Austausch der Bücher innerhalb des Geschäftsjahres mit neuen Büchern (z.B. weil das alte Buch gefüllt ist, abhanden gekommen ist o.ä.) vor Beginn der Nutzung;

(5) falls die Geschäftsbücher auch im folgenden Geschäftsjahr weitergenutzt werden sollen, im ersten Monat des entsprechenden Geschäftsjahres.

Die besiegelten Bücher dienen rein zu steuerlichen Prüfungszwecken und müssen daher in der Zeit der Festsetzungsverjährung[351] auch in dieser Form aufbewahrt werden.

351 Zu den Verjährungsfristen siehe S. 110 ff.

6. Buchführung mit elektronischen Datenverarbeitungssystemen

Obwohl mit § 242 Nr. 2 Abs. 9 VUK seit dem Jahre 2001 für das Finanzministerium die gesetzliche Ermächtigung zum Erlass einer Rechtsverordnung geschaffen worden ist, die Buchführung und die Aufbewahrung von Daten und Unterlagen mithilfe von elektronischen Datenverarbeitungssystemen im einzelnen zu regeln, ist der Entwicklungsstand bis heute nicht weit vorangeschritten. Eine vom Finanzministerium hierzu erlassene Rechtsverordnung[352] sieht vor, dass das Einkommens-Verwaltungspräsidium auf Antrag des Steuerpflichtigen einer Buchführung mit elektronischen Datenverarbeitungssystemen im Einzelfall zustimmen kann, wenn es sich um einen bilanzierenden Steuerpflichtigen handelt und das Einkommens-Verwaltungspräsidium „das elektronische Buchführungssystem des Steuerpflichtigen mit der verwendeten Software, dem Personalbestand der Steuerpflichtigen und unter Berücksichtigung sonstiger Umstände für geeignet hält".

Aber auch nach Einholung einer entsprechenden Zustimmung und der elektronischen Führung der Bücher sind auch die bilanzierungspflichtigen Steuerpflichtigen weiterhin für eine formale Dokumentation aus steuerrechtlicher Sicht verpflichtet, originale Unterlagen in Papierform während der regelmäßigen Aufbewahrungsfrist von fünf Jahren (§ 253 Abs. 1 VUK) in den besiegelten Büchern aufzubewahren.[353]

Nach dem derzeitigen Stand der gesetzlichen Vorgaben, insbesondere hinsichtlich der gesamten „Besiegelungspflicht" der einzelnen Geschäftsbücher, sind auch bei computergestützten Buchführungen stets Papierausdrucke erforderlich, die auf den besiegelten Seiten der entsprechenden Bücher befestigt werden müssen.[354] Obwohl diese für das Besteuerungsverfahren aufrecht erhaltene Pflicht keine Einschränkung für die EDV-gestützte Buchführung an sich bedeutet, stellt sie eine unpraktikable Zusatzanforderung für die Erfüllung der steuerlichen Pflichten in der Türkei dar.

In Deutschland können die nach steuerlichen Vorschriften zu führenden Bücher und sonst erforderlichen Aufzeichnungen nach § 146 Abs. 5 AO uneingeschränkt auf Datenträgern geführt werden, soweit diese Form der Buchführung einschließlich des dabei angewandten Verfahrens den Grundsätzen ordnungsmäßiger Buchführung (GoB) entspricht.[355]

352 361 seri no'lu VUK Genel Tebliği, veröffentlicht in der Resmi Gazete Nr. 2625 vom 11.07.2008, abrufbar unter: http://www.gib.gov.tr/index.php?id=1028.

353 Beyanname Düzenleme Kılavuzu 2008, S. 879 und S. 911.

354 Beyanname Düzenleme Kılavuzu 2008, S. 879.

355 Dazu Drüen, in: Tipke/Kruse, AO, § 145, Rn. 26 ff. und § 146, Rn. 51 ff.

Der Tatsache, dass die Bücher in der Praxis in Deutschland heute überwiegend computergestützt geführt werden, tragen das Fachgutachten des IDW zur ordnungsgemäßen Buchführung bei computergestützten Verfahren[356] und aus steuerrechtlicher Sicht die hierzu entwickelten „Grundsätze ordnungsgemäßer DV-gestützter Buchführungssysteme“[357] Rechnung.[358] Dabei ist bei Beachtung gewisser Voraussetzungen auch die Aufbewahrung von Unterlagen auf Datenträgern auch für steuerliche Zwecke zulässig (§ 147 Abs. 2 AO). Mit Ausnahme der Jahresabschlüsse, der Eröffnungsbilanz und der in § 147 Abs. 1 Nr. 4a AO genannten Unterlagen können alle in § 147 Abs. 1 AO aufgeführten Unterlagen (z.B. Bücher und Aufzeichnungen, Inventare, Handels- oder Geschäftsbriefe, Buchungsbelege) auf Datenträgern aufbewahrt werden. Voraussetzung ist allerdings, dass sichergestellt ist, dass die Wiedergabe oder die Daten mit den empfangenen Handels- oder Geschäftsbriefen und den Buchungsbelegen bildlich und mit den anderen Unterlagen inhaltlich übereinstimmen, wenn sie lesbar gemacht werden und dass sie während der Dauer der Aufbewahrungsfrist[359] jederzeit verfügbar sind, unverzüglich lesbar gemacht und maschinell ausgewertet werden können (§ 147 Abs. 2 AO). Die hierfür erforderlichen sachlichen (Hard- und Software) und personellen Hilfsmittel (kundiges Bedienungspersonal) muss der Buchführungspflichtige stellen.[360]

Sofern all die genannten Voraussetzungen erfüllt sind, können in Deutschland die abgebildeten Unterlagen selbst grundsätzlich vernichtet werden,[361] was in der Türkei zurzeit definitiv nicht gestattet ist. Nach §§ 146 Abs. 5 S. 2 und 147 Abs. 2 und §§ 239 Abs. 4, 257 Abs. 3, 261 HGB besteht in Deutschland beim Einsatz moderner EDV-Buchführungssysteme keine Notwendigkeit zum vollständigen Ausdruck des gespeicherten Buchungsstoffs jeweils zum Schluss des Wirtschaftsjahrs.[362] Dies stellt jedoch erhöhte Anforderungen an die Dokumentation, weil bei diesen Systemen eine Verwendung gebundener Bücher alten Stils vergleichbare Form nicht erreichbar ist. Im Übrigen schreibt § 146 Abs. 5 S. 2 AO keine bestimmte Form vor, in der die Daten lesbar gemacht werden müssen. Außer dem Ausdruck reicht darum auch eine maschinelle Lesbarkeit

---

356 WPg 1988, S. 1 ff. sowie 1993, S. 462 ff.

357 GoBS, Anlage zum BMF BStBl. I 1995, S. 738 ff.

358 Kirnberger, in: HK-HGB, §§ 238, 239 Rn. 8.

359 Die Aufbewahrungsfrist beträgt für die in § 147 Abs. 1 Nr. 1, 4 und 4a AO aufgeführten Unterlagen zehn Jahre und für die sonstigen in Abs. 1 aufgeführten Unterlagen sechs Jahre, sofern nicht in anderen Gesetzen kürzere Aufbewahrungsfristen zugelassen sind (vgl. § 147 Abs. 3 AO).

360 Drüen, in: Tipke/Kruse, AO, § 145, Rn. 26.

361 Kuhfus, in: Kühn/von Wedelstädt, AO und FGO Kommentar, § 147 Rn. 14.

362 BMF, BStBl. 2000 I, S. 190, 240.

aus, so dass auch die unmittelbare Ausgabe der Daten auf Mikrofilm, mit Lesegerät (Monitor) oder lesbaren Datenträgern wie CD-Rom oder Diskette ausreicht. Wer aufzubewahrende Unterlagen nur in Form einer Wiedergabe auf einem Bildträger oder auf anderen Datenträgern vorlegen kann, ist jedoch verpflichtet, auf seine Kosten Hilfsmittel zur Lesbarmachung vorzuhalten (§ 147 Abs. 5 Halbs. 2 AO).[363]

Die durch die rechtlichen Rahmenbedingungen geschaffenen Möglichkeiten zur elektronisch unterstützten Buchführung und insbesondere Aufbewahrung von Unterlagen in der Türkei sind mit dem Entwicklungsstand in Deutschland kaum zu vergleichen. Der technische Entwicklungsstand sowie die sich daraus ergebenden Möglichkeiten zur Vereinfachung und zur Modernisierung der Aufbewahrungs- und Prüfungsmethodik werden in der Türkei nicht ausgeschöpft. Solange dort keine Möglichkeit auf den Verzicht der Besiegelung der Geschäftsbücher oder eine alternative (elektronische) Maßnahme gefunden wird, um die Vollständigkeit, Richtigkeit und Geordnetheit der Geschäftsvorfälle darzustellen, erscheint die Anpassung der konventionellen Aufbewahrungsform mit unendlichen Papierbergen an den technischen Entwicklungsstand nicht möglich.

363 Drüen, in: Tipke/Kruse, AO, § 146, Rn. 55 m.w.N.

Fünfter Abschnitt: Ermittlungsmöglichkeiten der Finanzbehörden - Besondere Verfahren der Sachaufklärung

Als besondere Methoden der Sachaufklärung sieht das türkische Steuerverfahrensrecht im siebten Teil des ersten Buches des VUK die Instrumentarien der „Nachschau“ (Yoklama, §§ 127 – 133 VUK), der „Außenprüfung“ (İnceleme, §§ 134 – 141 VUK), der „Steuerfahndung“ (Arama, §§ 142 – 147 VUK) und der Informationseinholung (Bilgi Toplama, §§ 148 – 152 VUK) vor. Die von Kesen[364] zu diesen Verfahrensarten gewählten Bezeichnungen (Yoklama bezeichnet als Außenprüfung, İnceleme bezeichnet als Untersuchung und Arama bezeichnet als Durchsuchung) erscheinen zum Zwecke des Verfahrensvergleichs mit den in Deutschland vorgesehenen besonderen Methoden der Sachaufklärung unpassend, weil signifikante inhaltliche Parallelen der in den §§ 134 – 141 VUK geregelten „İnceleme“ zur Außenprüfung gemäß §§ 193 – 207 AO, der in den §§ 142 – 147 VUK geregelten „Arama“ zur Steuerfahndung gemäß § 208 AO und der in den §§ 127 – 133 VUK geregelten „Yoklama“ zur Nachschau gemäß § 210 AO und speziell zur Umsatzsteuer-Nachschau gemäß § 27b UStG bestehen.

I. Außenprüfung (İnceleme)

1. Zweck der Außenprüfung

Die Außenprüfung nach den §§ 134 – 141 VUK dient der gesetzlichen Vorgabe im § 134 VUK zufolge der Ermittlung, Festsetzung und Durchsetzung der tatsächlich entstandenen und zu zahlenden Steuern. Mit den tatsächlich entstandenen und zu zahlenden Steuern sind die Steuern gemeint, die durch Verwirklichung der einzelnen gesetzlichen Steuertatbestände entstanden sind. Damit entspricht das Ziel der Außenprüfung in der Türkei im Ergebnis dem Zweck der Außenprüfung nach der deutschen Abgabenordnung. Nach den §§ 193 – 207 AO dient sie in Deutschland ebenfalls vornehmlich dem Ziel, Steuergerechtigkeit durch gerechte Vollziehung der Steuergesetze zu verwirklichen.[365]

Die Außenprüfung ist auch in Deutschland ein spezielles Verwaltungsverfahren zur Erfüllung der den Finanzbehörden in § 85 AO gesetzten Aufgabe, die

364 Kesen, in: Das Steuerrecht der Türkei, S. 41 – 46.

365 Seer, in: Tipke/Lang, Steuerrecht, § 21 Rn. 224; ausführlich hierzu siehe unten S. 152 ff.

Steuern nach Maßgabe der Gesetze gleichmäßig festzusetzen und zu erheben. Dazu werden im Rahmen der Außenprüfung nach §§ 194 Abs. 1, 199 Abs. 1 AO die für die Besteuerung maßgebenden tatsächlichen und rechtlichen Verhältnisse des Steuerpflichtigen ermittelt. Ihrem Wesen nach ist sie grundsätzlich auf die Aufklärung aller steuerlichen Verhältnisse eines oder mehrerer bestimmter Zeiträume bzw. eines oder mehrerer bestimmter Steuerarten gerichtet. Dadurch unterscheidet sie sich in Deutschland von Einzelermittlungsmaßnahmen i.S.d. §§ 93 ff. AO und der Steuerfahndungsprüfung.

Ebenfalls wie in Deutschland[366] erweist sich auch die Außenprüfung in der Türkei als eine umfassende und besonders intensive finanzbehördliche Sachaufklärungsmaßnahme. Sie umfasst neben der Revision der Geschäftsbücher, Aufzeichnungen und andere Dokumente des Steuerpflichtigen auch weitergehende umfangreiche Untersuchungsmöglichkeiten. Diese beschränken sich nicht auf die Geschäftsbücher und auf andere Dokumente, sondern schließen alle für die Besteuerung maßgebenden tatsächlichen und rechtlichen Verhältnisse des Steuerpflichtigen ein.[367] Im Unterschied zur Nachschau nach den §§ 127 bis 133 VUK[368] liegen im Fokus der Außenprüfung jedoch nicht primär Ermittlungen zur Feststellung der sachlichen Verhältnisse, Aufzeichnungen und Gegenstände des Steuerpflichtigen, sondern darüber hinaus die eingehende inhaltliche Überprüfung der Geschäftsbücher, Aufzeichnungen und andere Dokumente und der Steuererklärungen. In erster Linie geht es bei der durchgeführten Inhaltskontrolle um die Aufdeckung möglicher Buchführungs- oder Aufzeichnungsfehler, die aufgrund Unachtsamkeit oder Unwissenheit entstanden sind, um die Aufdeckung „arglistiger“ Buchführung zur Steuerverkürzung und um die Überprüfung, inwiefern die geltenden Steuergesetze bei der Ermittlung der Besteuerungsgrundlagen beachtet wurden.[369]

Soweit die mit der Außenprüfung betrauten Amtsträger es für erforderlich halten, können sie die Prüfung gemäß § 134 Abs. 2 VUK auch auf die bestandsmäßige Aufnahme des Inventars (Aktivvermögen) und der entsprechenden Angabe in der Steuererklärung ausdehnen. Entgegen der Feststellung von Kesen[370] werden die Kosten, die bei der Prüfung des Inventars entstehen, nicht

366 Seer, in: Tipke/Lang, Steuerrecht, § 21 Rn. 225.
367 Özbalcı, Vergi Usul Kanunu, S. 433 f.
368 Zur Nachschau vgl. unten S. 153 ff.
369 Uluatam/Methibay, Vergi Hukuku, S. 204.
370 Kesen, Das Steuerrecht der Türkei, S. 42.

endgültig dem Steuerpflichtigen auferlegt, sondern durch den Fiskus an den Steuerpflichtigen gezahlt, der lediglich in Vorleistung tritt.[371]

2. Der Außenprüfung unterliegende Personen

Der Außenprüfung unterliegen in der Türkei nach § 137 VUK alle natürlichen oder juristischen Personen, die gesetzlich buchführungspflichtig sind und gewissen Aufbewahrungs- und Vorlagepflichten nachkommen müssen. Die große Masse der buchführungspflichtigen Personen sind in § 172 VUK aufgeführt.[372] Nach § 253 VUK sind diese buchführungspflichtigen Personen gehalten, ihre zu führenden Bücher, Aufzeichnungen und andere beweiserheblichen Unterlagen im Anschluss an das betreffende Geschäftsjahr fünf Jahre lang aufzubewahren.[373] Eine Aufbewahrungspflicht für alle geschäftlichen Rechnungen, Quittungen oder andere beweiserhebliche Unterlagen trifft gemäß § 254 VUK auch die nicht kraft Gesetz zur Buchführung verpflichteten Personen (z.B. die der einfachen Gewinnermittlung unterliegenden „Kleinstgewerbetreibenden“)[374], die damit nach § 137 VUK ebenfalls der Außenprüfung unterliegen.

Die Frage, welche Personen in Deutschland der Außenprüfung unterliegen können, wird nicht wie in der Türkei an Buchführungs- und Aufbewahrungspflichten der steuerpflichtigen Person geknüpft, sondern an die Person selbst. Nach § 193 Abs. 1 AO ist eine Außenprüfung zulässig bei Steuerpflichtigen, die einen gewerblichen oder land- und forstwirtschaftlichen Betrieb unterhalten oder freiberuflich tätig sind (sog. Betriebsprüfung). Sie bedarf keiner besonderen Voraussetzung; die Prüfungsbedürftigkeit wird unwiderlegbar vermutet.[375]

Gegenstand einer auf § 193 Abs. 1 AO gestützten Außenprüfung kann auch die Frage sein, ob der Steuerpflichtige einen Betrieb unterhält. Es müssen aber zumindest konkrete Anhaltspunkte für das Vorliegen des Betriebes gegeben sein.[376] In diesem Punkt unterscheidet sich die Außenprüfung in Deutschland

371 In § 134 Abs. 2 S. 2 VUK heißt es: „Fiili envanterlerin yapılmasının gerektirdiği (...) giderler Hazinece mükellefe ödenir.“ Übersetzt heißt dies: „Die durch die tatsächliche Bestandsaufnahme des Inventars verursachten Kosten werden durch den Fiskus an den Steuerpflichtigen gezahlt.“; so auch Akdoğan, Türk Vergi Sistemi ve Uygulaması, S. 44.

372 vgl. hierzu bereits oben S. 122 ff.

373 Diese Aufbewahrungsfrist von fünf Jahren steht im Einklang mit der einheitlichen steuerlichen Festsetzungsverjährungsfrist von ebenfalls fünf Jahren gemäß § 114 Abs. 1 VUK, ausführlich hierzu vgl. S. 114 ff.

374 Zu den „Kleinstgewerbetreibenden“ siehe oben S. 123.

375 Seer, in: Tipke/Lang, Steuerrecht, § 21 Rn. 227.

376 BFH BStBl. 1991, S. 278.

insofern von der Außenprüfung in der Türkei, als derartige Prüfungsmaßnahmen in der Türkei in den Regelungsbereich der Nachschau (Yoklama) fallen.[377]

Bei anderen als den in § 193 Abs. 1 AO bezeichneten Steuerpflichtigen ist eine Außenprüfung in Deutschland ohne weitere Voraussetzung nach § 193 Abs. 2 Nr. 1 AO zulässig, soweit sie die Verpflichtung dieser Steuerpflichtigen betrifft, für Rechnung eines anderen Steuern zu entrichten oder Steuern einzubehalten und abzuführen (z.B. sog. Lohnsteueraußenprüfung beim Arbeitgeber, Kapitalertragsteuerprüfung beim Schuldner von Kapitalerträgen).

Andere Steuerpflichtige können unter der Voraussetzung, dass für die Besteuerung erhebliche Verhältnisse der Nachprüfung bedürfen und eine Prüfung an Amtsstelle nicht zweckmäßig ist, ebenfalls der Außenprüfung unterliegen (§ 193 Abs. 2 Nr. 2 AO). Dies können z.B. Personen mit erheblichen Überschusseinkünften aus Vermögen (Kapitalvermögen, Vermietung und Verpachtung) sein. Ein Prüfungsbedürfnis besteht hier bereits dann, wenn die Finanzbehörde nach ihrer Erfahrung die Verwirklichung eines Besteuerungstatbestandes für möglich hält.[378]

3. Prüfungszeit

§ 138 Abs. 2 VUK zufolge kann eine Außenprüfung innerhalb der nach § 114 Abs. 1 VUK einheitlich fünf Jahre betragenden Festsetzungsfrist zu jeder Zeit durchgeführt werden und mehrere Jahre umfassen. Anders als bei der Steuerfestsetzung in Deutschland bedarf es in der Türkei daher keiner besonderen Vorbehaltsfestsetzung um eine spätere Überprüfung der Festsetzung zu ermöglichen. Um dem „Risiko der materiellen Bestandskraft" einer Steuerfestsetzung zu entgehen, muss sich die Finanzbehörde in Deutschland mit Hilfe der Vorschrift des § 164 AO die Möglichkeit einer Überprüfung und der weiteren Ermittlung der erklärten Besteuerungsgrundlagen offen halten, soweit bereits eine Veranlagung durchgeführt wurde, die mit einem Steuerbescheid endete.[379] Im Ergebnis ist ein „Vorbehalt der Nachprüfung" demnach jeder Selbstveranlagung in der Türkei immanent, ohne dass sie als Nebenbestimmung explizit angefügt werden muss; anders ausgedrückt: Die materielle Bestandskraft der Steuerfestsetzung tritt in der Türkei regelmäßig erst mit dem Ablauf der fünfjährigen Festsetzungsverjährungsfrist ein.

Ebenfalls anders als in Deutschland, wo nach § 197 Abs. 1 AO eine Prüfungsanordnung sowie grundsätzlich der voraussichtliche Prüfungsbeginn und

377 Ausführlicher zur Nachschau (Yoklama) in der Türkei vgl. oben S. 187 ff.
378 Seer, in: Tipke/Lang, Steuerrecht, § 21 Rn. 229 m.w.N.
379 Sauer, in: Beermann/Gosch, AO, § 164 Rn. 1.

sogar die Namen der Prüfer dem Steuerpflichtigen eine angemessene Zeit vor Beginn der Prüfung bekannt zu geben sind, muss die Prüfungszeit in der Türkei dem von der Außenprüfung betroffenen Steuerpflichtigen vorher nicht mitgeteilt werden (§ 138 Abs. 1 VUK). Die prüfungsberechtigten Amtsträger können eine Außenprüfung demnach ohne jedwede vorangegangene Mitteilung unter Ausnutzung des „Überraschungseffektes" beginnen.[380] Lediglich wenn die Prüfungsbeamten es für sinnvoll erachten, dass der Steuerpflichtige Vorbereitungen für die Durchführung der Prüfung treffen sollte und sie auch im Übrigen keine Gefährdung des Prüfungsablaufs oder des Prüfungserfolges erkennen, können die Prüfungsbeamten dem Steuerpflichtigen die anstehende Außenprüfung vorher ankündigen.[381]

In Deutschland wird die Außenprüfung nicht schon durch das Gesetz selbst legitimiert. Stellt der Prüfer in Deutschland die Prüfungsbedürftigkeit eines Steuerpflichtigen fest, folgt der Erlass einer Prüfungsanordnung gem. §§ 196, 197 AO. Erst die Prüfungsanordnung stellt die Ermächtigung und die unmittelbare Rechtsgrundlage der Prüfung dar. Da in der Prüfungsanordnung ein schriftlicher Verwaltungsakt i.S. des § 118 AO zu sehen ist, bedarf sie nach § 121 AO, konkretisiert durch § 5 Abs. 2 BpO[382], einer schriftlichen Begründung. Auch eine Rechtsbehelfsbelehrung ist gemäß § 196 AO erforderlich. Die Prüfungsanordnung muss dem Steuerpflichtigen gemäß § 197 Abs. 1 AO, § 5 Abs. 4 BpO angemessene Zeit vor Prüfungsbeginn bekannt gegeben werden (vier Wochen bei Großbetrieben, in anderen Fällen zwei Wochen, § 5 Abs. 4 S. 2 BpO).

Die in der Türkei rein auf freiwilliger Basis bestehende Möglichkeit der vorangehenden Information durch die Prüfungsbeamten unterscheidet sich auch insofern von dem Wesen und der Funktion der in Deutschland anzutreffenden Mitteilung, die regelmäßig in der Prüfungsanordnung enthalten ist: Der in der Türkei von einer Außenprüfung betroffene Steuerpflichtige hat nicht nur keine Rechtsschutzmöglichkeit gegen die anforderungslose Ankündigung einer Außenprüfung (wenn er denn überhaupt eine erhält), er muss auch auf eine Begründung für die anstehende Außenprüfung verzichten und hat insgesamt keine Möglichkeit, sich gegen die Entscheidung für eine Außenprüfung zur Wehr zu setzen. Im Gegensatz dazu ist die Prüfungsanordnung in Deutschland sowie die Festsetzung von Prüfungszeit und -ort mit einem Einspruch anfechtbar. Trotz eingelegten Rechtsbehelfs darf die Prüfung aber auch in Deutschland durchge-

380 Candan, Vergilendirme Yöntemleri ve Uzlaşma, S. 153.

381 Öncel/Kumrulu/Cağan, Vergi Hukuku, S. 100; Akdoğan, Türk Vergi Sistemi ve Uygulaması, S. 45.

382 Allgemeine Verwaltungsvorschriften für die Betriebsprüfung – Betriebsprüfungsordnung v. 15.03.2000, BStBl. I 2000, S. 368.

führt werden, wenn der Steuerpflichtige keine Aussetzung der Vollziehung nach § 361 AO erreicht.[383]

§ 194 Abs. 1 S. 2 AO lässt zu, dass einer oder mehrere Prüfungszeiträume geprüft werden können. Auch die Entscheidung, welche Zeiträume geprüft werden sollen, ist eine Ermessensentscheidung der Finanzbehörde.[384] Allerdings dürfen nicht beliebig viele Prüfungszeiträume in die Prüfung einbezogen werden. Steht fest, dass der Steueranspruch bereits verjährt ist, so darf ein Steuerbescheid (auch) in Deutschland nicht mehr erlassen oder geändert werden.[385]

Der gewöhnliche Umfang einer Außenprüfung in Deutschland sieht ebenfalls die Ex-post-Kontrolle mehrerer bereits abgelaufener Veranlagungszeiträume mit beträchtlicher zeitlicher Verzögerung vor. Dies bewirkt eine lange Phase der Rechtsunsicherheit und die Gefahr unvorhergesehener Steuernachforderungen und hohen Nachzahlungszinsen, die dann nicht einmal als Betriebsausgaben abzugsfähig sind. Dieser Zustand widerspricht dem Prinzip zeitnaher Besteuerung.[386]

Vor diesem Hintergrund werden nach amerikanischem Vorbild derzeit auch in Deutschland Anstrengungen zu einer beschleunigten Außenprüfung unternommen. In Pilotmodellen sog. zeitnaher Betriebsprüfungen treffen Finanzbehörden mit ausgesuchten, mitwirkungsbereiten Unternehmen im Sinne eines kooperativen Steuerstaats eine Verfahrensverständigung. Der Inhalt der Verständigung betrifft den Prüfungszeitraum, die Prüfungsdauer, den Umfang des unmittelbaren Datenzugriffs, die beiderseitige Nutzung von Auswertungsprogrammen, die Schulung der Betriebsprüfer in der Unternehmenssoftware sowie die offene Einsichtnahme in gemeinsame Prüfungsdateien.[387]

Diese Art der zeitnahen Betriebsprüfung bringt viele Vorteile sowohl für den Fiskus als auch für den Steuerpflichtigen. Eine wichtige Voraussetzung für eine derartige Prüfung ist allerdings, dass die Rahmenbedingungen für eine digitale Außenprüfung gegeben sind. Die Entwicklung für diese Art der modernen Prüfung wird in der Türkei jedoch durch verschiedene Faktoren negativ beeinflusst.

---

383 Seer, in: Tipke/Lang, Steuerrecht, § 21 Rn. 242.

384 Tipke, in: Tipke/Kruse, AO, § 194 Rn. 16.

385 Tipke, in: Tipke/Kruse, AO, § 194 Rn. 17.

386 Seer, Die Rolle des Steuerberaters in einer elektronischen Finanzverwaltung, DStR 2008, S. 1560.

387 Seer, Die Rolle des Steuerberaters in einer elektronischen Finanzverwaltung, DStR 2008, S. 1560.

4. Entwicklungsstand in der „digitalen Außenprüfung“

§ 139 Abs. 1 VUK bestimmt, dass die Außenprüfung grundsätzlich in den Geschäftsräumen des Steuerpflichtigen stattfindet. Ausnahmen von diesem Grundsatz bilden die im § 139 Abs. 2 VUK genannten Fälle. Danach ist die Prüfung an Amtsstelle durchzuführen, wenn ein geeigneter Geschäftsraum nicht vorhanden ist, andere zwingende Gründe dafür sprechen (wie etwa ein Todesfall des Steuerpflichtigen oder verlassene Geschäftsbetriebe) oder aber der Steuerpflichtige dies schriftlich verlangt oder zu Protokoll gibt.[388]

Die Befugnisse der Prüfungsbeamten während der Außenprüfung umfassen die Berechtigung, vom Steuerpflichtigen Bücher, Aufzeichnungen und Geschäftspapiere zu verlangen und, soweit erforderlich, diese auch mit in die Behörde zu nehmen, Grundstücke und Betriebsräume zu betreten und zu besichtigen, Durchsuchungen durchzuführen und vom Steuerpflichtigen und dritten Personen Auskünfte zu verlangen (§§ 256, 257 VUK).[389]

In der Türkei werden die Möglichkeiten der digitalen Außenprüfung aufgrund der bereits dargelegten Buchführungsbesonderheiten[390] schon im Vorfeld faktisch beschnitten. Insbesondere die Verpflichtung, sämtliche, auch elektronisch erfasste Buchführungsaufzeichnungen, auf notariell „besiegelte“ Seiten gebundener Handelsbücher oder Loseblattwerke zu befestigen, die dann als Grundlagen für die steuerlichen Außenprüfungen dienen sollen, macht eine digitale Außenprüfung in der Türkei unmöglich. Diese gerade bei großen und mit moderner Technik ausgestatteten Unternehmen nicht mehr zeitgemäße steuerliche Anforderung verhindert eine enorme Erleichterung und Beschleunigung der Außenprüfung, die eine digitale Form mit sich bringt. Darüber hinaus stellt diese altstilistische Form der Aufzeichnungsaufbewahrung eine unpraktische und rein mit dem Besteuerungsverfahren zusammenhängende Last für die modernen Rechnungswesen der Unternehmen dar, die heute auch in der Türkei, zumindest von größeren und fortschrittlicheren Unternehmen ausnahmslos in elektronischen Datenverarbeitungssystemen geführt werden. Zu berücksichtigen ist allerdings auch, dass in der Türkei, und nicht nur in den ländlicheren Regionen, kleinere Familienbetriebe und Einzelunternehmer das Gros der buchführungspflichtigen Kaufleute ausmacht, die derzeit noch nicht auf dem aktuellsten Stand der digitalen Möglichkeiten EDV-gestützter Buchführungssysteme sind.

Zumindest für moderne Großbetriebe bleibt zu hoffen, dass die Türkei auch die zeitgemäße Entwicklung in dieser Hinsicht nachholt: Seinerzeit war die

388 Candan, Vergilendirme Yöntemleri ve Uzlaşma, S. 155.

389 Uluatam/Methibay, Vergi Hukuku, S. 205.

390 Siehe dazu oben S. 129 ff.

Buch- und Betriebsprüfung auch in der Reichsabgabenordnung eine reine Buchprüfung (§ 162 Abs. 9 u. 10 RAO).[391] Die gebundenen Handelbücher alten Stils wurden zunächst durch die Loseblattbuchführung und sodann im Zuge fortschreitender Automatisierung der Datenverarbeitung zunehmend durch automatisierte Finanzbuchhaltungen verdrängt. Da dieser Wandel nicht nur den Prüfungsgegenstand, sondern das gesamte Prüfungsumfeld und die Prüfungstechniken verändert hat, musste er früher oder später Einfluss auf die Art und Weise der steuerlichen Außenprüfung gewinnen. Die Abgabenordnung 1977 hat der fortschreitenden Abkehr von der Papierbuchhaltung zunächst nur durch allgemeine Anforderungen an die Ordnungsmäßigkeit einer Buchführung auf Datenträgern (§§ 145, 146 Abs. 5 AO) Rechnung getragen.[392] Letztlich hat das Steuersenkungsgesetz vom 23.10.2000[393] die gesetzlichen Grundlagen der digitalen Außenprüfung in den Buchführungsvorschriften (§§ 146 Abs. 5, 147 Abs. 2 und 6 AO) und bei der Mitwirkungspflicht im Rahmen der Außenprüfung (§ 200 Abs. 1 S. 2 AO) mit Wirkung ab dem 01.01.2002 (Art. 97 § 19b EGAO) geschaffen. Kernstück der Regelung sind die sog. Datenzugriffsrechte der Außenprüfung in § 147 Abs. 6 AO: Nach Satz 1 hat die Finanzbehörde im Rahmen einer Außenprüfung das Recht, Einsicht in die mit Hilfe eines Datenverarbeitungssystems erstellten und entsprechend gespeicherten Daten zu nehmen und das Datenverarbeitungssystem zur Prüfung dieser Unterlagen zu nutzen. Die Finanzbehörde kann zudem nach Satz 2 im Rahmen einer Außenprüfung verlangen, dass die Daten nach ihren Vorgaben maschinell ausgewertet oder ihr die gespeicherten Unterlagen und Aufzeichnungen auf einem maschinell verwertbaren Datenträger zur Verfügung gestellt werden.

In Deutschland kommt der unmittelbare Datenzugriff in erster Linie bei Groß- und Konzernbetrieben zum Einsatz. Dagegen dient die sog. Datenträgerüberlassung vor allem bei der Prüfung von Klein-, Mittel- und kleineren Großbetrieben den Finanzbehörden dazu, die auf dem Datenträger gespeicherten Unternehmensdaten auf behördeneigenen Rechnern anhand des mittlerweile bundeseinheitlich verwendeten Prüf- und Analyseprogramms „IDEA“ und dessen Erweiterung durch „AIS Tax Audit“ auswerten zu können.[394]

Für die herkömmliche Außenprüfung in der Türkei auf „Papierbasis„ und den (Normal-) Fall, dass die Prüfung in den Geschäftsräumen des Steuerpflichtigen stattfindet, wird regelmäßig die sofortige Vorlage der Dokumente erwartet.

---

391 Becker/Riewald/Koch, RAO, § 162, S. 25.

392 Drüen, Verfassungsfragen der digitalen Außenprüfung, StuW 2003, S. 205.

393 Art. 7 u. 8 des Gesetzes zur Senkung der Steuersätze und zur Reform der Unternehmensbesteuerung (StSenkG) v. 23.10.2000, BGBl. I S. 1433, 1460 f.

394 Seer, Die Rolle des Steuerberaters in einer elektronischen Finanzverwaltung, DStR 2008, S. 1559 m.w.N.

Beantragt der Steuerpflichtige in begründeter Form eine Frist für die Vorlage der Dokumente, wird ihm hingegen nach Vorgabe des Finanzministeriums keine längere Frist als drei Tage eingeräumt.[395]

Beachtet der Steuerpflichtige die Frist nicht, gelten die Unterlagen als nicht vorgelegt mit der Folge, dass gemäß § 30 Abs. 1 VUK die Schätzungskommission eingeschaltet wird. Nach § 30 Abs. 2 Nr. 3 VUK wird die Steuerfestsetzung von Amts wegen auch dann eingeleitet, wenn die Geschäftsbücher den zuständigen Prüfungsbeamten, aus welchem Grund auch immer, nicht vorgezeigt werden.

Für den Fall, dass die Außenprüfung ausnahmsweise an Amtsstelle durchgeführt wird, hat der Steuerpflichtige die zur Prüfung erforderlichen Bücher, Aufzeichnungen und Geschäftspapiere nach schriftlicher Aufforderung durch die Finanzbehörde dort vorzulegen (139 Abs. 3 VUK). Ohne die (im Zweifel von der Finanzbehörde nachzuweisende) Vorlageaufforderung darf an Amtsstelle mit der Außenprüfung nicht begonnen werden. Dazu reicht auch eine mündliche Aufforderung nicht aus.[396]

Mit der Vorlageaufforderung wird dem Steuerpflichtigen eine angemessene Frist gesetzt, in der er die angeforderten Bücher, Aufzeichnungen und Geschäftspapiere vorlegen muss. Wie lange die Frist zu sein hat, regelt § 139 VUK selbst nicht, so dass zumindest die regelmäßige, nach § 14 Abs. 2 VUK bei finanzbehördlichen Prozessen zu gewährende Frist von mindestens 15 Tagen einzuräumen ist.[397]

5. Prüfungsablauf und Prüfungsprotokoll

Die zur Prüfung erscheinenden Prüfungsbeamten haben sich nach § 136 VUK vor Prüfungsbeginn auszuweisen und dem von der Außenprüfung betroffenen Steuerpflichtigen den Gegenstand der Außenprüfung deutlich darzulegen (§ 140 Abs. 1 Nr. 1 VUK). Dies gilt auch für den Prüfer in Deutschland, der zudem den Prüfungsbeginn mit Datum und Uhrzeit aktenkundig zu machen hat (§ 198 AO), weil der Prüfungsbeginn in Deutschland den Ablauf der Festsetzungsfrist hemmt (§ 171 Abs. 4 AO) und die Selbstanzeigemöglichkeit abschneidet (§ 371 Abs. 2 Nr. 1a AO).

Aus § 141 Abs. 1 VUK ergibt sich, dass es für die Prüfungsbeamten nicht verpflichtend ist, im Anschluss an die Außenprüfung einen Prüfungsbericht bzw. ein Prüfungsprotokoll anzulegen. Die Norm sieht lediglich für Fälle, in de-

395 Özbalcı, Vergi Usul Kanunu, S. 436.

396 Candan, Vergilendirme Yöntemleri ve Uzlaşma, S. 155 f.

397 Candan, Vergilendirme Yöntemleri ve Uzlaşma, S. 156.

nen es „für erforderlich gehalten wird“, die Möglichkeit vor, die getroffenen Feststellungen in einem Prüfungsprotokoll auszuweisen und zu dokumentieren. Das führt dazu, dass lediglich in der Situation, in der die Außenprüfung zu keinen Beanstandungen führt und deswegen kein Steuerbescheid erlassen wird, ein Prüfungsprotokoll ausbleiben kann.

Ergeben sich jedoch im Rahmen der Außenprüfung Prüfungsfeststellungen, die Anlass zu einer von der eingereichten Steuererklärung abweichenden Steuerfestsetzung führen, so erfolgt dies hoheitlich in Form der sog. „ergänzenden“ Steuerfestsetzung nach § 29 VUK (İkmalen Vergi Tarhı) durch einen Steuerbescheid gemäß §§ 34, 35 VUK.[398] Dadurch wird „ergänzend“ zu der vom Steuerpflichtigen eingereichten Steueranmeldung eine zusätzliche Steuer hoheitlich festgesetzt, die ihre Grundlage im Prüfungsprotokoll und der Auswertung des Protokolls in einem Prüfungsbericht hat. Bei der Auswertung des Prüfungsprotokolls, der reine Tatsachenfeststellungen beinhaltet, nehmen die Prüfungsbeamten rechtliche Bewertungen auf Grundlage der Tatsachenfeststellungen vor und ziehen die entsprechenden rechtlichen Konsequenzen daraus. Ergebnis dieser Auswertung ist der Prüfungsbericht, der wiederum die Grundlage für die hoheitliche Steuerfestsetzung mittels Steuerbescheides liefert.

Für diesen Fall wird dem Steuerbescheid, der aufgrund einer Außenprüfung ergeht, eine Abschrift des Außenprüfungsberichtes beigefügt, der damit Bestandteil des Steuerbescheides wird.[399]

Vergleichbar hierzu regelt § 202 Abs. 1 AO für Deutschland, dass über das Ergebnis der Außenprüfung ein schriftlicher Prüfungsbericht mit der Darstellung der steuerrelevanten Prüfungsfeststellungen in tatsächlicher und rechtlicher Hinsicht, sowie der Änderungen der Besteuerungsgrundlagen erstellt wird. Der Prüfungsbericht besitzt ebenso wie in der Türkei eine Dokumentations- und Protokollfunktion für die nachfolgenden Verwaltungsentscheidungen.[400]

Vergleichbar mit der Wirkung des Prüfungsberichts in der Türkei bindet er in Deutschland die Finanzbehörde weder in tatsächlicher noch in rechtlicher Hinsicht.[401] Er ist kein Verwaltungsakt, sondern dokumentiert lediglich die Prüfungsfeststellungen. Deshalb kann das für die Steuerfestsetzung zuständige Finanzamt vom Inhalt des Prüfungsberichts noch abweichen, es sei denn, dieser beinhaltet eine bindende tatsächliche Verständigung oder eine einseitig behördenverpflichtende Zusage.[402]

---

398 Ausführlich zur hoheitlichen Veranlagung und zum Steuerbescheid siehe S. 162 ff., S. 175 ff.

399 Özbalcı, Vergi Usul Kanunu, S. 274.

400 Seer, in: Tipke/Lang, Steuerrecht, § 21 Rn. 248.

401 BFH, BStBl. 1986, S. 21, 23 f.

402 Seer, in: Tipke/Lang, Steuerrecht, § 21 Rn. 248 und in Tipke/Kruse, AO, § 201 Rn. 13.

§ 141 Abs. 1 S. 2 VUK sieht vor, dass im Falle von streitigen Prüfungsfeststellungen die Einwände und Ansichten des von der Außenprüfung betroffenen Steuerpflichtigen in das Prüfungsprotokoll mit aufzunehmen sind.[403] Die Einwände selbst müssen dabei konkret sein und sich auf konkrete Feststellung beziehen. Ein abstrakt genereller Einwand gegen die Feststellungen im Allgemeinen ist nicht möglich.[404] Nach Abschluss einer Außenprüfung soll das Prüfungsprotokoll mit den unstreitigen bzw. streitigen und mit den Einwänden und Ansichten des Steuerpflichtigen versehenen Prüfungsfeststellungen auch von dem Steuerpflichtigen unterschrieben werden. Eine Ausfertigung des Protokolls erhält anschließend der Steuerpflichtige (§ 141 Abs. 1 und 2 VUK).[405]

Prüfungsfeststellungen, die ohne schriftlich fixierte Einwände in das Prüfungsprotokoll durch den Steuerpflichtigen unterschrieben werden, stellen verbindliche und zum Beweis geeignete Feststellungen dar. Außer mit einem vom Steuerpflichtigen vor Gericht gesondert zu beweisenden Vortrag, dass die Prüfungsfeststellungen materiell fehlerhaft sind, anhand von Drohungen oder unter Zwang ermittelt wurden oder die Unterschrift des Steuerpflichtigen nicht aus freiem Willen heraus geleistet oder gefälscht wurde, bleibt das Protokoll mit seinen Feststellungen verbindlich.[406]

Diese gewiss nur in Ausnahmefällen „anfechtbare" Unterschrift auf dem Prüfungsprotokoll verdeutlicht seine Tragweite und seine Bindungswirkung. Daher kommt es in der Praxis nicht selten vor, dass Steuerpflichtige sich weigern, das Prüfungsprotokoll zu unterschreiben. Anders als bei der verweigerten Unterschrift auf dem Nachschaubogen[407] ist für das Prüfungsprotokoll in einem derartigen Fall keine „Ersatzunterschrift" vorgesehen. Nach § 141 Abs. 2 VUK beschlagnahmen die Prüfungsbeamten vielmehr die Bücher, Aufzeichnungen und Geschäftspapiere des Steuerpflichtigen, aus denen sich die Prüfungsfeststellungen ergeben, wenn dieser die Unterschrift verweigert. Dabei ist das Einverständnis des Betroffenen nicht erforderlich. Die Unterlagen des Steuerpflichtigen werden so lange in der Finanzbehörde festgehalten, bis die aufgrund der Außenprüfung festgesetzten Steuern und Strafen „rechtskräftig" geworden sind (§ 141 Abs. 2 VUK). Die Rechtskraft der gemäß § 34 VUK durch einen schriftlichen Bescheid von Amts wegen festgesetzten Steuern und Strafen ist in einem ersten Schritt vergleichbar mit der formellen Bestandskraft eines Verwaltungsakts im deutschen Steuerverfahren. Formelle Bestandskraft meint danach die

---

403 Öncel/Kumrulu/Cağan, Vergi Hukuku, S. 100.

404 Özbalcı, Vergi Usul Kanunu, S. 438.

405 Candan, Vergilendirme Yöntemleri ve Uzlaşma, S. 157.

406 Candan, Vergilendirme Yöntemleri ve Uzlaşma, S. 157.

407 vgl. hierzu unten S. 155 f.

(etwa mit Ablauf der Rechtsbehelfsfrist des § 355 Abs. 1 AO eintretende) Unanfechtbarkeit des Steuerverwaltungsaktes.[408] Ebenso hat der Steuerpflichtige auch in der Türkei die Möglichkeit, gemäß § 7 İYUK innerhalb von 30 Tagen nach Zustellung des schriftlichen Bescheides, der im Anschluss an die Außenprüfung ergeht und die festgesetzten Steuern und Strafen beinhaltet, einen Rechtsbehelf einzulegen. Bei dem vorgesehenen Rechtsbehelf gegen die Steuerfestsetzung von Amts wegen handelt es sich jedoch im Unterschied zum deutschen Verfahrensgang nicht um ein Vorverfahren auf Ebene der Finanzbehörde. Vielmehr steht dem Steuerpflichtigen gegen die behördliche Steuerfestsetzung gemäß § 377 Abs. 1 VUK der direkte Klageweg offen.[409] Bleibt die Klageerhebung aus, so werden die in dem Bescheid festgesetzten Steuern und Strafen nicht mehr angreifbar und damit „rechtskräftig" im Sinne des § 141 Abs. 2 VUK, so dass die vom Steuerpflichtigen beschlagnahmten Bücher, Aufzeichnungen und Geschäftspapiere nach Ablauf der Rechtsbehelfsfrist wieder zurückgegeben werden können. Wenn der Steuerpflichtige das Prüfungsprotokoll trotz anfänglicher Weigerung noch während der Rechtsbehelfsfrist unterschreibt, bekommt er seine Unterlagen gemäß § 141 Abs. 2 S. 2 VUK noch vor Ablauf der Rechtsbehelfsfrist zurück. Dies gilt nicht, wenn die Unterlagen zum Beweis einer strafbaren Handlung dienen (§ 141 Abs. 2 S. 3 VUK).

Kommt es hingegen zu einer Klageerhebung während der Rechtsbehelfsfrist, werden die in dem Bescheid festgesetzten Steuern und Strafen erst dann rechtskräftig, wenn die im Rahmen der Finanzgerichtsbarkeit in der Sache selbst getroffene Entscheidung rechtskräftig wird.[410] Die im § 141 Abs. 2 VUK bezeichnete Rechtskraft ist insoweit vergleichbar mit der Rechtskraft aus § 110 FGO. Die Rückgabe der Dokumente erfolgt in diesem Fall nach der Rechtskraft der Entscheidung.

Unabhängig davon, ob der Steuerpflichtige das Prüfungsprotokoll unterschreibt oder nicht, wird ihm gemäß § 140 Nr. 3 VUK zum Abschluss der Au-

---

408 Seer, in: Tipke/Lang, Steuerrecht, § 21 Rn. 80.

409 In der in diesem Bescheid aufzuführenden Rechtsbehelfsbelehrung wird der Steuerpflichtige gemäß § 35 Nr. 11 und 12 VUK lediglich über seine Möglichkeit einer Klageerhebung vor dem Finanzgericht belehrt. Darüber hinaus hat er jedoch auch die Möglichkeit, nach den Ergänzungsvorschriften des VUK (Ergänzungs-§ 1 VUK) mit der Finanzbehörde in einem außergerichtlichen Verständigungsverfahren eine Einigung über den Streitstand zu erzielen, worauf allerdings im Bescheid nicht hingewiesen wird. Ausführlich zum Verständigungsverfahren siehe unten S. 225 ff.

410 Ausführliche Darstellung des finanzgerichtlichen Klagesystem in der Türkei siehe Mutluer, Vergi Genel Hukuku, S. 339 ff.; für einen kurzen Überblick siehe auch Kesen, Das Steuerrecht der Türkei, S. 81 – 86.

ßenprüfung ein Beleg übergeben, in der die Durchführung der Außenprüfung bescheinigt wird.

Eine pauschalierende Bindungswirkung für den Prüfungsbericht kann man auch in Deutschland nicht aussprechen. Eingang in den Prüfungsbericht findet in Deutschland die Schlussbesprechung, die gemäß § 201 AO zuvor über das Ergebnis der Außenprüfung abzuhalten ist, mit einem bestätigenden Passus, dass über die im Bericht angesprochenen Punkte ganz oder teilweise „Übereinstimmung erzielt" worden sei. Es kommt aber auch nicht selten vor, dass außerhalb des Prüfungsberichts oder als Anlage dazu ein besonderes Besprechungsprotokoll angefertigt wird, in dem Einzelheiten über die Verständigung aufgeführt sind. Eine weitere Alternative besteht darin, dass sich die Finanzbehörde und der Steuerpflichtige in einem gegenseitigen Schriftwechsel das Ergebnis der Verständigung bestätigen.[411] Zur Beantwortung der Frage, ob sich aus dem Prüfungsbericht in Deutschland selbst oder aus den Begleitumständen eine Bindungswirkung abzuleiten ist, bedarf es der Auslegung der Willenserklärungen im jeweiligen Einzelfall.[412] Für eine gegenseitig intendierte Rechtsbindung im Sinne eines öffentlich-rechtlichen Vertrags spricht es, wenn die Akteure die Vereinbarung schriftlich gesondert festhalten, als „Vertrag" oder „tatsächliche Verständigung" bezeichnen und unterschreiben. Dasselbe gilt für einen umfangreichen Schriftwechsel, in dem beide Seiten ihr besonderes Interesse an der Einhaltung der Verständigung bekunden oder bewusst das für die Steuerfestsetzung zuständige Finanzamt involvieren, um den seitens der h.M. für die Bindungswirkung von Verständigungen gestellten Anforderungen[413] zu genügen.[414]

Im Vergleich zu dem Prüfungsbericht in der Türkei, der inhaltlich unverändert sogar Bestandteil der darauf folgenden hoheitlichen Veranlagung in Form eines Steuerbescheides wird, zeigt sich für Deutschland, dass eine Bindungswirkung für etwaige Verständigungen im Rahmen von Außenprüfungen nur bei Beachtung von formalen sowie von Zuständigkeitsanforderungen abhängig ist.

II. Steuerfahndung (Arama)

Anders als die Steuerfahndung gemäß § 208 AO in Deutschland besitzt die Steuerfahndung in der Türkei nach den §§ 142 bis 147 VUK keine Doppelauf-

411 Ausführlich zur Verständigungsproblematik im Rahmen von Schlussbesprechungen Seer, in: Tipke/Kruse, AO, § 201 Rn. 12 m.w.N.

412 Seer, in: Tipke/Kruse, AO, § 201 Rn. 13.

413 Zu den von der h.M. gestellten Anforderungen vgl. Seer, in: Tipke/Kruse, AO, § 201 Rn. 14.

414 Seer, in: Tipke/Kruse, AO, § 201 Rn. 13.

gabe. Während die Steuerfahndung in Deutschland neben der steuerstrafrechtlichen Funktion (§§ 208 Abs. 1 S. 1 Nr. 1, 404 AO) auch noch eine steuerrechtliche Funktion hat (§ 208 Abs. 1 S. 1 Nrn. 2, 3 AO)[415], gehört die Ermittlung von Besteuerungsgrundlagen und die Aufdeckung und Ermittlung unbekannter Steuerfälle nicht in den Aufgabenkreis der türkischen Steuerfahndung. Vielmehr begrenzt er sich auf die Durchsuchung von Personen, Wohnungen und Betrieben und zur Beschlagnahme von Sachen um damit Steuerstraftaten zu erforschen.[416] Die Aufdeckung und Ermittlung unbekannter Steuerfälle ist in der Türkei Aufgabe der Nachschau.[417]

1. Fahndungsvoraussetzungen

Die Voraussetzungen für die Einleitung von Fahndungsmaßnahmen sind im § 142 VUK geregelt und lassen erkennen, dass die mit den Maßnahmen verbundenen tiefgreifenden Grundrechtseingriffe nur unter Beachtung strikter Vorgaben ermöglicht werden sollen. Fahndungsmaßnahmen dürfen danach nur dann eingeleitet werden, wenn aufgrund einer Anzeige oder aufgrund von Außenprüfungserkenntnissen Indizien vorgefunden werden, die den Verdacht einer Steuerhinterziehung begründen. Dabei sind die Maßnahmen nicht beschränkt auf den verdächtigten Steuerpflichtigen, sondern können sich auch auf andere Personen ausweiten, wenn zu ihnen aufgrund der vorgefundenen Indizien eine Verbindung zu der mutmaßlichen Steuerstraftat hergestellt werden kann.

Fahndungsmaßnahmen dürfen darüber hinaus nur dann eingeleitet werden, wenn die eine Steuerfahndung beabsichtigenden Finanzbeamten bei dem zuständigen Amtsrichter (Ermittlungsrichter) einen begründeten Antrag stellen (§ 142 Abs. 2 Nr. 1 VUK) und der Richter die entsprechenden Fahndungsmaßnahmen anordnet (§ 142 Abs. 2 Nr. 2 VUK). Dieser Richtervorbehalt wird von Kesen[418] verkannt und unrichtig als Vorbehalt der Staatsanwaltschaft dargestellt. Eine Entscheidungskompetenz zur Durchführung von Fahndungsmaßnahmen sieht das VUK für die Staatsanwaltschaft nicht vor. Die Staatsanwaltschaft in der Türkei hat anders als in Deutschland auch kein Antragsrecht, welches nach § 142 Abs. 2 Nr. 1 VUK i.V.m. § 135 VUK nur für die zur Außenprüfung befugten Finanzbeamten vorgesehen ist. So regelt § 367 Abs. 2 VUK, dass die Staatsanwaltschaft, sollte sie selbst auf irgendeine Weise Kenntnis erlangen von einer möglichen Steuerstraftat, unverzüglich das Finanzamt informiert und eine

415 Seer, in: Tipke/Lang, Steuerrecht, § 21 Rn. 253.

416 Akdoğan, Türk Vergi Sistemi ve Uygulaması, S. 45.

417 Özbalcı, Vergi Usul Kanunu, S. 431, Zur Nachschau in der Türkei siehe S. 153 ff.

418 Kesen, Das Steuerrecht der Türkei, S. 44.

weitergehende Aufklärung und Prüfung des Sachverhaltes anfordert. Vor der Einleitung von Fahndungsmaßnahmen haben die dann eingeschalteten Finanzbeamten wieder den § 142 VUK zu beachten und einen richterlichen Durchsuchungsbeschluss einzuholen.

Betrachtet man die Tätigkeiten der Steuerfahndung in Deutschland isoliert im Rahmen ihrer wesentlichen Befugnisse, die sich aus dem Bereich der Strafverfolgung ergeben, besitzt die Steuerfahndung in Deutschland in ähnlicher Weise wie die Steuerfahndung in der Türkei die Stellung einer Steuerpolizei. Unterschiede ergeben sich allerdings in der Wahrnehmung ihrer Befugnisse: Während Beamte der Steuerfahndung in Deutschland insoweit Hilfsbeamte der Staatsanwaltschaft sind (§ 404 AO) und bei der Verfolgung von Steuerstraftaten dieselben Rechte und Pflichten wie die Behörden und Beamten des Polizeidienstes nach den Vorschriften der StPO haben, können die Beamten der Steuerfahndung in der Türkei ihre Rechte und Pflichten im Zusammenhang mit der Aufklärung von Steuerdelikten direkt aus den Normen des VUK herleiten[419], ohne die Staatsanwaltschaft mit einzubeziehen. Augenfällig wird dies insbesondere bei den im Rahmen von Steuerfahndungen regelmäßig vorkommenden Durchsuchungen von Wohnungen oder anderen Räumen:

Während in der Türkei gemäß § 142 Abs. 2 Nr. 1 VUK die Fahndungsbeamten selbst berechtigt (und auch verpflichtet) sind, bei dem zuständigen Amtsrichter einen Durchsuchungsantrag zu stellen, ist in Deutschland nach § 162 StPO i.V.m. §§ 386, 399 AO nur die Staatsanwaltschaft und die Straf- und Bußgeldstelle antragsbefugt.[420] Ähnliches gilt etwa bei der Beschlagnahme von Sachen. Die Anordnung der Beschlagnahme ist nach § 98 Abs. 1 S. 1 StPO ebenso wie die der Durchsuchung grundsätzlich dem Richter vorbehalten.

Auf der anderen Seite sind die deutschen Fahndungsbeamten bei „Gefahr im Verzug“[421] berechtigt, auch ohne einen richterlichen Beschluss Sachen zu beschlagnahmen (§ 98 Abs. 1 S. 1 StPO), Häuser und Wohnungen zu durchsuchen (§ 105 Abs. 1 S. 1 StPO), bei Flucht- oder Verdunkelungsgefahr sogar Personen vorläufig festzunehmen (§§ 112, 127 Abs. 2 StPO). Eine Ausnahmeregelung für

---

419 Zwar existiert im § 147 VUK ebenfalls eine Verweisnorm in die türkische StPO (CMUK – Ceza Muhakemeleri Usulü Kanunu) für Situationen, die nicht in dem Steuerfahndungsabschnitt (§§ 142 bis 147 VUK) geregelt sind, jedoch kommt diesem Verweis aufgrund der speziellen Maßnahmenregelungen in Bezug auf die hier erörterten Grundsatzfragen wenig Relevanz zu.

420 Die Steuerfahndung in Deutschland kann den Durchsuchungsantrag jedoch vorbereiten. Vgl. Seer, in: Tipke/Kruse, AO, § 208 Rn. 61.

421 Gefahr ist im Verzug, wenn die an sich erforderliche Richterliche Anordnung nicht eingeholt werden kann, ohne dass der Zweck der Maßnahme gefährdet wird. Vgl. dazu Meyer-Goßner, StPO, § 98 Rn. 6.

den Fall, dass Gefahr im Verzug ist, sehen die türkischen Regelungen hingegen nicht vor.

Ebenso wie in Deutschland[422] zielt der Richtervorbehalt auch in der Türkei auf eine vorbeugende Kontrolle der Maßnahme durch eine unabhängige und neutrale Instanz ab.[423]

Für den Fall, dass Fahndungsmaßnahmen aufgrund einer Anzeige einer dritten Person eingeleitet werden, stellt Kesen nicht weiter differenzierend fest, dass die von den Maßnahmen betroffene Person vom Finanzamt den Namen des Anzeigeerstatters verlangen kann und das in diesem Fall das Finanzamt verpflichtet ist, den Namen des Anzeigenden zu benennen.[424] § 142 Abs. 4 VUK sieht die Offenbarungspflicht jedoch nur für den Fall vor, wenn die Anzeige sich als unzutreffend herausstellt. Führen die aufgrund der Anzeige eingeleiteten Fahndungsmaßnahmen hingegen zur Aufdeckung einer Steuerstraftat, ist das Finanzamt nicht berechtigt und nicht verpflichtet, den Anzeigeerstatter namentlich zu benennen.[425]

Die während den Fahndungsmaßnahmen, insbesondere aufgrund von Durchsuchungen vorgefundenen Bücher, Geschäftsdokumente und Aufzeichnungen, die für prüfungsrelevant gehalten werden, sind im Einzelnen aufzulisten und können zu Prüfungszwecken zur Behörde der zuständigen Prüfer gebracht werden (§ 143 VUK).

2. Prüfung der beschlagnahmten Dokumente

Die beschlagnahmten Bücher, Geschäftsdokumente und Aufzeichnungen sind zügig und vor allen anderen Aufgaben (privilegiert) von den Prüfungsbeamten zu prüfen. Das Gesetz sieht im § 145 Abs. 1 VUK eine Frist von drei Monaten vor, in der sämtliche beschlagnahmten Dokumente geprüft und dem Steuerpflichtigen wieder ausgehändigt werden müssen. Nur in begründeten Ausnahmefällen und nach einer entsprechenden Entscheidung des Ermittlungsrichters kann diese Frist verlängert werden (§ 145 Abs. 2 VUK).

Private und sonstige steuerlich nicht relevante Unterlagen sind dem Steuerpflichtigen gegen eine Empfangsbestätigung zurück zu geben (§ 144 Abs. 2 VUK). Außerdem ist der Steuerpflichtige berechtigt, während der Dauer der Beschlagnahme auf schriftlichen Antrag in Anwesenheit eines Finanzbeamten seine Dokumente einzusehen und sich Ablichtungen hiervon zu machen (§ 144 Abs. 3 VUK). Die Beschlagnahme der Dokumente befreit den Steuerpflichtigen

422 Seer, in: Tipke/Lang, Steuerrecht, § 24 Rn. 25.

423 Akdoğan, Türk Vergi Sistemi ve Uygulaması, S. 45.

424 Kesen, Das Steuerrecht der Türkei, S. 44.

425 Uluatam/Methibay, Vergi Hukuku, S. 206.

nicht von seiner Pflicht, seine Steuererklärung fristgerecht einzureichen.[426] Nur für den Fall, dass zwischen dem Zeitpunkt der Beschlagnahme der Dokumente und der Abgabefrist für die Steuererklärung weniger als ein Monat liegt, verlängert sich die Abgabefrist automatisch um einen Monat. Die Zusatzfrist beginnt mit dem Ende der regulären Abgabefrist (§ 144 Abs. 5 VUK). Fristverlängerungen aufgrund höherer Gewalt im Sinne von § 13 VUK oder anderer zwingender Gründe gemäß § 17 VUK bleiben dabei unberührt.

Anders als in der Türkei existieren in Deutschland keine konkreten Regelungen, welche den Fahndungs- bzw. Prüfungsbeamten zeitliche Vorgaben hinsichtlich der Auswertung beschlagnahmter Dokumente machen würden. Der Beschlagnahme geht in Deutschland allerdings (sinnvollerweise) gemäß § 404 S. 2 AO die Durchsicht der Papiere vor, um überhaupt entscheiden zu können, welche Unterlagen beschlagnahmt werden sollen, weil sie als Beweismittel geeignet sein können. Daraufhin erfolgt erst die Entscheidung, eine richterliche Beschlagnahme für die dann konkret zu bezeichnenden Dokumente einzuholen. Die Vorgehensweise in der Türkei stellt demgegenüber eine „vorsorgliche Beschlagnahme" zum Zwecke der Durchsicht dar, die in Deutschland unzulässig[427] aber aufgrund von § 404 S. 2 AO auch nicht erforderlich ist.

Da § 404 S. 2 AO den § 110 StPO erweitert und neben der Staatsanwaltschaft auch der Steuerfahndung erlaubt, die bei einer Durchsuchung vorgefundenen Papiere durchzusehen, sind die zeitlichen Begrenzungen, die sich aus der Anwendung des § 110 StPO ergeben, auch bei der Durchsicht durch die Steuerfahnder zu berücksichtigen. Auch wenn keine gesetzliche Zeitvorgabe gegeben ist, gibt es Rechtsprechung dahingehend, dass eine entsprechende Durchsicht der Papiere „nicht innerhalb von sechs Monaten, aber in angemessener Zeit" beendet sein muss.[428] Die Angemessenheit wird dabei vom Einzelfall abhängig sein und kann auf Antrag des Steuerpflichtigen einer richterlichen Entscheidung zugeführt werden.[429]

Auch in Deutschland hat der Betroffene Anspruch auf ein Verzeichnis über die beschlagnahmten Gegenstände (§ 107 S. 2 StPO). Ausdrückliche gesetzliche Regelungen wie in der Türkei, die den Anspruch des Betroffenen auf Einsicht bzw. Kopien der beschlagnahmten Dokumente festlegen, existieren in Deutschland hingegen nicht. In einem derartigen Fall sind die Kopien wichtiger Unterlagen nicht selten zur Aufrechterhaltung eines Betriebs jedoch unverzichtbar. Diesen Anspruch kann der Betroffene daher aus dem Grundsatz der Verhältnismä-

426 Zu den Abgabefristen der Steuererklärungen vgl. oben S. 54 ff.

427 Wannemacher/Seipl, in: Beermann/Gosch, AO, § 404 Rn. 63.

428 Meyer-Goßner, StPO, § 110 Rn. 2 m.w.N.

429 So auch Meyer-Goßner, StPO, § 110 Rn. 6.

ßigkeit herleiten. Umstritten ist allerdings, wer die Kopien zu erstellen hat und wen die Kopierkosten treffen.[430]

Werden in Deutschland Unterlagen beschlagnahmt, die für die fristgerechte Anfertigung und Einreichung von anstehenden Steuererklärungen benötigt werden, besteht im Gegensatz zu der Situation in der Türkei neben der Möglichkeit von Kopieanfertigungen auch stets die Möglichkeit, nach § 109 AO eine Fristverlängerung aus diesem Grund sowie aus möglichen anderen Gründen zu beantragen, um eine verfristet eingereichte Steuererklärung zu vermeiden. In der Türkei ist dies nicht möglich.

3. Abschluss der Prüfung

Die im Rahmen der Prüfung der beschlagnahmten Bücher, Geschäftsdokumente und Aufzeichnungen aufgedeckten „gesetzeswidrigen Vorgänge und Berechnungen" sind gemäß § 145 Abs. 3 VUK in einer Niederschrift festzuhalten. Gemeint sind damit die Fahndungsergebnisse und Prüfungsfeststellungen, die den Tatbestand einer Steuerstraftat verwirklichen. Die Niederschrift am Ende der Prüfungsmaßnahmen soll vom Steuerpflichtigen unterschrieben werden (§ 145 Abs. 3 VUK). Verweigert der Steuerpflichtige seine Unterschrift, behalten die Prüfungsbeamten die Bücher, Aufzeichnungen und Geschäftspapiere des Steuerpflichtigen ebenso wie bei der Außenprüfung nach § 141 Abs. 2 VUK ein und geben diese nicht zurück, bis die aufgrund der Prüfung festgesetzten Steuern und Strafen „rechtskräftig" geworden sind (§ 145 Abs. 3 VUK).[431]

Auch in dieser Niederschrift kann der Steuerpflichtige wie im Prüfungsbericht nach einer Außenprüfung etwaige Einwände, die er gegen die Fahndungsergebnisse und Prüfungsfeststellungen hat, zu Protokoll geben (§ 145 Abs. 5 VUK).[432] Unterschreibt der Steuerpflichtige die Niederschrift ohne schriftlich fixierte Einwände, sind die darin getroffenen Feststellungen insoweit verbindlich und zum Beweis geeignet.[433]

Führen die Fahndungsergebnisse und Prüfungsfeststellungen zu der Erkenntnis, dass die Tatbestände der in §§ 359 und 360 VUK geregelten Steuerhinterziehungs- und Beteiligungsdelikte verwirklicht sind, so sind die Steuerfahnder gemäß § 367 Abs. 1 VUK verpflichtet, den Fall an die Staatsanwaltschaft weiterzuleiten.[434] Zur Erhebung einer öffentlichen Anklage ist dabei nur die Staatsanwaltschaft berechtigt, die eine Entscheidung darüber erst nach Erhalt

430 Seer, in: Tipke/Kruse, AO, § 208 Rn. 82.

431 Zur Einbehaltung der Unterlagen im Rahmen von Außenprüfung vgl. S. 143 ff.

432 Zu den Einwänden im Rahmen einer Außenprüfung vgl. oben S. 143 ff.

433 Candan, Vergilendirme Yöntemleri ve Uzlaşma, S. 157.

434 Öncel/Kumrulu/Cağan, Vergi Hukuku, S. 101.

der Fahndungs- und Prüfungsergebnisse von den Fahndungsbeamten trifft (§ 367 Abs. 3 VUK).[435]

Die Stellung der Finanzbehörde als selbständiges Ermittlungsorgan ist nach Abschluss der Ermittlungen auch in Deutschland erheblich eingeschränkt. Ebenso wie in der Türkei kann sie keine öffentliche Anklage erheben. Hält sie eine solche für erforderlich, so hat sie vielmehr nach § 400 Hs. 2 AO die Akten der Staatsanwaltschaft vorzulegen, damit diese eigenverantwortlich über die Art des Verfahrensabschlusses entscheidet. Anders als in der Türkei ist die Finanzbehörde in Deutschland, die das Steuerstrafverfahren selbständig geführt hat, aber ebenso wie die Staatsanwaltschaft befugt, das Ermittlungsverfahren durch einen Strafbefehlsantrag beim Richter zu beenden (§ 400 Hs. 1 AO, §§ 407 ff. StPO) oder das Verfahren einzustellen (§ 399 Abs. 1 AO).[436] Insofern reichen die Befugnisse der deutschen Finanzbehörden weiter, als die der türkischen.

III. Nachschau (Yoklama)

1. Anwendungsbereich und Umfang der Nachschau

Ziel der in den §§ 127 bis 133 VUK geregelten Nachschau ist es, Steuerpflichtige und die mit der Steuerpflicht zusammenhängenden materiellen bzw. sachlichen Verhältnisse, Aufzeichnungen und Gegenstände zu untersuchen bzw. zu „erforschen" und festzustellen (§ 127 VUK). Als Instrument vergleichbar mit der in Deutschland vorgesehen Nachschau gemäß § 210 Abs. 1 AO soll den Finanzbehörden dadurch gewährleistet werden, Prüfungen vorzunehmen oder sonst Feststellungen zu treffen, die für die Besteuerung erheblich sein können. Dabei geht es auch bei der Nachschau im Sinne des § 127 VUK um die „sinnliche Wahrnehmung von steuerlich relevanten Gegenständen, Zuständen und Vorgängen."[437] Der Finanzverwaltung wird damit ermöglicht, sich über die steuerrelevanten Tatsachen ein eigenes „Bild" zu machen.[438] Anders aber als die Nachschau i.S. des § 210 Abs. 1 AO, die als Hauptmittel der Steueraufsicht in besonderen Fällen im Rahmen der §§ 209 ff. AO auf Zölle und Verbrauchsteuern begrenzt zur Anwendung kommt[439], kann die Nachschau in der Türkei prin-

435 Uluatam/Methibay, Vergi Hukuku, S. 219.

436 Seer, in: Tipke/Lang, Steuerrecht, § 24 Rn. 37.

437 Treffende Umschreibung für die Nachschau gemäß § 210 AO von Seer, in: Tipke/Lang, Steuerrecht, § 21 Rn. 258.

438 Akdoğan, Türk Vergi Sistemi ve Uygulaması, S. 43.

439 Zur besonderen Steueraufsicht und zur Nachschau in Deutschland vgl. unten S. 157 ff.

zipiell in allen Steuerangelegenheiten und für alle Steuerarten „zum Einsatz" kommen.

Mit der Nachschau gemäß § 127 VUK wird z.B. auch die Aufdeckung und Ermittlung unbekannter Steuerfälle bezweckt[440], was in Deutschland gemäß § 208 Abs. 1 Nr. 3 AO in den Aufgabenbereich der Steuerfahndung fällt oder etwa auch die Frage, ob der Steuerpflichtige überhaupt einen Betrieb unterhält[441], was in Deutschland wiederum eher Gegenstand einer auf § 193 Abs. 1 AO gestützten Außenprüfung wäre.[442]

Diese umfassende Ausgestaltung der Nachschau in der Türkei entspricht augenfällig dem Vorbild aus der Reichsabgabenordnung von 1931.[443] Während dort die Nachschau zunächst beschränkt war auf Verbrauchssteuern und Betriebe[444], wurden die Befugnisse der Finanz- und Zollämter zur Steueraufsicht mit der Notverordnung des Reichspräsidenten zur Sicherung von Wirtschaft und Finanzen vom 01.12.1930[445] erweitert. Die Regelung fällt in eine Zeit, in der das Deutsche Reich einen ständig wachsenden Finanzbedarf hatte und wegen der daraus resultierenden Steuererhöhungen massive Steuerflucht und Steuerverkürzungen zu beobachten waren.[446] Der im Zuge dieser Notverordnung geschaffene neue § 201 RAO bezeichnete als Gegenstand der Steueraufsicht „darüber zu wachen, ob durch Steuerflucht oder in sonstiger Weise zu Unrecht Steuereinnahmen verkürzt werden". Gleichzeitig wurde die wichtige Steueraufsichtsmaßnahme der Nachschau gemäß § 193 RAO 1931, die bis dahin zur Voraussetzung hatte, dass der Betrieb der Steueraufsicht unterläge, ausgedehnt auf alle Personen, „bei denen nach dem Ermessen des Finanzamtes eine Steuerpflicht in Betracht kommt". Damit war die allgemeine Steueraufsicht geschaffen, die das Finanzamt ermächtigte, im Interesse aller Steuern Auskünfte von allen Personen – steuerpflichtigen und anderen – zu verlangen, auch zur Aufdeckung bis dahin noch nicht bekannter Steuerfälle, Nachschau bei allen Personen zu halten, bei denen die Entstehung einer Steuerschuld vermutet wurde (...).[447]

Ebenso, wie es die Nachschau in der Türkei in ihrer heutigen Ausgestaltung nicht für erforderlich hält, dass besondere Anhaltspunkte für eine Steuerflucht

440 Özbalcı, Vergi Usul Kanunu, S. 431.

441 Özbalcı, Vergi Usul Kanunu, S. 431.

442 BFH BStBl. 1991, S. 278, 280: es müssen aber zumindest konkrete Anhaltspunkte für das Vorliegen des Betriebes gegeben sein.

443 Zur historischen Verwurzelung des VUK mit der RAO vgl. bereits die Einleitung zu dieser Arbeit, S. 17 ff.

444 Becker/Riewald/Koch, RAO, vor §§ 190 – 201, S. 214.

445 RGBl. I 1930, S. 137.

446 Rüping, Die Umsatzsteuer-Nachschau, S. 8 f.

447 Becker/Riewald/Koch, RAO, vor §§ 190 – 201, S. 213 ff.

oder eine Steuerverkürzung gegeben sein müssen, wurde dies auch von der Nachschau im Sinne der allgemeinen Steueraufsicht der RAO 1931 nicht abverlangt.[448]

Neben der allgemeinen Zweckrichtung der Nachschau in der Türkei, „steuererhebliche Tatsachen zu erkunden" und der damit einhergehenden „Generalermächtigung", werden die mit der Nachschau betrauten Amtsträger im § 127 Abs. 1 S. 2 VUK in einem nicht abschließenden Katalog von Regelbeispielen berechtigt, insbesondere folgende Maßnahmen zu treffen:

(a) Feststellung von Tagesumsätzen im Rahmen der vom Finanzministerium vorgegebenen Verfahrensgrundsätze;

(b) Feststellung, ob die gesetzlich gesondert verpflichteten Steuerpflichtigen vorschriftsmäßige Registrierkassen tatsächlich nutzen;

(c) Feststellung, ob die gesetzlich zu führenden Bücher in den Geschäftsräumen des Steuerpflichtigen vorhanden und auch vorschriftsmäßig beglaubigt sind und geführt werden, ob gesetzlich auszustellende Dokumente (z.B. Rechnungen) tatsächlich und richtig ausgestellt werden, ob rechnungslose Waren oder Güter vorhanden sind und ob neben den gesetzlich zu führenden Büchern andere, Anzeichen für eine Steuerumgehung gebende Belege oder Aufzeichnung vorhanden sind (mit der Befugnis, diese zu beschlagnahmen);

(d) Güter- oder Personenbeförderungsmittel im Straßenverkehr anzuhalten, um festzustellen, ob die erforderlichen Unterlagen über die transportierten Güter (Frachtbriefe) oder Fahrgäste (Fahrgastlisten) vorhanden und ordnungsgemäß sind;

(e) Bei fehlenden Frachtbriefen oder sonstigen erforderlichen Unterlagen sind die Amtsträger berechtigt, das Fahrzeug bis zur Aushändigung der entsprechenden Unterlagen aus dem Straßenverkehr zu ziehen und die Güter zu beschlagnahmen. Handelt es sich bei den beschlagnahmten Sachen um solche, die verderben können, werden diese sofort, im Übrigen drei Monate nach ihrer Beschlagnahme nach den vom Finanzministerium bestimmten Grundsätzen liquidiert.

Die Möglichkeiten der mit der Nachschau betrauten Amtsträger sind sehr umfassend. Im Vordergrund stehen dabei „steuerrelevante tatsächliche Gegebenheiten" in allen möglichen Variationen. Die Nachschau kann den status quo eines Unternehmens erfassen und so für eine spätere Betriebsprüfung oder Schätzung Material sammeln. Davon umfasst sind z.B. auch tatsächliche Feststellungen in Gaststätten anhand aktueller Getränke- und Speisekarten und den dort ausgewiesenen Preisen. Anhand der Kassenaufzeichnungen können dann die erfassten

448 Becker/Riewald/Koch, RAO, vor §§ 190 – 201, S. 215; Rüping, Die Umsatzsteuer-Nachschau, S. 10 f.

Preise mit den in den Speisekarten ausgewiesenen Preisen abgeglichen werden, um eine vollständige Erfassung der vereinnahmten Gelder zu prüfen. Ein Kassensturz durch den nachschauenden Beamten gibt Aufschluss darüber, ob sämtliche Umsätze ordnungsgemäß erfasst wurden. Gegenstand ist auch die Suche nach versteckten „Parallelaufzeichnungen" von Umsätzen, die vorbei an der offiziellen Umsatzverbuchung „schwarz" vereinnahmt werden.

2. Ablauf der Nachschau

Die Nachschau kann zu jeder Zeit durchgeführt werden und wird zur Nutzung des Überraschungseffektes vorher auch nicht angekündigt (§ 130 VUK). Insbesondere bei Steuerpflichtigen, die ihre Tätigkeit nur nachts ausüben, ist eine Nachschau auch zur Nachtzeit möglich.[449] Die zur Nachschau erscheinenden Amtsträger haben sich gemäß § 129 VUK auch unaufgefordert auszuweisen. Zum Abschluss wird das Ergebnis der Nachschau in einem „Nachschaubogen" (yoklama fişi) festgehalten, der eine Niederschrift der Nachschau darstellt. Diese Niederschrift wird am Ort der Nachschau und zweifach ausgefertigt. Mit dem Datum der Nachschau versehen wird die Niederschrift dem betroffenen Steuerpflichtigen zur Unterschrift vorgelegt und ihm ein Exemplar ausgehändigt. Ist der Steuerpflichtige bei der Nachschau nicht anwesend, kann der Nachschaubogen auch von seinem Bevollmächtigten, Buchhalter, Stammpersonal oder ähnlichen Personen unterschrieben werden, denen anschließend das für den Steuerpflichtigen gedachte Exemplar ausgehändigt wird. Die Unterschrift vom Ehepartner des betroffenen Steuerpflichtigen auf der Niederschrift ist ebenfalls möglich.[450] Sind auch derartige Personen nicht anwesend oder weigern sich der Steuerpflichtige bzw. diese Personen eine Unterschrift auf den Nachschaubogen zu leisten, wird dieser Umstand auf der Niederschrift vermerkt und der Polizei, der Gendarmerie, dem Ortsvorsteher oder einem Mitglied des Ältestenrates zur Unterschrift vorgelegt (§ 131 VUK) und ein Exemplar anschließend dem Steuerpflichtigen auf dem Postwege innerhalb von sieben Tagen übersandt (§ 132 VUK). Die Originalunterschrift des Steuerpflichtigen oder die „Ersatzunterschrift" einer der genannten und gesetzlich vorgesehenen Personen ist für einen ordnungsgemäßen Nachschaubogen erforderlich, der als Beleg für die im Rahmen der Nachschau getroffenen Feststellungen dient. Dieses Dokument kann anschließend als verbindliche Informationsquelle über die steuerrelevanten tatsächlichen Gegebenheiten für eine Betriebsprüfung, eine Schätzung, eine Steu-

449 Özbalcı, Vergi Usul Kanunu, S. 432.

450 Özbalcı, Vergi Usul Kanunu, S. 432 mit Verweis auf das Urteil des türkischen Oberverwaltungsgerichts vom 27.11.1970, AZ: E.1969/5478, K.1970/5364.

erfestsetzung von Amts wegen[451] oder für eine behördliche Steuerfestsetzung in sonstigen Fällen gemäß dem doppelten § 30 VUK genutzt werden.[452]

3. Parallelen zur Umsatzsteuer-Nachschau nach § 27b UStG

Die nähere Betrachtung der in den §§ 127 bis 133 VUK geregelten Nachschau verdeutlicht auch Parallelen zu der in Deutschland vorgesehenen Umsatzsteuer-Nachschau nach § 27b UStG.

§ 27b UStG sollte ursprünglich als § 88b in der AO unter der Überschrift „Allgemeinen Nachschau“ Gesetzeskraft erlangen.[453] Der Gesetzgeber entschied sich dann, die Nachschau auf die Umsatzsteuer zu begrenzen und die Regelung wegen des rechtssystematischen Zusammenhangs in das Umsatzsteuergesetz zu übernehmen.[454]

§ 27b UStG berechtigt das Finanzamt, wie auch die Nachschau in der Türkei, ohne vorherige Ankündigung und außerhalb einer Außenprüfung Grundstücke und Räume während der Geschäfts- und Arbeitszeiten zu betreten, um für die Besteuerung erhebliche Sachverhalte festzustellen (§ 27b Abs. 1 S. 1 UStG), erlaubt zur Verhütung dringender Gefahren für die öffentliche Sicherheit und Ordnung das Betreten von Wohnräumen (§ 27b Abs. 1 S. 2 UStG) und verpflichtet die von der Nachschau betroffenen Personen, Aufzeichnungen, Bücher, Geschäftspapiere und andere Unterlagen - ebenfalls wie in der Türkei - vorzulegen und Auskünfte zu erteilen (§ 27b Abs. 2 UStG).

Auch wenn § 27b UStG die Nachschau von ihrer Grundkonzeption auf die Umsatzsteuer beschränkt, ist es nach § 27b Abs. 4 UStG zulässig, wenn die Finanzbehörde die anlässlich der Umsatzsteuer-Nachschau getroffenen Feststellungen auch für andere Steuerarten auswertet.[455] Zum Einen dürfen danach die bei einem bestimmten Unternehmer gewonnenen Erkenntnisse etwa für dessen Einkommen- / Körperschaft- und Gewerbesteuerfestsetzung verwertet werden. Zum Anderen dürfen Erkenntnisse auch ohne Einschränkung für die Besteuerung dritter Personen verwendet werden, die damit mittelbar von der Nachschau betroffen werden.[456]

Durch die weitreichende Auswertungsmöglichkeit muss sich der Gesetzgeber in Deutschland die Kritik gefallen lassen, die Umsatzsteuer-Nachschau

451 Zu der Steuerfestsetzung von Amts wegen vgl. S. 162 ff.

452 Özbalcı, Vergi Usul Kanunu, S. 433; Zur behördlichen Steuerfestsetzung in sonstigen Fällen vgl. S. 175 ff.

453 Regierungsentwurf, BT-Drucks. 14/6883.

454 BT-Drucks. 14/7174.

455 Leonard, in: Bunjes/Geist, UStG-Kommentar, § 27b Rn. 29.

456 Rüping, Die Umsatzsteuer-Nachschau, S. 112.

beinhalte eine „quasi uferlose Befugnis“, die einer Blanko-Eingriffsnorm gleichkomme, bzw. die Transparenz des Steuerbürgers erheblich erweitere.[457] Diese Kritik muss sich der türkische Gesetzgeber im Hinblick auf die mit der Nachschau gemäß §§ 127 bis 133 VUK erteilten „Generalermächtigung“ zu umfassenden Prüfungsmaßnahmen erst Recht gefallen lassen.

Die Umsatzsteuer-Nachschau mit dem primären Ziel anzuordnen, damit Feststellungen über Sachverhalte ohne umsatzsteuerlichen Bezug getroffen werden können, wäre in Deutschland ermessensmissbräuchlich[458] und damit unzulässig. In Deutschland darf die Finanzbehörde nicht ohne sachlichen Zusammenhang mit der umsatzsteuerlichen Prüfung gezielt nach Kontrollmaterial suchen.[459] Diese Punkte unterscheiden letztlich – trotz vieler Gemeinsamkeiten – die in erster Linie auf die Umsatzsteuer ausgerichtete Nachschau nach § 27b UStG von den umfassenderen Nachschaumöglichkeiten der Finanzbehörden in der Türkei, die keinen Einstieg über umsatzsteuerliche Belange benötigt.

IV. Informationseinholung (Bilgi Toplama)

1. Inhalt und Zweck der Informationseinholung

Mit dem Instrument der Informationseinholung, welches in den §§ 148 bis 152 VUK geregelt ist, haben die Finanzbehörden in der Türkei die Möglichkeit, nicht nur von den betroffenen Steuerpflichtigen selbst, sondern auch von dritter Seite, insbesondere auch von Behörden außerhalb der Finanzverwaltung besteuerungsrelevante Informationen über Sachverhaltsfragen einzuholen. Verfolgt wird mit diesem Instrument eine „Doppelfunktion“:[460] Zum Einen soll dadurch dem Steuerpflichtigen ins Bewusstsein gerückt werden, dass laufend oder im Einzelfall auch von dritter Seite Informationen über ihn und seinen Besteuerungssachverhalt eingeholt werden kann. Auf diese Weise soll der Steuerpflichtige präventiv dazu angehalten werden, seine steuerlichen Verpflichtungen nachzukommen, insbesondere ordnungsgemäße und umfassende Steuererklärungen einzureichen. Zum Anderen soll bei Steuerpflichtigen, die ihren gesetzlichen Verpflichtungen nicht nachkommen, die nachträgliche Sachverhaltsaufklärung gewährleistet werden, damit die Besteuerungen trotzdem erfolgen und vorgesehene Sanktionsmöglichkeiten für Fehlverhalten greifen können.

457 Rüping, Die Umsatzsteuer-Nachschau, S. 115 m.w.N.

458 Rüping, Die Umsatzsteuer-Nachschau, S. 115.

459 BFH, BStBl. II 1997, S. 499.

460 Özbalcı, Vergi Usul Kanunu, S. 449.

2. Berechtigte und Verpflichtete aus dem Instrument der Informationseinholung

Berechtigt zur Informationseinholung im Einzelfall durch Einzelanfragen oder in bestimmten Angelegenheiten auch in fortlaufender Form sind nach § 148 Abs. 1 VUK das Finanzministerium oder die zur Außenprüfung berechtigten Finanzbeamten.[461] Zur Auskunft verpflichtet sind nach § 148 Abs. 1 VUK zunächst die gesamte öffentliche Verwaltung sowie ihre Einrichtungen. Insofern kann für eine Gegenüberstellung die in Deutschland in den §§ 111 bis 117 AO geregelte Amthilfe herangezogen werden. Die Amtshilfe im engeren Sinn basiert auf Art. 35 Abs. 1 des deutschen Grundgesetzes, wonach sich alle Behörden (Verwaltungsbehörden und Gerichte) des Bundes und der Länder Amtshilfe leisten. Amtshilfe ist dabei die ergänzende Hilfe einer Behörde, die sie auf Ersuchen einer anderen Behörde gewährt (§ 4 Abs. 1 VwVfG).

Sofern durch die Informationseinholung in der Türkei neben anderen Behörden auch der Steuerpflichtige selbst und alle mit ihm „in Beziehung stehenden" natürlichen und juristischen Personen auf entsprechendem Ersuchen zur Auskunft verpflichtet werden können, besteht hingegen eine Vergleichbarkeit zu § 93 AO, der in Deutschland die Auskunftspflicht der Beteiligten und anderer Personen regelt. Der Ausdruck „in Beziehung stehen" gemäß § 148 VUK ist sehr weit auszulegen. Neben tatsächlichen Geschäftsbeziehungen jeglicher Art können beispielsweise Informationen über Geschäftsverhandlungen eingeholt werden, auch wenn sich aus den Verhandlungen kein Geschäft realisiert hat. Besteuerungsrelevante persönliche Verhältnisse sind von diesem Ausdruck ebenfalls mit umfasst.[462]

Die Berufung auf eine Verschwiegenheitspflicht bzw. ein Auskunftsverweigerungsrecht steht gemäß § 151 VUK nur der Post- und Telfonbehörde in Bezug auf vertrauliche Daten, Ärzten, Zahnärzten, Zahntechnikern, Hebammen und Gesundheitsbediensteten in Bezug auf medizinische Befunde, Rechtsanwälten oder Verfahrensbevollmächtigten in Bezug auf vertrauliche Mandatsinformationen ausgenommen Honorare und Ausgaben bezüglich des Mandatsverhältnisses zu. Im Vergleich dazu ist der Kreis der zur Auskunftsverweigerung berechtigten Personen in Deutschland nach den §§ 101 bis 106 AO deutlich größer.

Gewöhnlicherweise werden Einzelanfragen in der Türkei für konkrete Sachverhalte durch Prüfungsbeamte im Rahmen von Außenprüfungen gestellt. Je nach aufzuklärendem Sachverhalt richten sich die Anfragen, die schriftlich und auch (fern-) mündlich gestellt werden können, an Personen oder Einrichtungen

---

461 Zur Außenprüfung vgl. oben S. 135 ff.

462 Özbalcı, Vergi Usul Kanunu, S. 450.

aus dem Kreis der Auskunftspflichtigen. Sofern eine schriftliche Auskunft gewünscht wird, ist zur Erteilung der Auskunft eine angemessene Frist einzuräumen, die gemäß § 148 Abs. 2 i.V.m. § 14 VUK mindestens 15 Tage betragen muss.[463] Wird auf eine mündliche Anfrage keine Auskunft erteilt, so wird die Anfrage mit entsprechender Fristsetzung schriftlich gestellt.

Zu laufenden periodischen Informationsübermittlungen im Zusammenhang mit steuerrelevanten Themen und in bestimmten Zeitabständen sind die betroffenen Auskunftspflichtigen gemäß § 149 VUK verpflichtet, wenn sie durch das Finanzministerium oder die Finanzbehörde hierzu schriftlich aufgefordert werden. Diese periodischen Informationsübermittlungen unterscheiden sich von der in Deutschland bekannten Amtshilfe im weiteren Sinne in Form der sog. Spontanhilfe[464] wesentlich. Denn die periodische Informationsübermittlung in der Türkei bleibt aufgrund ihrer Abhängigkeit von einem konkreten Ersuch deutlich hinter der Spontanhilfe in Deutschland (in gesteigerter Form auch „automatischen Hilfe“ genannt) zurück: Zu den sog. Spontanhilfen zu rechnen sind die sog. Kontrollmitteilungen, wenn sie durch Behörden oder Gerichte automatisch erfolgen. Der Anwendungsbereich von Kontrollmitteilungen ist weiter und umfasst allgemein Mitteilungen und Anzeigen, die Behörden, Gerichte, Rundfunkanstalten, Notare, Kreditinstitute, Versicherungsunternehmen, Vermögensverwalter den Finanzbehörden über steuerliche Verhältnisse Dritter in bestimmten Fällen zu machen haben (Beispiele: § 93a AO i.V.m. der Mitteilungsverordnung, § 45e EStG i.V.m. der Zinsinformationsverordnung, § 29 EStDV, §§ 33, 34 ErbStG, § 18 GrEStG, § 10a VersStG). Hinzu kommen Kontrollmitteilungen, die innerhalb bzw. zwischen den Finanzbehörden automatisch gemacht werden. Ein derartiges automatisches Kontrollmitteilungswesen ist dem türkischen Besteuerungsverfahren fremd und daher völlig unterentwickelt, was ein strukturelles Vollzugsdefizit natürlich zwingend zur Folge hat.

Eine laufende Informationspflicht, die sich unabhängig von einer konkreten Anfrage bereits aus dem Gesetz selbst ergibt, wird in der Türkei in § 150 VUK lediglich für die Mitteilung von Todesfällen geregelt. Danach sind z.B. Amtsrichter, Standes- und Grundbuchbeamte, Mitarbeiter türkischer Konsulate im Ausland, Ortsvorsteher und Banken verpflichtet, monatlich jeweils zum 15. des Monats über bekannt gewordene Sterbefälle an das Finanzamt zu berichten. Zur Wahrung der Rechtsanwendungsgleichheit sind automatische bzw. gesetzlich festgelegte Kontrollmitteilungen in der Türkei jedoch stark auszubauen, ohne sie von individuellen Anforderungen durch die Finanzbehörden abhängig zu ma-

463 Uluatam/Methibay, Vergi Hukuku, S. 207.

464 Zum Begriff der „Spontanhilfe“ s. Seer, in Tipke/Lang, Steuerrecht, § 21 Rn. 262.

chen. Der Besteuerungsvollzug kann auf diese Weise stark erhöht und effektiver gestaltet werden.

3. Zwangsgelder zur Durchsetzung der Informationspflicht

Während in Deutschland die Auskunftspflicht der Beteiligten und anderer Personen mit den allgemeinen Zwangsmitteln nach §§ 328 AO erzwungen werden können, sieht der doppelte § 355 VUK speziell zur Durchsetzung der sich aus den §§ 148, 149 und 150 VUK ergebenden Informationspflichten besondere Zwangsgelder vor, die bei Verweigerung der begehrten Auskunft innerhalb der festgelegten Frist oder bei unvollständiger bzw. irreführender Auskunft festgesetzt werden. Die Höhe der Zwangsgelder wird davon abhängig gemacht, über welchen „Typus“ von Steuerpflichtigen die Auskunft angefordert wird. Handelt es sich bei dem Steuerpflichtigen, über den eine Auskunft verlangt wird, um

(1) einen Kaufmann der ersten Klasse oder um einen Freiberufler, beträgt das Zwangsgeld 1.600,- TL;

(2) einen Kaufmann der zweiten Klasse, buchführende Land- und Forstwirte und dem vereinfachten Besteuerungsverfahren unterliegende, beträgt das Zwangsgeld 760,- TL;

(3) sonstige Steuerpflichtige, beträgt das Zwangsgeld 350,- TL.

Werden Auskünfte von anderen Behörden verlangt, sind von diesen Zwangsgeldern gemäß dem Klammerzusatz im doppeltem § 355 Abs. 1 VUK die entsprechenden Behördenleiter persönlich betroffen, sofern sie die Auskunft unberechtigt verweigern oder unvollständig oder unrichtig erteilen. In Deutschland sind Zwangsmittel gegen andere Behörden bzw. deren Leiter nicht vorgesehen. Bei Streit über die Amtshilfe entscheidet in Deutschland vielmehr die fachlich zuständige Aufsichtsbehörde, § 112 Abs. 5 AO.

Nach der Festsetzung eines entsprechenden Zwangsgeldes in der Türkei erhält die zur Auskunft aufgeforderte Person eine weitere Frist, um die angeforderte Auskunft ordnungsgemäß zu geben. Wird die Auskunft dennoch nicht ordnungsgemäß erteilt, kann das festgesetzte Zwangsgeld verdoppelt werden, um die Information zu erhalten. In jedem Fall sind die zur Auskunft aufgeforderten Personen gemäß doppeltem § 355 Abs. 3 VUK über die Folgen einer unterbleibenden, unvollständigen oder falschen Auskunft in Form der angedrohten Zwangsgelder zu belehren.

Sechster Abschnitt: Hoheitliche Veranlagung in der Türkei bei Ausbleiben der Steuererklärung

Gibt der Steuerpflichtige in der Türkei keine Steuererklärung ab, so ermittelt die Finanzbehörde gemäß § 30 VUK die zu zahlende Steuer des Steuerpflichtigen „von Amts wegen" und setzt sie fest (Re´sen Vergi Tarhı). In diesem Fall findet also zwangsläufig ein Übergang vom eigentlichen Prinzip der Selbstveranlagung in die hoheitliche Veranlagung statt. Eine Verpflichtung des Steuerpflichtigen entsprechend § 149 Abs. 1 S. 4 AO, trotz geschätzter Besteuerungsgrundlagen seiner Steuererklärungspflicht nachzukommen, existiert in der Türkei nicht. Nach einer hoheitlichen Steuerfestsetzung aufgrund eines Schätzungsverfahrens wird der Steuerpflichtige in der Türkei von seiner Erklärungspflicht frei.

Anders aber als die Untersuchungsmaxime es in Deutschland auch beim Ausbleiben der Steuererklärung allein in den Verantwortungsbereich der Finanzbehörde verlagert, Art und Umfang der Ermittlungen für die Sachaufklärung zu bestimmen und die erforderliche Schätzung vorzunehmen, obliegt die Aufklärung des Sachverhaltes und die Schätzung der Besteuerungsgrundlagen in der Türkei im Falle der ausgebliebenen Steuererklärung der sog. Schätzungskommission, die formal keine kompetenzielle Zuordnung zur Finanzverwaltung besitzt.[465] Die Ermittlungstätigkeit der Finanzbehörden in der Türkei beschränkt sich in diesem Fall allein auf das Auskunfts- bzw. Ermittlungsersuchen an die organisatorisch selbständige Schätzungskommission und die Übernahme der durch diese Kommission ermittelten Besteuerungsgrundlagen.[466]

§ 30 Abs. 1 VUK selbst beschreibt diese Art der Steuerfestsetzung wörtlich wie folgt:

> „Die Steuerfestsetzung von Amts wegen bezeichnet die Art der Steuerfestsetzung, die dann durchgeführt wird, wenn die steuerliche Bemessungsgrundlage ganz oder teilweise nicht anhand einer ordnungsgemäßen Buchführung, geeigneten Dokumenten und Eintragungen oder gesetzlichen Größenordnungen ermittelt werden kann. Die Bemessungsgrundlage wird dann durch die Schätzungskommissionen geschätzt. (...)"

Wann die steuerliche Bemessungsgrundlage „ganz oder teilweise nicht anhand einer ordnungsgemäßen Buchführung, geeigneten Dokumenten und Eintragun-

465 Zur Zusammensetzung, Einordnung und zu den Kompetenzen der Schätzungskommission ausführlich siehe unten S. 163 ff.

466 Zur Möglichkeit der Klageerhebung durch die Finanzbehörde gegen das Ergebnis der Schätzung vgl. unten S.166 ff.

gen oder gesetzlichen Größenordnungen zu ermitteln ist", zählt § 30 Abs. 2 VUK abschließend wie folgt auf:

(1) Die Steuererklärung bleibt trotz Ablauf der Abgabefrist aus;

(2) die in der fristgerecht abgegebenen Steuererklärung angegebene Bemessungsgrundlage wird nicht belegt;

(3) die Buchführung wird trotz gesetzlicher Verpflichtung ganz oder teilweise unterlassen, die Bücher sind nicht durch einen Notar legalisiert worden[467] oder die Geschäftsbücher werden den zuständigen Prüfungsbeamten aus welchem Grund auch immer nicht vorgezeigt[468];

(4) die Bücher und Unterlagen erweisen sich für die Feststellung der Besteuerungsgrundlagen als ungeeignet aufgrund Lückenhaftigkeit, nicht Ordnungsgemäßheit oder Unübersichtlichkeit und werden aufgrund dessen als für nicht glaubwürdig bzw. nicht authentisch befunden;

(5) aufgehoben;

(6) es werden Beweise dafür gefunden, dass die zu führenden Bücher oder die eingereichten Steuererklärungen nicht den wirklichen Sachverhalt wiedergeben;

(7) aufgehoben;

(8) die eingereichten Steuererklärungen und Anlagen sind entgegen der Regelung des doppelten § 227 VUK nicht durch einen Angehörigen der steuerberatenden Berufe nach dem Gesetz mit der Nr. 3568[469] unterschrieben[470];

(9) aufgehoben.

I. Die Schätzungskommission (Takdir Komisyonu)

In den im § 30 Abs. 2 Nr. 1 bis 9 VUK gesetzlich aufgeführten Fällen, darunter auch für den Fall der ausgebliebenen Steuererklärung nach der Nr. 1, wird die

---

467 Vgl. hierzu bereits oben S. 129 ff.

468 Kesen, Das Steuerrecht der Türkei, S. 33 spricht an dieser Stelle von einer „Nichtbestätigung (der Bücher) von den für die Untersuchung zuständigen Stellen". Dies ist schon aufgrund des Gesetzeswortlauts unzutreffend und zudem ist die „Nichtbestätigung" der Buchführung durch die Prüfungsbeamten eher die Reaktion auf das Vorliegen der Varianten aus den Nummern 4. und 6. des § 30 VUK.

469 Das Gesetz mit der Nr. 3568 regelt das Berufsrecht der SM, SMMM und der YMM, vgl. hierzu bereits oben S. 71.

470 Die unterlassene Konsultation eines Angehörigen der steuerberatenden Berufe bei der Abgabe der Steuererklärung, die nach dieser Vorschrift als ein wichtiger Fall auch zu einer Steuerfestsetzung von Amts wegen führt, lässt Kesen in seiner Aufzählung unberücksichtigt, siehe Kesen, Das Steuerrecht der Türkei, S. 33.

Schätzung der Besteuerungsgrundlage von den eigens hierfür vorgesehenen Schätzungskommissionen wahrgenommen.

1. Zusammensetzung der Schätzungskommission

Eine Schätzungskommission besteht nach § 72 Abs. 1 VUK aus fünf Personen, wobei drei davon aus der Finanzverwaltung und zwei aus berufsständischen Einrichtungen des jeweils betroffenen Steuerpflichtigen stammen. Bei den Vertretern der Finanzverwaltung handelt es sich regelmäßig um den Finanzamtsdirektor und um zwei weitere Steuerbeamte des für den zu schätzenden Steuerfall zuständigen Finanzamtes. Den Vorsitz der Schätzungskommission nimmt stets der Finanzamtsdirektor ein (§ 72 Abs. 1 VUK).

Die gemäß § 73 VUK von den jeweiligen berufsständischen Einrichtungen der betroffenen Steuerpflichtigen zu wählenden zwei Mitglieder (zuzüglich zwei Stellvertreter) stellen die (Interessen-) Vertreter des von der Schätzung betroffenen Steuerpflichtigen dar.[471] Mit der Vorgesehenen Mitgliedschaft dieser Interessenvertreter des Steuerpflichtigen in der Schätzungskommission wollte der Gesetzgeber den „schwachen" Steuerpflichtigen auch im Rahmen einer Schätzung gegenüber der „starken" Finanzverwaltung schützen.[472]

Zu den berufsständischen Einrichtungen, aus denen die Interessenvertreter des von der Schätzung betroffenen Steuerpflichtigen stammen, zählt der § 73 VUK die Handelskammern für Kaufleute und für andere Berufszweige die jeweiligen Berufskammern. Für Rechtsanwälte, Ärzte, Architekten sind es daher die Rechtsanwalts-, Ärzte- und Architektenkammern, die die Interessenvertreter des von der Schätzung betroffenen Steuerpflichtigen aus den Reihen ihrer Mitglieder oder auch Externe auswählen.[473] Die Wahl der Vertreter muss gemäß § 73 Abs. 1 S. 2 VUK durch die berufsständischen Einrichtungen innerhalb eines Monats nach einem entsprechenden Anforderungsschreiben des Kommissionsvorsitzenden erfolgen. Wird diese Frist ohne Wahlergebnis überschritten, so werden die Interessenvertreter des Steuerpflichtigen von dem höchstrangigsten Verwaltungsbeamten der örtlichen Verwaltung bestimmt (§ 73 Abs. 1 S. 3 VUK).

Bei der Wahl der Interessenvertreter des Steuerpflichtigen für die Schätzungskommission ist gemäß § 87 VUK sinngemäß auf folgende Eigenschaften zu achten:

471 Öncel/Kumrulu/Cağan, Vergi Hukuku, S. 102.

472 Candan, Vergilendirme Yöntemleri ve Uzlaşma, S.142.

473 Candan, Vergilendirme Yöntemleri ve Uzlaşma, S.141.

(1) Der Kandidat muss einen „guten Charakter" haben und in seiner Wohn- oder Geschäftsumgebung Vertrauen und Verlässlichkeit genießen;

(2) er muss uneingeschränkt geschäftsfähig sein;

(3) er darf, auch wenn die in § 53 des türkischen Strafgesetzbuches genanten Fristen abgelaufen sein sollten, zu keiner Zeit wegen einer vorsätzlichen Tat zu einer Haftstrafe von fünf Jahren oder länger, wegen einer Straftat gegen die Staatssicherheit, gegen die verfassungsmäßige Ordnung, gegen die nationale Verteidigung, gegen Staatsgeheimnisse, wegen Spionage, Veruntreuung, Bestechlichkeit, Bestechung, Diebstahl, Betrug, Urkundenfälschung, Unterschlagung, betrügerischem Bankrott, Manipulation einer Ausschreibung, Manipulation einer Leistungserfüllung, Hehlerei, Schmugglerei oder Steuerhinterziehung verurteilt worden sein;

(4) er muss sein dreißigstes Lebensjahr vollendet haben.

Zudem müssen die auserwählten Interessenvertreter des Steuerpflichtigen gemäß § 88 VUK einen Eid leisten, bevor sie die Kommissionszugehörigkeit erhalten, wonach sie ihre Aufgaben in der Schätzungskommission gewissenhaft erledigen, Recht und Gerechtigkeit achten und unabhängig sein werden.

Die Interessenvertreter der Steuerpflichtigen werden in die Kommission für einen Zeitraum von drei Jahren gewählt (§ 91 Abs. 2 VUK). Bereits gewählte Mitglieder können nach Vollendung einer Wahlperiode erneut in die Kommission gewählt werden (§ 91 Abs. 3 VUK). Alle Mitglieder der Kommission (auch der Vorsitzende) erhalten für Ihre „Kommissionstätigkeit" eine vom Finanzministerium bestimmte Vergütung (§ 92 VUK).

2. Kompetenzielle Zuordnung der Schätzungskommission

Die sowohl aus der Finanzverwaltung als auch aus der Interessenvertretung des Steuerpflichtigen stammenden Mitglieder der Schätzungskommission verleihen dieser Institution einen gewissen „Mischcharakter".[474] Die Kommission ist kein Bestandteil der Finanzverwaltung[475] und unterliegt auch nicht ihrer Kontrolle.[476] Sie wird daher als „Institution außerhalb der Verwaltungseinheit" bezeichnet.[477]

Sobald es im Besteuerungsverfahren zur Einschlagung des Schätzungsverfahrens kommt, sind in diesem Verfahrensabschnitt der Steuerpflichtige, die Finanzbehörde und die von ihr unabhängige Schätzungskommission beteiligt. Dabei tritt die Schätzungskommission nicht direkt gegenüber dem Steuerpflichtigen auf, sondern wird z.B. bei ausbleibenden Steuererklärungen von der Finanz-

474 Öncel/Kumrulu/Cağan, Vergi Hukuku, S. 102.

475 Öncel/Kumrulu/Cağan, Vergi Hukuku, S. 102.

476 Candan, Vergilendirme Yöntemleri ve Uzlaşma, S.142.

477 Öncel/Kumrulu/Cağan, Vergi Hukuku, S. 102.

behörde mit dem Auftrag eingeschaltet, die Besteuerungsgrundlagen des Steuerpflichtigen zu ermitteln und so eine Grundlage für eine hoheitliche Veranlagung zu schaffen. Sobald das Ergebnis der Kommission vorliegt, unterliegt die Finanzbehörde der Verpflichtung, das Schätzergebnis unverändert als Besteuerungsgrundlage für die hoheitliche Veranlagung zugrunde zu legen.

Für den Fall, dass die Finanzbehörde mit dem Schätzergebnis der Kommission nicht einverstanden ist, wartet sie mit dem Erlass des Steuerbescheides zunächst ab, um das Ergebnis der Schätzungskommission gemäß § 377 Abs. 2 VUK vor dem zuständigen Finanzgericht anzufechten.[478] Beteiligt an diesem Gerichtsverfahren sind nur das Finanzamt als Kläger und die Schätzungskommission als Beklagte. Der Steuerpflichtige bleibt in diesem Gerichtsverfahren grundsätzlich außen vor. Er hat allerdings ein „Interventionsrecht" und damit die Möglichkeit, sich auf Seiten der Schätzungskommission am Gerichtsverfahren zu beteiligen, wenn er Gründe gegen die Änderung des Schätzergebnisses vortragen möchte.[479] Im Übrigen hat der Steuerpflichtige selbst keine Möglichkeit, direkt gegen das Schätzergebnis der Schätzungskommission vorzugehen. Seine originäre Rechtsschutzmöglichkeit eröffnet sich erst in dem Zeitpunkt, in dem ihm der Steuerbescheid bekannt gegeben wird, der auf Grundlage des Schätzergebnisses erlassen wird.[480] Gegen diesen hoheitlichen Bescheid steht ihm der übliche Klageweg gemäß § 377 Abs. 1 VUK offen.

Zur Einordnung der Schätzungskommission kann in Bezug auf ihre Funktion eine Parallele zu einem „unabhängigen Sachverständigenrat" gezogen werden, dessen Aufgabe es ist, in bestimmten Fällen außerhalb des ordnungsgemäßen Selbstveranlagungsverfahrens die für eine hoheitliche Veranlagung erforderlichen Sachverhalte und Besteuerungsgrundlagen des Steuerpflichtigen vorbereitend zu ermitteln bzw. zu schätzen.[481]

Nicht zu übersehen sind dabei aber auch die Unterschiede, die die Schätzungskommission in ihrer Stellung und Funktion im Vergleich zu Sachverständigen hat, die etwa auch vom Finanzgericht eingesetzt werden können:[482] Während Sachverständige vom Gericht frei gewählt, zurückgewiesen oder auch ausgetauscht werden können, ist dies für die Finanzverwaltung in Bezug auf die Schätzungskommission nicht vorgesehen. Während ebenso vom Gericht ein Zweitgutachten angefordert werden könnte, ist dies bezüglich der von der Finanzverwaltung eingeschalteten Schätzungskommission ebenfalls nicht möglich.

---

478 Candan, Vergilendirme Yöntemleri ve Uzlaşma, S.148; Öncel/Kumrulu/Cağan, Vergi Hukuku, S. 103.

479 Candan, Vergilendirme Yöntemleri ve Uzlaşma, S.151.

480 Özbalcı, Vergi Usul Kanunu, S. 1045.

481 Öncel/Kumrulu/Cağan, Vergi Hukuku, S. 102 f.

482 Öncel/Kumrulu/Cağan, Vergi Hukuku, S. 103.

Schließlich ist das Ergebnis eines Gutachters für das Gericht nicht bindend, während die Finanzverwaltung für die Besteuerungsgrundlagen stets das Schätzungsergebnis zugrunde legen muss. Das Finanzamt hat keine Berechtigung, die aufgrund der Kommissionsschätzung ermittelte Besteuerungsgrundlage in irgendeiner Weise autonom zu beeinflussen. Es kann insbesondere nicht die ermittelte Besteuerungsgrundlage ignorieren, ändern, aufheben oder zur erneuten Schätzung an die Kommission zurückverweisen. Das Ergebnis der Schätzungskommission ist für das Finanzamt bindend, solange nicht etwas anderes durch das Finanzgericht festgestellt wird.[483] Denn eine Änderung des Schätzungsergebnisses kann durch das Finanzamt gemäß § 377 Abs. 2 VUK, wie dargestellt, lediglich mit einer Klageerhebung gegen die Feststellungen der Schätzungskommission erwirkt werden.[484]

Von Bedeutung ist auch, dass das von der Schätzungskommission ermittelte und gemäß § 32 VUK an die Finanzbehörde übermittelte Schätzergebnis, welches die Besteuerungsgrundlage darstellt, aus der Perspektive des Steuerpflichtigen keine behördliche Maßnahme darstellt, gegen welche er isoliert Rechtsschutz beanspruchen könnte. Vielmehr bildet die auf diese Besteuerungsgrundlage gestützte „Besteuerung von Amts wegen", die dem Steuerpflichtigen mit einem schriftlichen Bescheid (İhbarname) zugestellt wird (§ 34 VUK), den Gegenstand des Rechtsmittelverfahrens, soweit der Steuerpflichtige entsprechende Rechtsmittel einlegt.

In einer graphischen Übersicht lässt das Verhältnis der einzelnen Beteiligten zueinander zusammenfassend wie folgt darstellen:

483 Candan, Vergilendirme Yöntemleri ve Uzlaşma, S.147.

484 Candan, Vergilendirme Yöntemleri ve Uzlaşma, S.148; Öncel/Kumrulu/Cağan, Vergi Hukuku, S. 103.

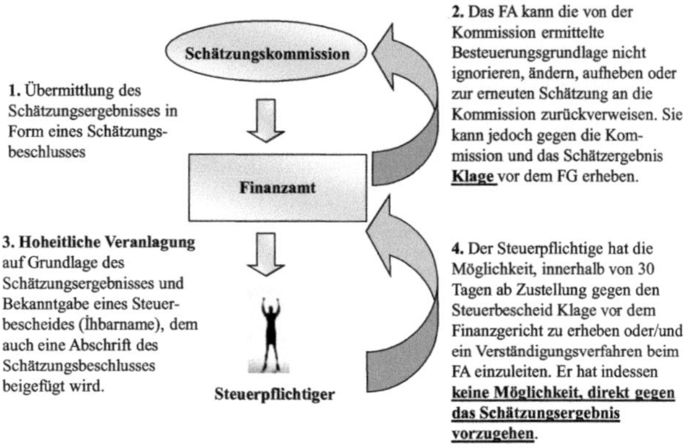

Abb. 4: Schätzungsverfahren in der Türkei

3. Aufgabenbereich und Arbeitsweise der Schätzungskommission

Die Schätzungskommission hat bei Ausübung ihrer Tätigkeit nicht zu prüfen, ob die Voraussetzungen der Schätzung im konkreten Fall vorliegen. Lediglich für den Fall, dass sie im Rahmen ihrer gewöhnlichen Tätigkeit einen Fehler entdeckt, ist die Kommission verpflichtet, dem zuständigen Finanzamt einen schriftlichen Hinweis zu geben (§ 74 VUK).

Durch § 75 Abs. 1 VUK werden die Schätzungskommissionen mit umfangreichen Prüfungsbefugnissen ausgestattet, die auch durch das VUK den Finanzbehörden bzw. den Prüfungsbeamten eingeräumt werden. Darüber hinaus sind die Kommissionen nach § 75 Abs. 2 VUK berechtigt, sich in Sachverhaltsermittlungen zu Vermögenssituationen, bei Wertermittlungen zu gewerblichen Schutzrechten, zu Urheber- und Vorzugsrechten, zu Schmuckgegenständen und anderen Edelmetallen, zu antiken Wertgegenständen oder zu Kunstwerken an entsprechende Sachverständige zu wenden. Zum Zwecke der Sachverhaltsermittlung werden die Schätzungskommissionen insoweit mit staatlichen Befugnissen ausgestattet.[485]

Hinsichtlich der Arbeitsweise der Schätzungskommission ist allerdings zu beklagen, dass keine verbindlichen Regularien vorhanden sind, die als Schätzmethoden herangezogen werden können. Bereits im Forschungsbericht des Bundesministeriums für wirtschaftliche Zusammenarbeit von 1983 wurden die

485 Candan, Vergilendirme Yöntemleri ve Uzlaşma, S.144.

„Undurchsichtigkeit“ der Kommissionsarbeit, die Qualifikation ihrer Mitglieder und insbesondere fehlende Schätzungsrichtlinien bemängelt, die bei der Schätzung durch die Kommission anzuwenden und zu beachten wären.[486]

Inzwischen liegt eine interne Richtlinie des Finanzministeriums aus dem Jahre 1988[487] vor, die jedoch keine Vorgaben für die Tätigkeiten der Schätzungskommissionen enthält, sondern Anweisungen für die Finanzämter, die bei Anrufung der Schätzungskommissionen zu beachten sind. Darin heißt es wörtlich:

> „Um den Schätzungskommissionen dabei behilflich zu sein, eine gesunde und zutreffende Besteuerungsgrundlage schätzen zu können (sağlıklı ve gerçekçi matrah takdiri), gilt es, nachfolgende Anweisungen zu beachten.“

Bei den dann folgenden Anweisungen geht es aber im Kern nur darum, den Schätzungskommissionen die über den Steuerpflichtigen und den zu beurteilenden Besteuerungssachverhalt vorliegenden Informationen vorzulegen.

Im Ergebnis liegen bis heute keine konkreten Schätzungsrichtlinien vor, die bestimmte Arten und Methoden der Schätzung vorgeben würden. Ebenfalls fehlen konkrete gesetzliche Rahmenbedingungen, die die Schätzungskommissionen an einen Untersuchungsgrundsatz binden, um den Besteuerungssachverhalt umfassend zu ermitteln. Eine Pflicht der Schätzungskommission, bei der Durchführung der Schätzung alle zugänglichen Unterlagen, Belege und Auskünfte des Steuerpflichtigen zu berücksichtigen, ist in dieser Ausdrücklichkeit gesetzlich nicht verankert. Hier verlangt die Rechtsstaatlichkeit allerdings als Mindestvoraussetzung, dass das Gesetz die Schätzungsmethode inhaltlich vorschreibt.[488] Solange dazu keine legitimierten Vorgaben existieren, existiert ebenso wenig ein Instrument, das die gleichmäßige Besteuerung und die Besteuerung nach der wirklichen Leistungsfähigkeit sicherstellen kann.

Aufgrund eines fehlenden rechtlichen Rahmens für die Tätigkeiten der Schätzungskommission leitet die Literatur und die Rechtsprechung in der Türkei, die Pflicht der Schätzungskommission, den steuerlich relevanten Sachverhalt so weit wie möglich zu ermitteln, zu untersuchen, und zu dokumentieren, um ein möglichst zutreffendes Besteuerungsergebnis zu erlangen, hauptsächlich aus § 31 Abs. 3 Nr. 8 VUK her.

486 Fischer, Finanzsystem und Finanzverwaltung der Türkei, S. 327, 328.

487 Interne Richtlinie des Finanzministeriums vom 02.12.1988, Vergi Usul Kanunu İç Genelgesi, Sıra No: 1988/8, Sayı GEL.VUK: 1-24490-386/76369.

488 Fischer, Finanzsystem und Finanzverwaltung der Türkei, S. 294.

Dem abschließenden Beschluss der Schätzungskommission[489] sind nach § 31 Abs. 3 Nr. 8 VUK u.a. auch Unterlagen sowie Erläuterungen beizufügen, mit denen die Herleitung des Schätzungsergebnisses dokumentiert werden kann. Aus diesem Erfordernis leitet die Rechtsprechung ab, dass die Schätzungskommissionen verpflichtet sind, den steuerlich relevanten Sachverhalt zu erforschen und zu dokumentieren. Die Kommission ist bei der Sachverhaltsermittlung und der Prüfung der vorhandenen Unterlagen berechtigt, Sachverständige einzuschalten. Letztlich muss die von der Kommission festgelegte Besteuerungsgrundlage aus der Dokumentation der Kommission, ggf. ergänzt durch eingeholte Gutachten, hergeleitet werden können. Das Recht der Schätzungskommissionen nach § 75 Abs. 1 VUK, bei der Sachverhaltserforschung auch Maßnahmen zu ergreifen, die den Außenprüfern zustehen (§ 135 VUK), fügt die Rechtsprechung als weiteres Argument hinzu und sieht in dem Recht der Sachverhaltserforschung mit Hilfe von Außenprüfungsmaßnahmen eine Pflicht für die Schätzungskommission, denn das Ziel von Außenprüfungsmaßnahmen sei nach § 134 VUK die Richtigkeit der zu zahlenden Steuern zu ermitteln, festzustellen und sicherzustellen.[490]

Dem zitierten Urteil des Oberverwaltungsgerichts lag eine Steuerfestsetzung zugrunde, die auf eine Schätzung basierte, zu der aber lediglich ein Vergleich mit gleichartigen Betrieben durchgeführt wurde. Das Gericht hat den Schätzungsbeschluss und die hierauf beruhende Steuerfestsetzung für rechtswidrig befunden, weil die Schätzungskommission bei ihrer Schätzung die betriebsinternen Daten des Steuerpflichtigen und seine konkreten und individuellen Besonderheiten nicht berücksichtigt hatte.

Für die Schätzung gibt es in Deutschland im Gegensatz zur Türkei keine von den Finanzbehörden unabhängige[491], eigens für die Schätzung von Besteuerungsgrundlagen eingerichtete Schätzungskommissionen. Zu dieser Maßnahme des Ermittlungsverfahrens sind in Deutschland die Finanzbehörden selbst mit ihren Veranlagungsstellen, ihren Außenprüfern und ihren Steuerfahndern befugt.[492]

Die Untersuchungsmaxime, der die deutschen Finanzbehörden nach § 88 AO unterliegen, verpflichtet diese, den Besteuerungssachverhalt von Amts we-

---

489 vgl. hierzu die folgenden Ausführungen zur Entscheidungsfindung der Schätzungskommission.

490 Urteil des Oberverwaltungsgerichts vom 13.10.2004, Danıştay 4. Daire, E: 2004/874, K: 2004/1969; Özyer, Açıklama ve Örneklerle Vergi Usul Kanunu, S. 111 m.w.N.

491 Eine tatsächliche Unabhängigkeit der türkischen Schätzungskommissionen von den Finanzbehörden ist allerdings mit Rücksicht auf ihre Zusammensetzung eher zweifelhaft; siehe hierzu Ausführungen oben S. 164 ff.

492 Seer, in: Tipke/Kruse, AO, § 162 Rn. 14.

gen zu ermitteln, wobei sie selbst Art und Umfang der Ermittlungen bestimmen. Hinsichtlich der Besteuerungsgrundlagen obliegt den Finanzbehörden eine Amtspflicht gegenüber den Steuerpflichtigen, alle Umstände, die bei der Besteuerung von Bedeutung sein können, soweit als möglich aufzuklären.[493] Dies gilt auch im Rahmen der behördlichen Schätzung, was dazu führt, dass die Herleitung dieser Pflicht für die mit der Schätzung betrauten Amtsträger in Deutschland wesentlich rechtssicherer gestaltet ist, als die letztlich auch von der türkischen Rechtsprechung geforderte Untersuchungsmaxime für die dortigen Schätzungskommissionen.

§ 162 Abs. 1 S. 2 AO bestimmt konkret, dass bei der Schätzung alle Umstände zu berücksichtigen sind, die für die Schätzung von Bedeutung sind. Es kommt nicht darauf an, ob die Umstände zu Gunsten des Steuerpflichtigen oder zu seinen Ungunsten sprechen. Daraus folgt, dass die deutsche Finanzbehörde bei der Schätzung auch berücksichtigen muss, was zu Gunsten des Steuerpflichtigen wirkt. Das betrifft sowohl Umstände aus der Vergangenheit als auch solche aus der Gegenwart und Zukunft. Die Finanzbehörde hat mithin alle Möglichkeiten, die Besteuerungsgrundlagen wenigstens teilweise zu ermitteln, auszuschöpfen, auch wenn eine Überprüfung von Angaben des Steuerpflichtigen während des Schätzungsverfahrens weitere Ermittlungen erforderlich macht. Die Finanzbehörde muss bei der Durchführung der Schätzung alle zugänglichen Unterlagen, Belege und Auskünfte des Steuerpflichtigen berücksichtigen, soweit gegen ihre Beweiskraft keine Bedenken bestehen.[494]

Durch eine ausdrückliche gesetzliche Fixierung dieser Rahmenbedingungen auch für die Schätzungskommission in der Türkei kann eine Institution geschaffen werden, die mit Interessenvertretern des Steuerpflichtigen eine gleichmäßige und gerechte Besteuerung nach der wirklichen Leistungsfähigkeit sicherstellen könnte. Die Ermittlungsmaßnahmen der Schätzungskommission müssen davon abhängig gemacht werden, welche bei der Schätzung zu berücksichtigenden Umstände der Kommission bekannt sind. Je nach Lage des Einzelfalls können anschließend Vollschätzungen bei nicht vorhandenen oder völlig unbrauchbaren Buchführungen oder Teilschätzungen bei punktuellen Unrichtigkeiten vorgenommen werden. Diese Arten der Schätzung sind in Deutschland verbindlich für schätzende Finanzbehörden[495] und könnten auch als Maßstab für die Tätigkeit der Schätzungskommissionen in der Türkei genommen werden. Gleiches gilt für die Methoden der Schätzung, die stets das Ziel einer sachgerechten und richtigen Herleitung der tatsächlichen Besteuerungsgrundlagen verfolgen muss. Mit di-

493 BFH v. 10.10.1986, VI R 12/83, BFH/NV 1987, 698.
494 Seer, in: Tipke/Kruse, AO, § 162 Rn. 30 m.w.N.
495 Seer, in: Tipke/Kruse, AO, § 162 Rn. 48 m.w.N.

versen Methoden wie etwa Vorjahresvergleichen, Betriebsvergleichen und Deckungsrechnungen haben sich in Deutschland Praktiken entwickelt, die nach pflichtgemäßem Ermessen der Finanzbehörden bei ihren Schätzungen zur Anwendung kommen.[496] Diese muss sich für eine Schätzungsmethode entscheiden, welche die größte Gewähr dafür bietet, mit zumutbarem Aufwand das wahrscheinlichste Ergebnis zu erzielen. Bei dieser Entscheidung kommt der Art der zu schätzenden Besteuerungsgrundlagen, den vorliegenden und verwertbaren Unterlagen und der Mitwirkungsbereitschaft des Steuerpflichtigen wesentliche Bedeutung zu. Der Steuerpflichtige hat dabei keinen Anspruch auf die Anwendung einer bestimmten Schätzungsmethode.

In der normativen Umsetzung vergleichbarer Maßstäbe und der tatsächlichen Anwendung in der Praxis kann m.E. ein interessantes Konzept für die Schätzungskommissionen in der Türkei aufgestellt werden, das eine rechtssichere und gerechte Besteuerung auch in den Fällen bieten kann, in denen die Steuerpflichtigen im Rahmen der Selbstveranlagung ihrer gesteigerten sphärenorientierten Mitverantwortung nicht hinreichend nachkommen.

4. Entscheidungsfindung der Schätzungskommission

Bei den im Rahmen des Schätzungsverfahrens zu treffenden Einzelentscheidungen der Kommissionsmitglieder, die aus verschiedenen Lagern kommen und zwangsläufig auch zum Teil gegenläufige Interessen vertreten, sowie bei der endgültigen Festsetzung des Schätzungsergebnisses (und damit der Bemessungsgrundlage der zu ermittelnden Steuerfestsetzung) soll ein gesetzlich festgelegter „Entscheidungsfindungsprozess“ eine einheitliche Entscheidung der Schätzungskommission gewährleisten.

Die Kommissionsversammlungen und die Entscheidungsfindung innerhalb der Kommission ist in § 89 VUK geregelt. Danach kann eine Kommissionsversammlung mit der Mehrzahl ihrer Mitglieder stattfinden und innerhalb dieser Teilnehmerzahl mit einer Mehrheitsabstimmung zu einer Entscheidungsfindung kommen. Das kann im Einzelfall, wenn z.B. zwei der Mitglieder der Kommission trotz Terminabsprache nicht zur Versammlung erscheinen, zur Folge haben, dass eine Kommissionsversammlung mit drei Mitgliedern die Mehrzahl bildend eine Versammlung abhalten und dabei mit einer Mehrheit der Stimmen von zwei zu eins zu einem Schätzungsergebnis oder auch zu Einzelentscheidungen innerhalb des gesamten Prozesses der Schätzung kommen kann. Zur Folge hat eine derartige Konstellation ein Schätzungsergebnis einer eigentlich fünfköpfi-

496 Ausführlich zu den einzelnen Methoden in Deutschland: Seer, in: Tipke/Kruse, AO, § 162 Rn. 48 m.w.N.

gen Kommission mit lediglich zwei Entscheidern, die dieses Ergebnis tragen.[497] Es wird dabei nicht unterschieden, aus welchem „Lager“ die anwesenden Teilnehmer stammen. Fehlen beispielsweise ein oder gar beide Interessenvertreter des Steuerpflichtigen bei der Kommissionsversammlung, wird der vom Gesetzgeber eigentlich beabsichtigte Schutz des Steuerpflichtigen[498] unterlaufen, weil diese fehlenden Mitglieder keinen Einfluss auf das Schätzungsergebnis nehmen können. Aber auch für den Fall, dass bei einer Abstimmung Stimmgleichheit auftritt (z.B. bei dem Fall, dass ein Behördenmitglied fehlt und damit nur vier Kommissionsmitglieder anwesend sind), erscheint der Schutzgedanke für den Steuerpflichtigen in den Hintergrund zu geraten. Denn bei Stimmgleichheit ist gemäß § 89 S. 2 VUK das Entscheidungsergebnis wirksam, für das der Vorsitzende der Kommission, der stets der Finanzamtsdirektor oder sein Vertreter ist, gestimmt hat. Die Interessenvertreter des Betroffenen können somit regelmäßig von den Vertretern der Finanzverwaltung überstimmt werden, was die „Neutralität“ der Schätzungskommission insgesamt in Frage stellt.

Das im Anschluss an die Untersuchungen der Schätzungskommission gefundene Schätzungsergebnis, welches gleichzeitig die Bemessungsgrundlage für die Besteuerung darstellt, ist von der Kommission in einem Schätzungsbeschluss festzuhalten und unterschrieben der Veranlagungsstelle des zuständigen Finanzamtes gegen eine Empfangsunterschrift zu übergeben (§§ 31, 32 VUK).

Der Schätzungsbeschluss hat nach § 31 Abs. 3 VUK insgesamt folgende Punkte zu beinhalten:

(1) Beschlussnummer;

(2) Beschlussdatum;

(3) Vor- und Nachname des Steuerpflichtigen (bei juristischen Personen deren Bezeichnung bzw. Firma);

(4) Anschrift des Steuerpflichtigen;

(5) die von der Schätzung betroffene Steuerart;

(6) der Besteuerungszeitraum der Schätzung;

(7) die geschätzte Bemessungsgrundlage;

(8) Unterlagen sowie Erläuterungen zu der Schätzung.

In den Fällen, in denen eine Steuererklärung nicht gänzlich ausbleibt, sondern es sich um einen der anderen im § 30 Abs. 2 VUK geregelten Situationen[499] handelt, bei der eine Steuerfestsetzung von Amts wegen eingeleitet wird, ist die

497 Candan, Vergilendirme Yöntemleri ve Uzlaşma, S.144.

498 Candan, Vergilendirme Yöntemleri ve Uzlaşma, S. 142.

499 vgl. hierzu obige Aufzählung auf S. 163 f.

Verwertung des Ergebnisses der Schätzungskommission gemäß § 33 VUK abhängig von dessen betragsmäßigen Größe:

Wird beispielsweise eine Steuererklärung zwar abgegeben, diese aber nicht hinreichend belegt (§ 30 Abs. 2 Nr. 2 VUK) oder stellt sich die Buchführung als lückenhaft oder nicht ordnungsgemäß heraus (§ 30 Abs. 2 Nr. 4 VUK), sind die Voraussetzungen für die Einleitung der Steuerfestsetzung von Amts wegen gegeben. Gleiches gilt auch für den Fall, dass die abgegebene Steuererklärung nicht zuvor einem Angehörigen der steuerberatenden Berufe zur Unterschrift vorgelegt wurde (§ 30 Abs. 2 Nr. 8 VUK).

Ermittelt die daraufhin eingeschaltete Schätzungskommission in ihrem Schätzungsbeschluss eine steuerliche Bemessungsgrundlage, die betragsmäßig niedriger ist, als die Bemessungsgrundlage, die der Steuerpflichtige in seiner (fehlerhaften) Steuererklärung angegeben hat, so wird gemäß § 33 VUK keine Besteuerung von Amts wegen durchgeführt. Die vom Steuerpflichtigen angegebenen Werte bilden dann die endgültige Bemessungsgrundlage für seine Besteuerung, was m.E. jedoch Zweifel an der Gesetzesmäßigkeit der Besteuerung und dem Leistungsfähigkeitsprinzip hervorruft. Schließlich sollte es Aufgabe der Schätzungskommission sein, auch die für den Steuerpflichtigen günstig wirkenden Sachverhalte umfassend zu ermitteln und der Besteuerung zugrunde zu legen.

Ist die von der Schätzungskommission ermittelte Bemessungsgrundlage tatsächlich höher als die vom Steuerpflichtigen angegebene, wird eine Besteuerung von Amts wegen nur in Höhe des Differenzbetrages durchgeführt (§ 33 VUK).

II. Die Schätzungsbefugnis der Prüfungsbeamten

Eine Schätzungsbefugnis hat vom Grundsatz her nur die Schätzungskommission.[500] § 30 VUK sieht jedoch auch für Prüfungsbeamte der Finanzverwaltung in gewissem Maße eine Schätzungsbefugnis vor. Stellt sich demnach im Rahmen einer Außenprüfung für die zuständigen Prüfungsbeamten eine Situation dar, in der sie aufgrund festgestellter Ertragsdifferenzen, Inventurdifferenzen oder anderer Indizien auf einzelne Lücken in der Sachverhaltsdarstellung stoßen, die vom Steuerpflichtigen nicht belegt werden können, sind die Prüfungsbeamten berechtigt, insoweit selbst eine Schätzung vorzunehmen, ohne die Schätzungskommission einzuschalten. Dies bedeutet allerdings nicht, dass die Prüfungsbeamten an die Stelle der Schätzungskommission treten. Lassen sich nämlich im Rahmen einer Außenprüfung keinerlei Bücher, Unterlagen oder sonstige Doku-

500 Özbalcı, Vergi Usul Kanunu, S. 221.

mente für eine Sachverhaltsermittlung auffinden, ist die Einschaltung der Schätzungskommission zwingend.[501] Ein weiterer, für die Finanzverwaltung gewichtiger Grund zur Einschaltung der Schätzungskommission liegt darin, dass die Aufnahme einer Außenprüfung, anders als die Tätigkeitsaufnahme durch die Schätzungskommission, gemäß §§ 114, 374 VUK die fünfjährige Festsetzungsverjährung für die Steuerfestsetzung nicht hemmt. In Fällen, in denen während der Außenprüfung eine Festsetzungsverjährung droht, leiten deshalb die Prüfungsbeamten auch als „Rettungsmaßnahme“ die Schätzungskommission ein.[502]

III. Erforderlichkeit eines „Steuerbescheids“

Wie schon im Zusammenhang mit dem Festsetzungsschein ermittelt[503], nimmt § 93 VUK ausdrücklich nur diesen als einziges Dokument aus der Zustellungspflicht heraus. Darüber hinaus verpflichtet § 93 Abs. 1 VUK die Finanzverwaltung, alle mit der Besteuerung im Zusammenhang stehenden Dokumente und Schriftstücke den Steuerpflichtigen mit Postzustellungsurkunde zuzustellen. So ist auch für den Fall der Steuerfestsetzung von Amts wegen und der ergänzenden Steuerfestsetzung im Anschluss an eine Außenprüfung[504] in § 34 VUK bestimmt, dass die hoheitliche Festsetzung dem Steuerpflichtigen in einem Steuerbescheid („İhabrname“) amtlich zuzustellen ist.

Soweit Kesen die Legaldefinition des § 21 VUK von „Tebliğ“ als Definition für „Steuerbescheid“ darstellt, ist dies missverständlich[505]. § 21 VUK definiert „Tebliğ“ als schriftliche Bekanntgabe für alle mit der Besteuerung im Zusammenhang stehenden Dokumente und Schriftstücke, die eine Regelung enthalten. Damit zielt der Begriff „Tebliğ“ lediglich auf die Form der Bekanntgabe von Verwaltungsakten im Allgemeinen ab. Diese Form ist zwar auch bei Steuerbescheiden zu beachten, beschränkt sich aber nicht nur auf diese sondern umfasst weitaus mehr steuerliche Verwaltungsakte wie z.B. Strafzuschlagsfestsetzungen, Zahlungsaufforderungen, Aufforderungen zur Überlassung von Geschäftspapieren, Ablehnungsbescheide und auch Entscheidungen der Schätzungskommissionen.[506]

Unter Berücksichtigung der Funktion des Steuerbescheides zur hoheitlichen Festsetzung der Steuer ist die zutreffende türkische Bezeichnung dafür „Vergi

501 Dazu näher Özbalcı, Vergi Usul Kanunu, S. 221 ff.

502 vgl. dazu S. 168 ff.

503 Zum Festsetzungsschein s. oben S. 79 ff.

504 Ausführlich zu Außenprüfung siehe oben S. 135 ff.

505 Kesen, Das Steuerrecht der Türkei, S. 31.

506 Özbalcı, Vergi Usul Kanunu, S. 289 f.

İhbarnamesi“ gemäß der Regelung des § 34 VUK. Durch diesen Steuerverwaltungsakt wird bei der Steuerfestsetzung von Amts wegen der gegen den Steuerschuldner bestehende Steueranspruch hoheitlich festgesetzt, wenn eines der Fälle des § 30 Abs. 2 Nrn. 1 bis 9 VUK auftritt, damit im Verfahrensprinzip der Selbstveranlagung der gesetzliche Steueranspruch gerade auch gegenüber denjenigen durchgesetzt werden kann, die nicht oder nicht ordnungsgemäß ihren Mitwirkungspflichten im Besteuerungsverfahren nachkommen. Erforderlich wird ein Steuerbescheid insbesondere auch bei der sog. „ergänzenden Steuerfestsetzung“ nach § 29 VUK, wenn zwar eine Steuererklärung abgegeben wird, aber aufgrund von Prüfungsmaßnahmen weitere steuerrelevante Feststellungen getroffen werden, die zu einer höheren Steuer führen.

Der Steuerbescheid als Folge der hoheitlichen Veranlagung muss nach § 35 VUK Folgendes enthalten:

(1) Bescheidnummer;

(2) Datum der Bescheidausfertigung;

(3) Art der festgesetzten Steuer;

(4) Vor- und Nachname des Steuerpflichtigen (bei Körperschaften: Bezeichnung der Firma);

(5) Anschrift des Steuerpflichtigen;

(6) Veranlagungszeitraum;

(7) Steuerliche Bemessungsgrundlage;

(8) Berechnung der Steuer;

(9) Steuerbetrag;

(10) Kurze und verständliche Begründung der hoheitlichen Veranlagung;

(11) Angabe der Klagefrist;

(12) Angabe über die Art der Klageerhebung beim Finanzgericht.

Verwaltungsakte mit nur formalen Fehlern, denen keine grundlegende Bedeutung zukommt, verlieren ihre Rechtswirksamkeit nach § 108 1. Hs. VUK nicht. Welchen Bestandteilen bei Steuerbescheiden grundlegende Bedeutungen beigemessen werden, regelt § 108 2. Hs. VUK selbst. Fehlt es einem Steuerbescheid auch nur an einem der folgenden Bestandteile, führt dies zu seiner Unwirksamkeit:

- Name des Steuerpflichtigen;
- Steuerart;
- Höhe der zu zahlenden Steuer;
- Rechtsbehelfsbelehrung.

Als weiteren Unwirksamkeitsgrund führt § 108 VUK die Unzuständigkeit der Behörde an, die den Steuerbescheid erlassen hat. Im § 108 VUK nicht ausdrücklich geregelt, aber dennoch zur Unwirksamkeit führt es, wenn der Steuerbescheid im zuständigen Finanzamt nicht von einem befugten Sachbearbeiter ausgefertigt und unterschrieben wird.[507]

Dem Steuerbescheid, der auf Grundlage eines Schätzungsbeschlusses ergangen ist, ist ferner eine Ausfertigung dieses Beschlusses beizufügen (§ 35 Abs. 2 VUK). Bei Nichtbeachtung führt auch dies zur Unwirksamkeit des Steuerbescheides.[508]

IV. Bekanntgabe von Steuerbescheiden

Der Steuerbescheid kann auch in der Türkei nur dann Wirkung entfalten, wenn derjenige, für den er bestimmt ist, Kenntnis davon erlangt. Während in Deutschland die Finanzbehörden grundsätzlich die Wahl haben, ob sie dem Steuerpflichtigen gegenüber einen schriftlichen Verwaltungsakt mit „einfacher" Briefsendung per Post übermitteln und sich auf die (beweisrechtlich schwache) Bekanntgabefiktion des § 122 Abs. 2 AO stützen wollen oder ob sie den Verwaltungsakt zustellen lassen wollen (§ 122 Abs. 5 S. 1 Alt. 2 AO), ist die türkische Finanzverwaltung nach § 93 Abs. 1 VUK verpflichtet, alle mit der Besteuerung im Zusammenhang stehenden Dokumente und Schriftstücke, die eine Regelung enthalten, den betroffenen Beteiligten mit Postzustellungsurkunde zuzustellen.[509] Ohne eine ordnungsgemäße Zustellung entfaltet der betreffende Verwaltungsakt keine Wirkung, so dass die sich auf diesen Verwaltungsakt stützenden Zahlungsaufforderungen oder Vollstreckungshandlungen der Finanzämter nicht zulässig sind. Darüber hinaus beginnt die Rechtsbehelfsfrist nicht zu laufen.[510]

In den nachfolgenden Ausnahmefällen sieht das Finanzamt von einer postalischen Zustellung ab und leitet gemäß § 103 VUK eine öffentliche Bekanntgabe des Verwaltungsakts ein:

(1) Wenn die Anschrift des Beteiligten dem Finanzamt nicht bekannt ist;

(2) wenn die dem Finanzamt bekannte Anschrift falsch ist oder sich geändert hat und aufgrund dessen die abgesandte Postsendung zurück kommt;

507 Candan, Vergilendirme Yöntemleri ve Uzlaşma, S. 162.

508 Urteil des Oberverwaltungsgerichts vom 07.10.1998, Danıştay 11. D., 07.10.1998, E: 1997/1409.

509 Der Festsetzungsschein nach § 25 Abs. 1 VUK bei der Selbstveranlagung ist aus der Zustellungspflicht ausgenommen.

510 Candan, Vergilendirme Yöntemleri ve Uzlaşma, S. 172.

(3) wenn aus etwaigen anderen Gründen eine postalische Bekanntgabe unmöglich ist;

(4) wenn eine postalische Bekanntgabe bei im Ausland ansässigen Beteiligten nicht möglich ist.

V. Zahlung der hoheitlich veranlagten Steuern[511]

Auch die Fälligkeit hoheitlich veranlagter Steuern richtet sich grundsätzlich gemäß § 111 Abs. 1 VUK nach den in den Einzelsteuergesetzen vorgesehenen Zahlungsterminen. Für die Fälle der hoheitlichen Steuerveranlagung, die zeitlich nach den gesetzlich vorgesehenen Zahlungsterminen durchgeführt werden, sieht § 112 Abs. 1 Nr. 1 VUK einen besonderen Zahlungstermin vor. Die Fälligkeit tritt nicht schon mit Bekanntgabe des Steuerbescheides ein, sondern einen Monat nach Entstehung der Steuerschuld. Soweit keine Klage gegen die Steuerfestsetzung erhoben wird, entsteht die Steuerschuld nach Ablauf der Klagefrist von dreißig (Kalender-) Tagen (§ 7 İYUK) woraufhin der Steuerpflichtige einen zusätzlichen Monat Zeit zum Ausgleich der Steuerschuld hat. Damit wird die im Steuerbescheid ausgewiesene Steuer insgesamt nach dreißig (Kalender-) Tagen plus einem Monat nach der Bescheidzustellung fällig, sofern der Steuerpflichtige keine Klage gegen die Steuerfestsetzung erhebt.[512]

Erhebt der Steuerpflichtige gegen die Steuerfestsetzung hingegen innerhalb der Rechtsbehelfsfrist eine Klage vor dem Finanzgericht, wird die Vollziehung des angefochtenen Steuerbescheides gehemmt, so dass die Erhebung der Steuer aufgehalten wird.[513] Anders als übrige verwaltungsrechtliche Klagen, bei denen die Klageerhebung die Vollziehung des angefochtenen Verwaltungsakts nicht hemmt (§ 27 Nr. 1 İYUK), regelt § 27 Nr. 3 İYUK speziell für das finanzgerichtliche Klagewesen, dass (abgesehen von drei Ausnahmefällen) die Einleitung einer Klage vor dem Finanzgericht im ersten Rechtszug die Vollziehung der Steuererhebung hemmt. Befasst sich nach entsprechendem Rechtsmittel gegen die Entscheidung des Finanzgerichts in nächster Instanz das regionale Verwaltungsgericht oder das Oberverwaltungsgericht als Rechtsmittelinstanz (in den Ausnahmefällen des § 24 DK auch als Eingangsinstanz[514]) mit der Streitsache, so wird die Vollzugshemmung aufgehoben. Um auch vor den genannten zwei weiteren Instanzen der dreistufig aufgebauten Finanzgerichtsbarkeit eine

511 Zu den Zahlungswegen s. bereits oben S. 104 ff.

512 Öncel/Kumrulu/Cağan, Vergi Hukuku, S. 124.

513 Mutluer, Vergi Genel Hukuku, S. 401.

514 Zu den seltenen Ausnahmefällen Mutluer, Vergi Genel Hukuku, S. 367.

Vollzugshemmung zu erreichen, kann bei der zuständigen Rechtsmittelinstanz die Aussetzung der Vollziehung beantragt werden.[515]

Die drei Ausnahmefälle, bei denen auch vor den originären Finanzgerichten mit der Klageerhebung keine Vollzugshemmung bewirkt wird, bestimmt § 27 Nr. 3 İYUK. Hierzu gehören Klagen, die nicht die Besteuerung an sich zum Gegenstand haben, sondern die Art der Erhebung bzw. Beitreibung der festgesetzten Steuern betreffen oder Klagen, die aufgrund eines Klagevorbehalts in der abgegebenen Steuererklärung eingereicht werden.[516] Die dritte Ausnahme betrifft Klagen, die zunächst aufgrund falscher Anschriftangaben durch den Kläger und daraufhin gescheiterten Zustellungen vom Gericht ausgesetzt wurden. Die Aussetzung des Verfahrens bewirkt die Wiederaufnahme der behördlichen Vollzugshandlungen, die dann, wenn das gerichtliche Verfahren wieder aufgenommen wird, dennoch weitergeführt werden. Die Vollzugshemmung durch die finanzgerichtliche Klageanhängigkeit greift in diesen Fällen nicht durch. Es besteht jedoch gemäß § 27 Nr. 3 S. 4 İYUK für den Kläger die Möglichkeit, vom Finanzgericht die Aussetzung der Vollziehung zu beantragen.

Abgesehen von diesen Ausnahmefällen sieht der weitere Verfahrensgang bei Vollzugshemmung durch die Klageerhebung so aus, dass die Finanzbehörde auf Grundlage und unter Berücksichtigung der Entscheidung des Gerichts einen neuen Steuerbescheid erlässt und diesen dem Steuerpflichtigen zustellt. Ab Zustellung des Steuerbescheides hat der Steuerpflichtige die in dem Bescheid ausgewiesene Steuerschuld innerhalb eines Monats zu begleichen (§ 112 Nr. 3 VUK).

515 Mutluer, Vergi Genel Hukuku, S. 403.

516 Zur Möglichkeit des Klagevorbehalts in der abgegeben Steuererklärung siehe S. 77 ff.

Siebter Abschnitt: Das Korrektursystem

Das Korrekturrecht hat in der Türkei keine annähernd so große Relevanz, wie dies in Deutschland der Fall ist. Zurück zu führen ist dieser Umstand auf das in der Türkei praktizierte Selbstveranlagungsverfahren, das die inhaltliche Verbindlichkeit der eigenen Veranlagung des Steuerpflichtigen zur Folge hat. Die Steueranmeldungen des Steuerpflichtigen entfalten für ihn eine Art „Bindungswirkung“, die einer Änderung grds. entgegensteht und eine Rechtsrichtigkeit nicht garantiert. Es zeigt sich hier ein Prinzipienwiderspruch zwischen Rechtssicherheit und Vertrauensschutz einerseits und materieller Rechtsrichtigkeit andererseits.

In den §§ 116 bis 126 sieht das VUK besondere Regelungen vor, mit denen nur sehr begrenzt bestimmte Fehler im Besteuerungsprozess im Rahmen der regulären Festsetzungsverjährungsfrist von fünf Jahren (§ 114 Abs. 1 VUK) korrigiert werden können, die einfach gelagert sind und leicht erkannt werden können.[517] Die Korrektur findet auf Ebene der Finanzverwaltung statt, ohne dass das Finanzgericht eingeschaltet werden muss. Auf dem ersten Blick scheinen diese Regelungen vergleichbar zu sein mit der Korrekturnorm des § 129 AO, wonach offenbare Unrichtigkeiten, die beim Erlass eines Verwaltungsakts unterlaufen sind, jederzeit[518] berichtigt werden können. Bei genauerem Hinsehen zeigen sich jedoch trotz vieler Berührungspunkte einige auffallende Unterschiede, die im weiteren Verlauf untersucht werden sollen.

I. „Steuerfehler“ als Voraussetzung einer Korrektur

Für eine Korrektur nach den §§ 116 bis 126 VUK ist Voraussetzung, dass eine steuerliche Maßnahme an einer Unrichtigkeit leidet, die unter den Begriff des „Steuerfehlers“ nach § 116 VUK fällt. Danach liegt ein Steuerfehler vor,

> „soweit im Zusammenhang mit der Steuer Berechnungsfehler oder Besteuerungsfehler auftreten, die ursächlich für eine ungerechtfertigte steuerliche Mehr- oder Minderforderung oder -vereinnahmung sind.“

---

517 Öncel/Kumrulu/Cağan, Vergi Hukuku, S. 176.

518 Eine Steuerfestsetzung sowie ihre Aufhebung oder Änderung sind in Deutschland ebenfalls nicht mehr zulässig, wenn die Festsetzungsfrist abgelaufen ist. Dies gilt auch für die Berichtigung wegen offenbarer Unrichtigkeiten nach § 129 AO (vgl. § 169 Abs. 1 S. 1 u. 2 AO).

Für den Begriff des Steuerfehlers ist es unerheblich, ob der Fehler aus der Sphäre der Finanzbehörde resultiert oder durch das Verschulden des Steuerpflichtigen bedingt ist.[519] Dagegen ist § 129 AO nur Anwendbar bei einem Fehler des Finanzamtes, denn nur dann ist er „bei Erlass des Verwaltungsaktes“ unterlaufen, was § 129 AO verlangt.[520] Darüber hinaus kann der Steuerfehler im Sinne des § 116 VUK sowohl bei der Steuerveranlagung (unabhängig davon, ob Selbstveranlagung oder hoheitliche Veranlagung) als auch bei der Verwirklichung des Steueranspruchs (Steuererhebung, bzw. –vereinnahmung) auftreten.[521]

Neben der Definition des Begriffs des „steuerlichen Fehlers“ im § 116 VUK listet das Gesetz in den beiden folgenden Normen auf, was unter die für die Definition verwendeten Merkmale „Berechnungsfehler“ (§ 117 VUK) und „Besteuerungsfehler“ (§ 118 VUK) fallen sollen.

1. Berechnungsfehler[522]

Zu den Berechnungsfehlern gehören tatsächliche Unrichtigkeiten und mathematische Rechenfehler.[523] Die Berechnungsfehler unterteilt § 117 VUK in drei Kategorien:

(1) Fehler bei der Ermittlung der Bemessungsgrundlage: Hierunter fallen zu niedrig oder zu hoch angegebene oder berechnete Werte oder Abzugsbeträge, die in Steuererklärungen, Festsetzungsscheinen, Steuerbescheiden oder anderen Formularen Auswirkungen auf die Bemessungsgrundlage haben.

(2) Fehler bei der Berechnung des Steuerbetrages: Hierunter fallen falsche Anwendungen von Steuersätzen oder Steuertarifen, unterlassener oder falscher Abzug von Abzugsbeträgen, Fehler in der Berechnung oder Darstellung des Steuerbetrages auf einem der unter Nr. 1 genannten Dokumenten.

(3) Doppelbesteuerung: Eine mehrfache Steuererhebung auf gleicher Besteuerungsgrundlage (gleicher Sachverhalt) im gleichen Anwendungsbereich eines Steuergesetzes für ein und denselben Besteuerungszeitraum.

519 Kesen, Das Steuerrecht der Türkei, S. 39.

520 § 129 AO gilt nicht für offenbare Versehen des Steuerpflichtigen oder eines anderen Beteiligten. Vgl. BFH, BStBl. 54, S. 265.

521 Öncel/Kumrulu/Cağan, Vergi Hukuku, S. 175.

522 Siehe hierzu auch: Fischer, Finanzsystem und Finanzverwaltung der Türkei, S. 326.

523 Öncel/Kumrulu/Cağan, Vergi Hukuku, S. 177.

2. Besteuerungsfehler

Mit dem § 118 VUK ist eine Korrekturmöglichkeit geschaffen worden für Fehler, die bei der Bestimmung der Steuerpflicht entstehen können.[524] Die Besteuerungsfehler unterteilt § 118 VUK in vier Kategorien:

(1) Personenbezogene Fehler: Die Steuer wird anstatt dem tatsächlichen Steuerschuldner einer anderen Person auferlegt.

(2) Fehler bezüglich der Steuerpflichtigkeit: Offensichtlich nicht steuerpflichtige oder von der Steuerpflicht befreite Personen werden mit einer Steuer belastet.

(3) Fehler bezüglich des Steuergegenstandes: Offensichtlich nicht steuerbares oder von der Besteuerung ausgenommenes Einkommen, anderes Vermögen, Wertgegenstände, andere Sachen oder Vorgänge werden der Besteuerung unterworfen.

(4) Fehler in Besteuerungs- oder Befreiungszeiträumen: Besteuerungszeiträume oder Zeiträume der Steuerbefreiungen werden falsch angegeben oder berechnet.

Vergleichbar mit dem Tatbestand des § 129 AO setzen die in den §§ 117 und 118 VUK dargestellten Fehler voraus, dass sie durch ein mechanisches Versehen (z.B. Verrechnen, Verschreiben, Verwechseln, Vergreifen, Übersehen) entstanden sind.

Ebenso wie der Anwendungsbereich des § 129 AO lassen es auch die §§ 117 und 118 VUK außen vor, Fehler anzusprechen, die bei der Sachverhaltsaufklärung oder Rechtsanwendung vorkommen können.

Bei Abweichungen in der Sachverhaltsauswertung oder bei unterschiedlichen rechtlichen Würdigungen von Rechtsnormen, bei denen eine Auslegungsmöglichkeit gegeben ist, ist der Anwendungsbereich der §§ 116 bis 126 VUK nicht eröffnet. Zur Klärung derartiger Differenzen sieht das türkische Verfahrensrecht den direkten Zugang zu den Finanzgerichten vor (§ 377 Abs. 1 VUK), der jedoch im gewöhnlichen Selbstveranlagungsprozess ausgeschlossen ist, sofern sich der Steuerpflichtige die Klage nicht ausdrücklich vorbehalten hat.[525]

Zu den in Deutschland existierenden speziellen Korrekturvorschriften für Steuerbescheide und diesen gleichgestellten Bescheiden in den §§ 172 ff. AO bestehen in der Türkei keine korrespondierenden Regelungen. Das Verfahren in der Türkei beschränkt sich auch in derart „korrekturbedürftigen" Fällen,

524 Öncel/Kumrulu/Çağan, Vergi Hukuku, S. 179.

525 Steuerfestsetzungen im Rahmen von Selbstveranlagungen sind von der Möglichkeit einer Klageerhebung grundsätzlich ausgenommen (§ 378 Abs. 2 VUK), s. hierzu S. 77 ff.

- sofern Änderungen zugunsten des Steuerpflichtigen eingeleitet werden sollen: auf die Einleitung eines Verständigungsverfahrens (beschränkt auf hoheitliche Steuerfestsetzungen)[526] oder die direkte Einschaltung der Finanzgerichte (ausgenommen ordnungsgemäße Selbstveranlagungen ohne Klagevorbehalt)[527];
- sofern Änderungen zuungunsten des Steuerpflichtigen eingeleitet werden sollen: auf die ergänzende behördliche Steuerfestsetzung nach § 29 VUK.

II. Durchführung der Korrektur

Die Korrektur von Steuerfestsetzungen aufgrund von Steuerfehlern im Sinne der §§ 117 und 118 VUK sind im Rahmen der regulären Festsetzungsverjährungsfrist von fünf Jahren gemäß § 114 Abs. 1 VUK möglich.[528] Bei der Durchführung der Korrektur ist zunächst zu unterscheiden, ob sie von Amts wegen von der Finanzbehörde eingeleitet wurde oder auf Antrag des Steuerpflichtigen.

1. Korrektur von Amts wegen

§ 121 S. 1 VUK ordnet an, dass eine Korrektur von offensichtlichen Steuerfehlern, die der Behörde auffallen, von Amts wegen durchzuführen ist. Handelt es sich dabei um eine Korrektur zu ungunsten des Steuerpflichtigen, ist ihm ein entsprechender Korrekturbogen (Änderungsbescheid) zuzustellen. Dabei spielt es keine Rolle, ob die Besteuerung zuvor durch Abgabe einer Steuererklärung im Rahmen der Selbstveranlagung oder durch eine hoheitliche Veranlagung mit einem Steuerbescheid durchgeführt wurde.[529]

Gegen eine Korrektur zu ungunsten des Steuerpflichtigen steht diesem gemäß § 121 S. 2 VUK der direkte Klageweg offen. Sofern der Steuerpflichtige keine Klage erhebt, wird eine aufgrund der Korrektur zusätzlich festgesetzte Steuer zwei Monate nach Zustellung des Änderungsbescheides zur Zahlung fällig.[530]

Auch bei einer Korrektur zugunsten des Steuerpflichtigen, aus der eine Steuerüberzahlung resultiert, ist ein entsprechender Änderungsbescheid zu erlassen und dem Steuerpflichtigen zuzustellen. Ab Zustellung des Änderungsbescheides hat der Steuerpflichtige ein Jahr Zeit, die Erstattung seiner überzahlten

526 vgl. hierzu unten S. 184 ff.

527 Zum Klagevorbehalt siehe S. 77 ff.

528 Siehe hierzu die Ausführungen zur Verjährung S. 110 ff.

529 Özbalcı, Vergi Usul Kanunu, S. 403.

530 Zur Zahlung von hoheitlich festgesetzten Steuern s. bereits S. 178 ff.

Steuern bei der Finanzkasse zu beantragen. Beantragt er die Erstattung nicht fristgerecht, erlischt sein Erstattungsanspruch (§ 120 Abs. 2 VUK).

2. Korrektur auf Antrag des Steuerpflichtigen

Eine Korrektur von Steuerfehlern im Sinne der §§ 117 oder 118 VUK kann auch während der gesamten Festsetzungsverjährungsfrist von fünf Jahren auf Initiative des Steuerpflichtigen in die Wege geleitet werden (§ 122 VUK). Ein entsprechender Antrag des Steuerpflichtigen wird vom zuständigen Sachbearbeiter der Veranlagungsstelle versehen mit seinen eigenen Anmerkungen an den Leiter des Finanzamtes übermittelt (§ 123 VUK), der die sachliche Entscheidungsbefugnis auch auf seine Sachgebietsleiter delegieren kann (§ 120 Abs. 4 VUK).[531] Diese entscheiden dann über den Korrekturantrag. Wird dem Antrag stattgegeben, bleibt der weitere Verfahrensgang unverändert im Vergleich zur Korrektur von Amts wegen.

Wird dem Antrag des Steuerpflichtigen hingegen nicht entsprochen, ist für den weiteren Verfahrensgang danach zu differenzieren, ob der Steuerpflichtige seinen Korrekturantrag innerhalb der ursprünglichen Klagefrist des Ausgangsbescheides gestellt hat oder erst nach Ablauf der gemäß § 7 Abs. 1 İYUK dreißig Tage betragenden Klagefrist.

a) Korrekturantrag innerhalb der ursprünglichen Klagefrist

Zunächst ist festzustellen, dass der gesetzlich vorgesehene Rechtsbehelf gegen Maßnahmen des Finanzamtes stets die Klage vor dem Finanzgericht ist (§ 377 Abs. 1 VUK). Daher steht es dem Steuerpflichtigen auch frei, gegen Steuerfehler des Finanzamtes im Sinne des § 116 VUK (genauer: Berechnungsfehler im Sinne des § 117 VUK oder Besteuerungsfehler im Sinne des § 118 VUK) anstatt mit einem Korrekturantrag direkt mit einer Klage vorzugehen.[532] Bei einem möglichen Steuerfehler ist die Durchführung eines erfolglosen Korrekturverfahrens daher keine Sachurteilsvoraussetzung.[533]

Entscheidet sich der Steuerpflichtige innerhalb der Klagefrist für einen Korrekturantrag, so hemmt dieser Antrag den weiteren Ablauf der Klagefrist (§ 11 Abs. 1 S. 2 İYUK). Stellt der Steuerpflichtige demnach beispielsweise drei Tage vor Ablauf der Klagefrist einen Korrekturantrag nach § 122 VUK beim Finanzamt, so verbleiben ihm nach Zustellung eines Ablehnungsbescheides lediglich

531 Die Möglichkeit der Delegierung wurde in Form des Abs. 4 erst mit dem Gesetz Nr. 5615 mit Wirkung zum 04.04.2004 in den § 120 VUK aufgenommen.

532 Özbalcı, Vergi Usul Kanunu, S. 408.

533 Candan, Vergilendirme Yöntemleri ve Uzlaşma, S. 218.

diese drei Tage zur Einreichung einer Klage vor dem Finanzgericht. Eine separate Klagefrist aufgrund des Ablehnungsbescheides wird nicht in Gang gesetzt.[534]

Reagiert das Finanzamt nicht binnen sechzig Tagen, nachdem der Steuerpflichtige den Korrekturantrag zur Post aufgegeben hat, so gilt der Antrag gemäß § 11 Abs. 2 İYUK als abgelehnt. In solch einem Fall würde die gehemmte Frist ab dem sechzigsten Tag der Antragsstellung mit den verbleibenden Tagen der ursprünglichen Klagefrist weiterlaufen. Der Steuerpflichtige muss daher auch die Sechzig-Tage-Frist stets im Auge haben. Versäumt er die fristgerechte Klageerhebung, so hat er keine weitere Rechtsschutzmöglichkeit. Daran ändert auch ein nach der Sechzig-Tage-Frist ergehender Ablehnungsbescheid nichts. Ein solcher Bescheid setzt keine neue Klagefrist in Gang.[535]

b) Korrekturantrag nach Ablauf der ursprünglichen Klagefrist

Der Antrag auf Korrektur von Steuerfehlern kann im zeitlichen Rahmen der gemäß § 114 Abs. 1 VUK fünf Jahre betragenden regulären Festsetzungsverjährungsfrist jederzeit und damit auch nach der dreißig Tage betragenden Klagefrist des § 7 Abs. 1 İYUK gestellt werden.

Einen besonderen Verfahrenslauf schlägt der Prozess dann ein, wenn der nach der Klagefrist gestellte Korrekturantrag des Steuerpflichtigen vom Finanzamt abgelehnt wird. Aufgrund der abgelaufenen Klagefrist ist eine direkte Klageerhebung vor dem Finanzgericht unzulässig. Nach § 124 Abs. 1 VUK steht dem Steuerpflichtigen in diesem Fall aber das Recht zu, eine Beschwerde an das Finanzministerium zu richten.[536] Erachtet das Finanzministerium die Beschwerde für zulässig und begründet, gibt sie ihr statt, woraufhin das Finanzamt die vom Steuerpflichtigen begehrte Korrektur durchführt.

Weist das Finanzministerium hingegen die Beschwerde zurück oder trifft es innerhalb von sechzig Tagen keine Entscheidung, so erhält der Steuerpflichtige dadurch eine „neue Klagebefugnis" (§ 10 Abs. 2 İYUK).[537] Der Steuerpflichtige kann innerhalb von dreißig Tagen nach der ablehnenden Entscheidung oder der Untätigkeit trotz Ablaufs der Sechzig-Tage-Frist eine Klage vor dem Finanzgericht auf Durchführung der begehrten Korrektur des Steuerfehlers erheben.[538]

534 Ebenso Kızılot, Vergi İhtilafları ve Çözüm Yolları, S. 121.

535 Özbalcı, Vergi Usul Kanunu, S. 409.

536 Bei einzelnen Steueraufkommen, die direkt den Provinzen zustehen, ist Beschwerde an den amtierenden Gouverneur und bei Steuern, die den Städten zustehen an den Bürgermeister zu richten (§ 124 Abs. 2 VUK).

537 Kızılot, Vergi İhtilafları ve Çözüm Yolları, S. 122.

538 Özbalcı, Vergi Usul Kanunu, S. 410.

Nach Ablauf dieser dreißig Tage betragenden Klagefrist wird eine Klage vor dem Finanzgericht unzulässig. Erhält der Steuerpflichtige jedoch nach Ablauf der Sechzig-Tage-Frist (Entscheidungsfrist für das Finanzministerium) und der dreißig Tage betragenden Klagefrist doch noch eine (zurückweisende) Entscheidung vom Finanzministerium über seine Beschwerde, so steht dem Steuerpflichtigen gemäß § 10 Abs. 2 S. 4 i.V.m. § 7 Abs. 1 İYUK eine erneute Klagefrist von dreißig Tagen zu. Voraussetzung ist jedoch, dass das Finanzministerium diese „verspätete" zurückweisende Entscheidung selbständig ohne weitere Anträge oder Nachfragen auf die ursprüngliche Beschwerde des Steuerpflichtigen erlassen hat.[539]

Unabhängig davon, wie ein eigentlich schon durch Ablauf der ursprünglichen Klagefrist bestandskräftig gewordener Steuerbescheid über den „Umweg" durch das Finanzministerium zum Finanzgericht getragen wird, hat diese Klage aber nur dann Aussicht auf Erfolg, wenn das Gericht zu dem Entschluss kommt, dass der anfängliche Korrekturantrag an das Finanzamt begründet war, d.h. der ursprüngliche Bescheid des Finanzamtes tatsächlich einen Berechnungsfehler im Sinne des § 117 VUK oder Besteuerungsfehler im Sinne des § 118 VUK enthält. Kommt das Gericht hingegen zu dem Schluss, dass der Steuerbescheid zwar fehlerhaft ist, es sich aber um keinen Fehler der §§ 117 oder 118 VUK handelt, so wird es die Klage abweisen. Daher begibt sich der Steuerpflichtige, der ausgehend von einem Steuerfehler im Sinne der §§ 117, 118 VUK und der vermeintlichen Möglichkeit der Korrektur innerhalb der fünfjährigen Festsetzungsverjährung keine fristgerechte Klage erhebt oder zumindest den Korrekturantrag innerhalb der Klagefrist stellt, der nicht zu unterschätzenden Gefahr, dass der fehlerhafte Bescheid bestandskräftig wird und auch vom Finanzgericht nicht mehr geändert werden kann.[540]

---

539 Candan, Vergilendirme Yöntemleri ve Uzlaşma, S. 222.

540 Öncel/Kumrulu/Cağan, Vergi Hukuku, S. 177.

Achter Abschnitt: Verständigungen

Für Besteuerungen, die nicht durch ein ordnungsgemäßes Selbstveranlagungsverfahren zum Abschluss gebracht werden, existieren in der Türkei gesetzlich geregelte „Verständigungsmöglichkeiten", mit denen Differenzen zwischen Finanzbehörde und Steuerpflichtigem einvernehmlich beseitigt werden können, ohne die Gerichte einzuschalten. Das in den Nachtragsparagraphen 1 bis 12 im VUK normierte Institut[541] ist mit dem Namen „Uzlaşma" überschrieben, was soviel bedeutet wie Einvernehmen, Verständigung, Vergleich, Einigung oder Versöhnung.[542] Es wurde erstmals im Jahre 1963 in das VUK eingeführt.[543] In den Gesetzesbegründungen heißt es dazu:

> „Um steuerliche Streitigkeiten zügig schlichten und auf diesem Wege Zweifel der Steuerpflichtigen schnell beseitigen und ihnen ihre Ruhe zurückgeben zu können, um Steueransprüche des Staates zeitig in die Staatskasse fließen lassen zu können und schließlich um die Finanzgerichte zu entlasten, damit diese sich intensiver mit den gerichtlichen Rechtstreiten auseinandersetzen können, ist das Institut der Verständigung in das Gesetz aufgenommen worden.
>
> Dadurch wird den Steuerpflichtigen und der Finanzverwaltung der Weg geebnet, zwischen ihnen auftretende steuerliche Streitigkeiten wiederum unter sich zu schlichten."

Im Vergleich zu den Korrekturmöglichkeiten von Steuerfehlern oder dem Weg zu den Finanzgerichten stellt die Verständigung in der Türkei heute die „Hauptinstitution" zur Lösung steuerlicher Konflikte zwischen dem Steuerpflichtigen und dem Finanzamt dar.[544]

Zunächst war lediglich eine Verständigung im Verfahrensabschnitt nach der Steuerfestsetzung (Tarhiyat Sonrası Uzlaşma) vorgesehen. Im Jahr 1987 ist auch die Möglichkeit der Verständigung vor der Steuerfestsetzung (Tarhiyat Öncesi Uzlaşma) in das Gesetz aufgenommen worden.[545] Während die Grundlagen der Verständigung in den §§ 1 bis 12 VUK / Nachtrag geregelt werden, sind die

541 Die Nachtragsparagraphen sind angesiedelt im 4. Buch des VUK, in dem Regelungen des Steuerstrafrechts getroffen sind.

542 Wortbedeutung entnommen aus dem Wörterbuch von Karl Steuerwald, Türkçe Almanca Sözlük.

543 Eingeführt durch das Gesetz Nr. 205 vom 19.02.1963; Özbalcı, Vergi Usul Kanunu, S. 1001; Im Forschungsbericht des Bundesministeriums für wirtschaftliche Zusammenarbeit, Fischer, Finanzsystem und Finanzverwaltung der Türkei, S. 376, wird diese Verfahren als „Kompromissverfahren" bezeichnet.

544 Çetinkaya Hukuk, Vergi Hukukunda Uzlaşma, S.18.

545 Uluatam/Methibay, Vergi Hukuku, S. 229.

Einzelheiten in zwei Rechtsverordnungen festgelegt, die auf Grundlage der gesetzlichen Ermächtigung im § 1 Abs. 2 VUK / Nachtrag vom Finanzministerium erlassen worden sind.[546]

Auch in Deutschland existiert das Instrument der Verständigung für das Steuerrecht. Anders aber als in der Türkei, basieren Verständigungen in Deutschland nicht auf gesetzlich fixierten Grundlagen. Vielmehr hat der BFH der Verständigungspraxis im deutschen Besteuerungsverfahren mithilfe der sog. „tatsächlichen Verständigung“ Konturen verschafft und diese zu einem eigenständigen Rechtsinstitut fortgebildet.[547] Eine tatsächliche Verständigung kann in Deutschland in jedem Stadium des Besteuerungsverfahrens getroffen werden, sofern sie nicht ausgeschlossen ist.[548] Da sie sich ausschließlich auf den der Besteuerung zugrunde zu legenden Sachverhalt bezieht, kommt sie in der Praxis im Steuerfestsetzungsverfahren und im Rechtsbehelfsverfahren häufiger als in anderen Verfahrensabschnitten zur Anwendung.[549]

Die in den zwei verschiedenen Verfahrensabschnitten anzutreffenden Verständigungsmöglichkeiten in der Türkei unterliegen unterschiedlichen Voraussetzungen. Obwohl eine Verständigung vor der Steuerfestsetzung der Verständigung nach der Steuerfestsetzung verfahrenstechnisch und zeitlich vorgelagert ist, soll zunächst die Möglichkeit der Verständigung nach der Steuerfestsetzung dargestellt werden. Der Grund liegt darin, dass die Verständigung in diesem Verfahrensabschnitt schon seit 1963 existiert und angewendet wird, während die Verständigung vor der Steuerfestsetzung erst 23 Jahre später in das Gesetz aufgenommen wurde. Die Praxiserfahrung in Bezug auf die Verständigung nach der Steuerfestsetzung ist daher wesentlich größer.

---

546 Tarhiyat Sonrası Uzlaşma Yönetmeliği (TSUY): Rechtsverordnung zur Verständigung nach einer Steuerfestsetzung und Tarhiyat Öncesi Uzlaşma Yönetmeliği (TÖUY): Rechtsverordnung zur Verständigung vor einer Steuerfestsetzung; beide Rechtsverordnungen sind veröffentlicht im Amtsblatt vom 03.02.1999 mit der Nr. 23690 und auch bei Candan, Vergilendirme Yöntemleri ve Uzlaşma, S. 371 ff.

547 BFH, BStBl II 85, S. 354; 91, S. 45; 95, S. 32; 96, S. 625; 02, S. 408; 04, S. 975; 05, S. 160.

548 Ausf. zu den Erscheinungsformen von Verständigungen in den einzelnen Verfahrensabschnitten vgl. Seer, Verständigungen in Steuerverfahren, S. 7 bis 46.

549 Wünsch, in: Pahlke/Koenig, AO, § 88 Rn. 49.

I. Verständigungen nach der Steuerfestsetzung (Tarhiyat Sonrası Uzlaşma)

1. Gegenstand der Verständigung

Der Gesetzgeber hat im § 1 S. 1 VUK / Nachtrag vorgesehen, dass die Finanzverwaltung für Fälle der hoheitlichen Veranlagung sich in Bezug auf die festgesetzten Steuern und die in diesem Zusammenhang gleichzeitig festgesetzten Strafzuschläge betragsmäßig mit den Steuerpflichtigen verständigen können.

Damit also eine Verständigung dieser Art überhaupt erst in Frage kommen kann, ist zunächst eine hoheitlich bereits veranlagte und festgesetzte Steuer bzw. ein von der Finanzbehörde bereits festgesetzter Strafzuschlag erforderlich. Eine Verständigung für eine infolge einer Selbstveranlagung durchgeführte Steuerfestsetzung ist hingegen ausgeschlossen.[550] Die Verständigung kann nur von dem Steuerpflichtigen, dem infolge der hoheitlichen Steuerfestsetzung gemäß § 34 VUK ein Steuerbescheid und gemäß § 366 VUK ein Bescheid über den Strafzuschlag zugestellt wird, innerhalb von 30 Tagen nach der entsprechenden Zustellung beantragt werden.

Innerhalb der gleichen Frist (30 Tage nach Zustellung des Bescheides) kann der Steuerpflichtige, der sich vom Finanzamt in seinen Rechten verletzt fühlt, also entscheiden, ob er beim Finanzamt einen Antrag auf Verständigung stellt oder gegen die hoheitliche Steuer- und Strafzuschlagsfestsetzung gemäß § 377 Abs. 1 VUK i.V.m. § 7 İYUK Klage vor dem Finanzgericht erhebt. Soweit Kesen[551] im Zusammenhang mit der Verständigung von „außergerichtlichem Vorverfahren" spricht, ist dies missverständlich, weil ein (erfolgloses) Verständigungsverfahren in der Türkei keine Sachurteilsvoraussetzung für eine finanzgerichtliche Klage ist. In der Türkei ist eine finanzgerichtliche Klage des Steuerpflichtigen gegen eine hoheitliche Steuer- oder Strafzuschlagsfestsetzung auch ohne die Durchführung eines Vorverfahrens in Form eines Verständigungsverfahrens zulässig. Eine dem § 44 FGO entsprechende Regelung ist in der Türkei weder mit Bezug zu einem Einspruchs- noch zu einem Verständigungsverfahren vorgesehen.[552] Klageweg und Einleitung des Verständigungsverfahrens stehen dem Steuerpflichtigen parallel und unabhängig voneinander zur Verfügung.

---

550 Beyanname Düzenleme Kılavuzu 2008, S. 1141.

551 Kesen, Das Steuerrecht der Türkei, S. 47.

552 Kesen, Das Steuerrecht der Türkei, S. 48 sieht in diesem Zusammenhang als „zweite Möglichkeit der Streitbeilegung die „Verwaltungs-"gerichtsbarkeit, die dann über die Streitigkeiten zu befinden hat, wenn im Steuerverwaltungsverfahren eine Einigung nicht zustande gekommen ist." Neben der Tatsache, dass das Verständigungsverfahren für ei-

Im Hinblick auf den Gesetzeszweck, durch dieses Verfahren die Finanzgerichte zu entlasten, ist gleichwohl nicht zu verkennen, dass diese Funktion als Filter für das gerichtliche Rechtsbehelfsverfahren nur dann erfüllt werden kann, wenn sein Anwendungsbereich generell auf alle Steuerstreitigkeiten ausgedehnt und es eindeutig als Zulässigkeitsvoraussetzung für das gerichtliche Rechtsbehelfsverfahren statuiert wird.[553]

Den Gegenstand der Verständigung bildet in der gängigen Praxis eine Verhandlung[554] über die Höhe der festgesetzten Steuern und Strafzuschläge.[555] § 1 S. 1 VUK / Nachtrag bezieht die Verständigung seinem Wortlaut nach ausdrücklich auf die betragsmäßige Größenordnung der Steuerschuld. Daher ist es ebenfalls missverständlich, wenn Kesen[556] das Verständigungsverfahren als „außergerichtliches Rechtsbehelfsverfahren“ bezeichnet. Unabhängig davon, ob gerichtlich oder außergerichtlich, kennzeichnen sich Rechtsbehelfsverfahren dadurch, dass sie zur Aufdeckung und Beseitigung von Rechtsverletzungen bestimmt sind, die dem Betroffenen gegenüber durch die öffentliche Gewalt verübt werden. Im Gegensatz dazu ist ein für den Steuerpflichtigen positives Resultat eines Verständigungsverfahrens nach der Steuerfestsetzung eine Steuervereinbarung, aus der sich ein möglichst hoher Verzicht des Finanzamtes auf die ursprünglich festgesetzte Steuerschuld und den Strafzuschlag ergibt. Die Klärung von Rechtsfragen durch (erneute) Prüfung der Sache ist hingegen nicht Gegenstand der Verständigung, wie sie in der Türkei vorgesehen ist.

Allerdings verstößt eine solche Interpretation des Gesetzes gegen rechtsstaatliche Fundamentalprinzipien der türkischen Verfassung, was in der türkischen Literatur von vielen Autoren zum Ausdruck gebracht wird. Gleichzeitig erscheint zweifelhaft, ob der Gesetzgeber tatsächlich die Steuerschuld zum Gegenstand der Verständigungsverhandlungen machen wollte.[557] In der Praxis wird allerdings stets und unbeirrt über die Höhe der zu zahlenden Steuer verhandelt.

---

ne Klage nicht vorausgesetzt wird, kommt hinzu, dass nicht die Verwaltungsgerichtsbarkeit (İdare Mahkemeleri), sondern die als Eingangsinstanz davon unabhängige Finanzgerichtsbarkeit (Vergi Mahkemeleri, § 1 İYUK) für ein steuerrechtliches Klageverfahren zuständig ist.

553 So auch Fischer, Finanzsystem und Finanzverwaltung der Türkei, S. 384.

554 Candan, Vergilendirme Yöntemleri ve Uzlaşma, S. 235 bezeichnet die Art der Verständigung als „pazarlığa oturma“ was übersetzt werden kann mit: „Sich an den Verhandlungstisch setzen.“

555 Zum offensichtlichen Verstoß dieser Art der Verständigung gegen die Grundsätze der Gleichheit und Gesetzesmäßigkeit der Besteuerung siehe unten S. 222 ff.

556 Kesen, Das Steuerrecht der Türkei, S. 48.

557 Başaran Yavaşlar, Türk Vergi Hukukunda Uzlaşma, S. 309 ff. m.w.N.; vgl. auch unten S. 227 ff.

Neben den hoheitlich festgesetzten Steuern können auch Strafzuschläge wegen „Steuerverluste“[558] zum Gegenstand der Verständigung gemacht werden. Damit sind die Strafzuschläge gemeint, die sich aus § 344 Abs. 1 VUK etwa für nicht abgegebene Steuererklärungen ergeben.[559] Aus dem Anwendungsbereich der Verständigung ausdrücklich ausgenommen sind gemäß § 1 Abs. 1 S. 1 VUK / Nachtrag Strafen, die aus § 344 Abs. 2 VUK für die Straftatbestände der Steuerhinterziehung nach § 359 VUK ergeben, die unabhängig von weiteren Geld- oder Freiheitsstrafen entstehen und von Strafgerichten verhängt werden.[560]

In Deutschland unterscheidet die Rechtsprechung zwischen unzulässigen Vereinbarungen über den Steueranspruch und zulässigen Vereinbarungen über die Sachbehandlung.[561] Aus dem Gesetzesmäßigkeitsprinzip (Art. 20 Abs. 3 GG) und aus dem Gebot der Rechtsanwendungsgleichheit (Art. 3 Abs. 1 GG) folgert die Rechtsprechung ein Verbot der Steuervereinbarung.[562] Wie sich die gesetzlich vorgesehenen Möglichkeiten der Steuervereinbarungen in der Türkei im Lichte der verfassungsrechtlich verankerten Grundprinzipien der Besteuerung darstellen, wird nach der objektiven Darstellung der geübten Verständigungspraxis unter dem gesonderten Punkt „III. Vereinbarkeit von Steuervereinbarungen mit dem Rechtsstaatsprinzip“ erörtert.[563]

2. Verständigungskommissionen in der Türkei

Die Verständigungsverhandlungen in der Türkei werden seitens der Finanzverwaltung durch eigens dafür eingerichtete Verständigungskommissionen geführt, die sich gemäß § 6 Abs. 1 TSUY stets aus drei Vertretern der Finanzverwaltung zusammensetzen. Entscheidungen in der Kommission werden durch Mehrheitsabstimmungen getroffen (§ 6 Abs. 6 TSUY). Die konkrete personelle Zusammensetzung der Kommissionen wird in § 6 Abs. 2 TSUY[564] geregelt und ist abhängig davon, in welcher Hierarchieebene der Finanzverwaltung die Kommission angesiedelt ist. Insgesamt haben sich letztlich vier Hierarchiestufen entwi-

---

558 Zum Begriff des Steuerverlustes siehe oben S. 92.

559 Zur betragsmäßigen Berechnung siehe oben S. 90 ff.

560 Candan, Vergilendirme Yöntemleri ve Uzlaşma, S. 250.

561 Seer, in: Tipke/Kruse, AO, Vor § 118 Rn. 10.

562 RFH, RStBl. 1938, S. 626; BFH, BStBl. III 55, S. 92 und S. 251; 64, S. 88; Seer, Verständigungen in Steuerverfahren, S. 1 und 123 m.w.N.

563 Siehe hierzu unten S. 222 ff.

564 Zuletzt geändert durch die amtliche Bekanntmachung des Finanzministeriums zum VUK mit der Nr. 372, veröffentlicht im Amtsblatt vom 10.05.2007 mit der Nr. 26518; VUK Genel Tebliğ Sıra No: 372; abrufbar unter: http://www.gib.gov.tr/index.php?id=1028.

ckelt, deren Zuständigkeitsbereiche definiert werden über betragsmäßige Grenzen der Verständigung, d.h. über die Höhe des „zur Verhandlung stehenden Steuer- bzw. Strafzuschlagsanspruch“ des Fiskus.[565] Die Grenzen sind jedoch nicht in allen Regierungsbezirken der Türkei einheitlich, sondern variieren zum Teil erheblich.[566]

Die Hierarchiestufen der Verständigungskommissionen, ihre Mitglieder und die Zuständigkeitsbereiche anhand von zwei Beispielsregierungsbezirken (Ankara und Diyarbakır) können mit folgender Tabelle veranschaulicht werden:

565 Die betragsmäßigen Zuständigkeitsgrenzen werden auf Grundlage der Ermächtigung im § 5 Abs. 2 TSUY bestimmt durch das Finanzministerium. Veröffentlicht werden sie in amtlichen Bekanntmachungen des Finanzministeriums zum VUK. Die derzeit gültigen Grenzen ergeben sich aus den amtlichen Bekanntmachungen mit den Nrn. 352, 356, 360 und 372; VUK Genel Tebliğ Sıra No: 352, 356, 360 ve 372; alle im Volltext abrufbar unter: http://www.gib.gov.tr/index.php?id=1028.

566 Offensichtlich sind die betragsmäßigen Verständigungsgrenzen abhängig von der „wirtschaftlichen Bedeutung“ der einzelnen Regierungsbezirke. Siehe dazu den beispielhaften Vergleich in der angefügten Tabelle zwischen der Millionen-Metropole Ankara und dem kleinen Regierungsbezirk Diyarbakır im Südosten der Türkei.

Tab. 5: Hierarchiestufen der Verständigungskommissionen

Hierarchiestufe der Verständigungskommission	**Mitglieder**	**Zuständigkeitsbereiche nach Höhe der „Verständigungsrahmen" in TL**	
		Ankara	**Diyarbakır**
1. Finanzämter	1. Vorsteher des Finanzamtes 2. stellvertretender Vorsteher 3. Sachgebietsleiter	≤ 30.000	≤ 15.000
2. Finanzamtspräsidien bzw. -direktionen	1. Finanzamtspräsident bzw. Finanzdirektor 2. Finanzämter-Gruppenleiter 3. Vorsteher eines Finanzamtes	30.001 bis 750.000	15.001 bis 300.000
3. Koordinierungsstellen der Finanzämter[567]	1. stellvertretender Präsident des Einkommens-Verwaltungspräsidiums 2. Abteilungsleiter des Einkommens-Verwaltungspräsidiums 3. juristischer Berater	750.001 bis 2.000.000	300.001 bis 2.000.000
4. Zentrale Verständigungskommission[568] (Ankara)	1. Präsident des Einkommens-Verwaltungspräsidiums 2. stellvertretender Präsident des Einkommens-Verwaltungspräsidiums 3. Leiter der Einkommensdirektionsabteilung	> 2.000.000	

Innerhalb der Hierarchiestufen auf Ebene der Finanzämter existieren wiederum weitere betragsmäßige Unterteilungen, mit denen die Zuständigkeiten der Verständigungskommissionen bei den Finanzämtern abhängig von ihrer Zuordnung zu zentralen oder dezentralen Verwaltungsbezirken aufgeteilt werden. So existiert z.B. für den Zuständigkeitsbereich der Verständigungskommissionen bei den Finanzämtern im Regierungsbezirk von Ankara, die wie in der o.a. Tabelle aufgezeigt einen maximalen „Verständigungsrahmen" von 30.000 TL haben, eine Staffelung mit drei Ebenen. Letztlich gibt es bei den Finanzämtern im Regierungsbezirk in Ankara Verständigungskommissionen mit einem Verständigungsrahmen von 6.000 TL, 7.500 TL und dem Maximalwert von 30.000 TL.

567 Die Grundlagen zur Schaffung von Verständigungskommissionen auf Ebene der sog. „Koordinierungsstellen der Finanzämter" sind nachträglich mit einer Rechtsverordnung gelegt worden, welche im Amtsblatt vom 23.03.2007 mit der Nr. 26471 veröffentlicht ist. Danach kann auch mehr als nur eine Verständigungskommission auf dieser Ebene gegründet werden. Der Präsident des Einkommens-Verwaltungspräsidiums ist zur freien Bestimmung ihrer Standorte, Zuständigkeitsbereiche und Kommissionsmitglieder befugt. Die für diese Kommission angegebenen Mitglieder sind daher variabel.

568 Die zentrale Verständigungskommission existiert lediglich einmal in Ankara im Einkommens-Verwaltungspräsidium.

Die betragsmäßigen Verständigungsrahmen auf allen Hierarchiestufen beziehen sich stets auf einzelne Steuerarten[569] und auch der Strafzuschlag wird der hoheitlich festgesetzten Steuer bei der Zuständigkeitsfrage nicht hinzugerechnet, sondern isoliert betrachtet.[570] Daher wäre für die Verständigung bei einem Steuerpflichtigen in einem zentralen Verwaltungsbezirk von Ankara, dem auf geschätzten Grundlagen beruhend ein Einkommensteuerbescheid 01 mit einer festgesetzten Einkommensteuer von 23.000 TL plus 29.000 TL Strafzuschlag und ein Umsatzsteuerbescheid 01 mit einer festgesetzten Umsatzsteuer von 18.000 TL + 23.000 TL Strafzuschlag zugestellt wird, jeweils die Verständigungskommission des Finanzamtes in seinem Veranlagungsfinanzamt in Ankara zuständig. Läge in diesem Fall eine Steuer oder ein Strafzuschlag z.B. bei 600.000 TL, wäre die Zuständigkeit der Verständigungskommission auf der nächsten Ebene, dem Finanzamtspräsidium in Ankara, eröffnet.

3. Voraussetzungen für eine Verständigung

Der Steuerpflichtige, der aufgrund einer hoheitlichen Veranlagung vom Finanzamt einen Steuerbescheid und einen Bescheid über festgesetzte Strafzuschläge erhalten hat und sich über die Höhe der festgesetzten Beträge mit der Verständigungskommission einigen will, muss zur Einleitung eines Verständigungsverfahrens einige Zulässigkeitsvoraussetzungen erfüllen. Er muss zunächst innerhalb von 30 Tagen nach Zustellung des Bescheides bei der zuständigen Verständigungskommission einen schriftlichen Antrag stellen. Dies kann er vor Ort beim Kommissionssekretariat persönlich tun oder durch eingeschriebene Postzustellung (§ 7 TSUY). Ein entsprechender Antrag wird daraufhin vom Kommissionssekretariat auf form- und fristgerechte Einreichung geprüft und kontrolliert, ob die in dem Bescheid festgesetzten Steuern und Strafzuschläge sich innerhalb des für die angerufene Kommission maßgebenden Verständigungsrahmen halten (§ 10 Abs. 2 TSUY).

Eine weitere Voraussetzung, die zwar nicht in der Rechtsverordnung TSUY geregelt ist, sich aber direkt aus dem VUK ergibt, ist in § 1 VUK / Nachtrag vorgesehen. Danach kann sich die Finanzverwaltung mit dem Steuerpflichtigen nur verständigen, wenn der Steuerpflichtige für den entstandenen Steuerverlust einen der im § 1 S. 1 VUK / Nachtrag genannten vier Gründe vorweisen kann. Der Steuerpflichtige muss sich demnach darauf berufen können,

(1) nicht in der Lage gewesen zu sein, die gesetzlichen Regelungen hinreichend zu durchdringen:

569 Beyanname Düzenleme Kılavuzu 2004, S. 1111.
570 Beyanname Düzenleme Kılavuzu 2004, S. 1114.

Damit sollte auf die zu großen Teilen komplexen und schwer verständlichen gesetzlichen Normen des türkischen Steuerrechts abgezielt werden. Aus diesem Grund hat der Gesetzgeber vorgesehen, für einen Steuerverlust, der aus der „Unverständlichkeit" der Steuernormen herrührt, die Möglichkeit einer Verständigung zu schaffen.[571] Bei diesem subjektiven Kriterium soll auf den Bildungsstand des betroffenen Antragsstellers und sein soziales Umfeld abgestellt werden.[572]

„Nicht in der Lage gewesen zu sein, die gesetzlichen Regelungen hinreichend zu durchdringen", wird in der Praxis in nahezu allen Anträgen auf Verständigungen angegeben.[573]

Kritisiert wird diese Begründung, die den Weg für eine Verständigung ebnet, von Ozansoy[574] zu Recht, wenn er ausführt, dass von der Komplexität der Steuergesetze jeder Steuerpflichtige gleichermaßen betroffen ist, und dass die Unwissenheit hinsichtlich der geltenden Steuergesetze keine Rechtfertigung darstellen darf. Jeder Steuerpflichtige trägt selbst die Verantwortung dafür, dass er die geltenden (Steuer-) Gesetze kennt. Sonst führt dies dazu, dass jeder, der gegen das geltende Recht verstößt, sich darauf berufen kann, das Gesetz nicht gekannt oder nicht hinreichend verstanden zu haben, mit dem Ergebnis, dass er von den festgesetzten Strafzuschlägen nahezu komplett befreit und seine Steuerschuld ermäßigt wird.[575]

Auch wenn bei der Beurteilung der Bildungsstand des betroffenen Antragsstellers und sein soziales Umfeld berücksichtigt werden sollen, ist eine objektive Feststellung über die Kenntnis und das Verständnis in Bezug auf die betreffenden Steuernormen nicht hinreichend nachprüfbar.

M.E. liegt bei diesem Grund darüber hinaus eine Widersprüchlichkeit des Gesetzgebers vor und ist unter Berücksichtigung des folgenden Umstandes wenig überzeugend: In Anlehnung an den (doppelten) § 227 VUK hat das Finanzministerium die „Rechtsverordnung über die Unterzeichnung von Steuererklärungen durch Angehörige von steuerberatenden Berufen"[576] erlassen und damit sichergestellt, dass jede beim Finanzamt eingereichte Steuererklärung zuvor auf ihre Rechtmäßigkeit hin durch einen Angehörigen der Steuerberatenden Berufe

571 Candan, Vergilendirme Yöntemleri ve Uzlaşma, S. 256.

572 Candan, Vergilendirme Yöntemleri ve Uzlaşma, S. 256.

573 Ozansoy, Üzlaşma Müessesi ve Etkinliği, S. 210 f.

574 Ozansoy, Üzlaşma Müessesi ve Etkinliği, S.210 f.

575 Zu den Resultaten der Verständigungsverhandlungen s. unten S. 201 ff., S. 215 ff.

576 Rechtsverordnung veröffentlicht in der Resmi Gazete Nr. 23034 vom 29.06.1997: „4 Sıra No'lu Vergi Beyannamelerinin Serbest Muhasebeci ve Serbest Muhasebeci Mali Müşavirlerce İmzalanması Hakkında Genel Tebliğ".

geprüft und unterzeichnet wird.[577] Letztlich kann sich danach unter normalen Umständen ein Steuerpflichtiger, der nach einer Selbstveranlagung z.B. aufgrund einer Außenprüfung einer weitergehenden hoheitlichen Steuerfestsetzung ausgesetzt ist, nicht darauf berufen, er sei nicht in der Lage gewesen, die gesetzlichen Regelungen hinreichend zu durchdringen. Hierfür konsultiert er ja gerade einen Steuerexperten, der in der Steuererklärung dessen Richtigkeit und Vollständigkeit bestätigen muss. Von diesem Steuerfachmann kann sich der Steuerpflichtige beraten und hinsichtlich der steuerlichen Rechtslage aufklären lassen.[578] Solange die abschließende (steuer-) rechtliche Überprüfung der Steuererklärung gesetzlich festgelegt durch einen Steuerexperten vorgenommen werden muss, macht es wenig Sinn, bei der Beurteilung der Komplexität der Steuerrechtsnormen auf den Bildungsstand des betroffenen Antragsstellers abzustellen und damit die Einleitung eines Verständigungsverfahrens zu begründen.[579]

(2) einem der im § 369 VUK aufgeführten Irrtümer unterlegen zu haben:

§ 369 VUK sieht Ausnahmen vor, bei der die Finanzverwaltung nicht berechtigt ist, Strafzuschläge zu erheben.

Die erste Ausnahme sieht vor, dass die Finanzverwaltung dann keine Strafzuschläge erheben darf, wenn ein Steuerverlust darauf zurückzuführen ist, dass der Steuerpflichtige vom Finanzamt falsche Auskünfte erhalten hat.

Die zweite Ausnahme stellt auf eine sich geänderte Rechtsauffassung der Finanzverwaltung oder Rechtsprechung ab, was im Ergebnis ebenfalls dazu führen soll, dass keine Strafzuschläge erhoben werden dürfen.

Unverständlich ist m.E. auch in dieser Variante, warum das Vorliegen derartiger Irrtümer den Steuerpflichtigen zu einer Verständigung berechtigen soll. Die zwingende Rechtsfolge von § 369 VUK ergibt sich schon aus der Norm selbst und führt bei einem erfolgreichen Änderungsantrag beim Finanzamt dazu, dass keine Strafzuschläge erhoben werden dürfen.[580] Die rechtmäßig festgesetzte Steuer muss der Steuerpflichtige hingegen selbstverständlich, genau wie ein

577 Siehe hierzu ausführlich oben S. 85 ff.

578 Diese Kritik bezieht sich in erster Linie auf Fälle der „ergänzenden Steuerfestsetzung" (İkmalen Vergi Tarhı) im Anschluss an eine Betriebsprüfung, bei der eine Steuererklärung des Steuerpflichtigen vorangegangen ist. Für den Fall einer hoheitlichen Steuerfestsetzung aufgrund einer Schätzung durch die Schätzungskommission, weil gar keine Steuererklärung abgegeben wurde, kann sich m.E. aber auch niemand ernsthaft auf die „komplexe Rechtslage" berufen. Hierzu müsste der Steuerpflichtige sich auf den Standpunkt stellen, dass er aufgrund der komplexen Rechtslage nicht gewusst habe, verpflichtet zu sein, eine Steuererklärung abzugeben.

579 So auch Korkusuz, Vergi Sistemimizde Uzlaşma Müessesesi, S. 74 f.

580 Candan, Vergilendirme Yöntemleri ve Uzlaşma, S. 257.

aufmerksamer Steuerpflichtiger, der z.B. die geänderte Rechtsprechung schon bei der Erstellung seiner Steuererklärung berücksichtigt und so einen Steuerausfall von vornherein vermieden hat, entrichten.

Dass Strafzuschläge in einem derartigen Fall auch bei der Einleitung eines Verständigungsverfahrens nicht erhoben werden dürfen, steht außer Frage, was letztlich dazu führt, dass den Gegenstand der Verständigung nur noch die festgesetzte Steuer selbst darstellt.[581] Damit wird faktisch eine Aufhebung des festgesetzten Strafzuschlags für den eigens dafür geschaffenen § 369 VUK durch die Möglichkeit der Verständigung ausgehebelt. Denn, wer anstatt unter Hinweis auf § 369 VUK die (isolierte) Aufhebung des festgesetzten Strafzuschlags mit gleicher Begründung eine Verständigung beantragt, entledigt sich nicht nur der festgesetzten Strafzuschläge, sondern reduziert (je nach Verhandlungsgeschick) auch einen Teil seiner Steuerschuld.[582]

(3) dass die Veranlagung einen Steuerfehler im Sinne der §§ 116 – 118 VUK oder einen sonstigen Tatsachenfehler enthält:[583]

Neben den eigens für die Korrektur von Steuerfehlern vorgesehenen Normen der §§ 116 ff. VUK sieht der Gesetzgeber aufgrund derartiger Fehler auch die Möglichkeit der Verständigung vor. Der Sinngehalt einer Verständigungsmöglichkeit wegen den gleichen Steuerfehlern der §§ 116 bis 118 VUK ist jedoch ebenso unverständlich. Soweit ein Fehler im Sinne dieser Vorschriften, der bei der Festsetzung der Steuer entstanden ist, entweder von Amts wegen oder aufgrund eines Korrekturantrages des Steuerpflichtigen aufgedeckt wird, greifen die speziellen Korrekturnormen durch und eine eventuell zu hoch festgesetzte Steuer wird ggf. zusammen mit den darauf gestützten Strafzuschlägen berichtigt.[584] Insofern bedarf es einer Verständigungsmöglichkeit aufgrund von Steuerfehlern nicht. Außerdem müssen Steuerfehler i.S. der §§ 116 ff. VUK nach diesen Vorschriften korrigiert werden. Die Korrektur nach diesen Vorschriften ist nicht in das Ermessen der Finanzbehörde gestellt. Insofern besteht auch hier eine Widersprüchlichkeit in der Gesetzgebung. Abstruse Folge einer konsequenten Anwendung beider Möglichkeiten wäre, dass nach einer Korrektur entsprechend den §§ 116 ff. VUK eine zusätzliche Verständigung über den Steueranspruch eingeleitet werden könnte.[585]

---

581 Candan, Vergilendirme Yöntemleri ve Uzlaşma, S. 257.

582 Ozansoy, Uzlaşma Müessesesi ve Etkinliği, S. 210 f.; zu den Resultaten der Verständigungsverhandlungen s. unten S. 215 ff., S. 229 ff.

583 Zu den Korrekturmöglichkeiten von „Steuerfehlern" und zum Begriff siehe bereits oben S. 175 ff.

584 Candan, Vergilendirme Yöntemleri ve Uzlaşma, S. 258.

585 Ozansoy, Uzlaşma Müessesesi ve Etkinliği, S. 210 f.

Hinzu kommt, dass die Korrekturmöglichkeiten nach den Korrekturnormen der §§ 116 ff. VUK im Vergleich zu der Verständigungsmöglichkeit in zeitlicher Hinsicht wesentlich ausgedehnter sind. Während der Antrag auf Verständigung gemäß § 1 Abs. 1 S. 3 VUK / Nachtrag binnen 30 Tagen nach Zustellung des Steuerbescheides gestellt werden muss, wird ein Korrekturantrag nach dem § 122 VUK nur begrenzt von der regelmäßigen Festsetzungsverjährungsfrist aus § 114 Abs. 1 VUK von fünf Jahren. Ein Steuerpflichtiger, der einen Bescheid mit einem Fehler zu seinem Nachteil erhält, hat mit den Korrekturnormen in zeitlicher Hinsicht einen weitaus größeren Handlungsspielraum. Die Möglichkeit in ein Verständigungsverfahren überzugehen ist insofern überflüssig.

Was der Gesetzgeber mit „sonstigen Tatsachenfehlern" im § 1 Abs. 1 S. 1 VUK meint, scheint nicht ganz klar zu sein. Feststeht allerdings, dass auch die sonstigen Tatsachenfehler durch mechanisches Versehen (z.B. Verrechnen, Verschreiben, Verwechseln, Vergreifen, Übersehen) entstanden sein müssen und keine Rechtsanwendungsfehler umfassen. Daher dürften unter die sonstigen Tatsachenfehler die von den §§ 116 bis 118 VUK nicht umfassten offenbaren Unrichtigkeiten fallen.[586]

(4) dass die von der Finanzverwaltung vertretene Lösung in der umstrittenen Sachlage von der Rechtsprechung anders behandelt wird:

Fallen die Rechtsansichten zwischen der Finanzverwaltung und der Rechtsprechung in einer umstrittenen Sachlage bekanntlich auseinander, so soll dies ebenfalls einen Grund zur Einleitung eines Verständigungsverfahrens darstellen.[587]

Auch dieser Grund zur Einleitung eines Verständigungsverfahrens wird in der Literatur kritisiert. Ozansoy[588] weist darauf hin, dass eine dauerhafte Meinungsverschiedenheit zwischen Steuerverwaltung und Finanzgerichte nicht durch Verständigungen zwischen der Steuerverwaltung und dem Steuerpflichtigen umgangen werden darf, sondern in einer derart festgefahrenen Situation der Gesetzgeber in der Pflicht steht, eine eindeutige und klare gesetzliche Lösung zu treffen.[589]

---

586 Candan, Vergilendirme Yöntemleri ve Uzlaşma, S. 259; Ozansoy, Uzlaşma Müessesesi ve Etkinliği, S. 211.

587 Man muss sich jedoch stets vor Augen führen, dass auch in diesem Fall der Steuerpflichtige und die Finanzverwaltung keine Verständigung über die unklare Rechtslage erzielen, sondern lediglich über die Höhe der Steuerfestsetzung. Zum offensichtlichen Verstoß dieser Art der Verständigung gegen die Grundsätze der Gleichheit und Gesetzesmäßigkeit der Besteuerung siehe unten S. 222 ff.

588 Ozansoy, Uzlaşma Müessesesi ve Etkinliği, S. 210 f.

589 Ozansoy, Uzlaşma Müessesesi ve Etkinliği, S. 212.

Gesetzlich ist zwar vorgesehen, dass sich der Steuerpflichtige bei der Beantragung eines Verständigungsverfahrens nach einer hoheitlich festgesetzten Steuer auf eines der oben dargelegten Gründe berufen können muss, in der Praxis zeigt sich jedoch, dass die Verständigungskommissionen sehr großzügig mit dieser Anforderung umgehen[590] und sich dieses Verständigungsverfahren zu einem „Automatismus“[591] bei hoheitlichen Veranlagungen aufgrund von Schätzungen oder im Anschluss an Betriebsprüfungen entwickelt hat.

Regelmäßig wird in den Anträgen für die Einleitung eines Verständigungsverfahrens pauschal und ohne weitere Begründung darauf hingewiesen, dass man nicht in der Lage gewesen sei, die gesetzlichen Regelungen hinreichend zu durchdringen,[592] was auch von den Verständigungskommissionen anerkannt wird, wenn nicht gerade der Vorsatz für eine Steuerhinterziehung offensichtlich festgestellt werden kann.[593]

Zu Recht wird von Korkusuz an dieser Vorgehensweise kritisiert, dass man dadurch die gesetzlichen Voraussetzungen einer Verständigung einfach ignoriert.[594] In der Praxis wird das Vorliegen einer der gesetzlich vorausgesetzten Merkmale bzw. Umstände nicht geprüft.[595] Es ist in der Praxis auch oft anzutreffen, dass in den Verständigungsanträgen nicht einmal der pauschale Satz angeführt wird, dass man nicht in der Lage gewesen sei, das Gesetz zu verstehen. Bei derartigen Anträgen wird von der Verwaltung unterstellt, dass ein Fall der „Unkenntnis des Gesetzes“ vorgelegen hat, mit der Folge, dass auch diesen Verständigungsanträgen regelmäßig stattgegeben wird, wenn die übrigen Voraussetzungen vorliegen.[596]

Auffällig ist in diesem Zusammenhang auch, dass § 10 TSUY die Überprüfung, ob der Antrag auf Einleitung eines Verständigungsverfahrens überhaupt eine derartige Begründung enthält, nicht vorsieht. So sollen sich die von den Kommissionssekretariaten durchgeführten Vorabprüfungen gemäß § 10 TSUY auf Form und Frist der Anträge, sowie die Einhaltung der Zuständigkeitsgrenzen beschränken. Sind diese Punkte beachtet, werden die Verständigungsanträge an die entsprechenden Kommissionen zur Anberaumung eines Verhandlungstermins weitergeleitet.

---

590 Özbalcı, Vergi Usul Kanunu, S. 1006.

591 Çetinkaya Hukuk, Vergi Hukukunda Uzlaşma, S.18; Korkusuz, Vergi Sistemimizde Uzlaşma Müessesesi, S. 74 f.

592 Beyanname Düzenleme Kılavuzu 2004, S. 1114; 2008, S. 1148.

593 Özbalcı, Vergi Usul Kanunu, S. 1006.

594 Korkusuz, Vergi Sistemimizde Uzlaşma Müessesesi, S. 75.

595 Ozansoy, Uzlaşma Müessesesi ve Etkinliği, S. 212.

596 Korkusuz, Vergi Sistemimizde Uzlaşma Müessesesi, S. 75.

In einem nach der Zulässigkeitsprüfung des Antrags von der Kommission anberaumten Termin kann der Steuerpflichtige persönlich erscheinen oder sich von einem notariell bevollmächtigten Vertreter vertreten lassen. Darüber hinaus ist der Steuerpflichtige berechtigt, in Anwesenheit eines Angehörigen der steuerberatenden Berufe zu erscheinen (§ 10 Abs. 5 TSUY).

Wird der Verständigungsantrag hingegen abgelehnt, stellt diese Ablehnung einen belastenden Verwaltungsakt dar, gegen den gerichtlich vorgegangen werden kann.[597]

Ganz anders stellt sich hingegen die Situation in Deutschland dar. Erforderlich sind „Konkretisierungsspielräume", welche die Finanzbehörde im Wege einer Verständigung mit dem Steuerpflichtigen ausfüllen kann. Diese eröffnen sich vor allem bei der Sachverhaltsaufklärung, für die den Steuerpflichtigen als Zentralfigur im konkreten Steuerrechtsverhältnis eine sphärenorientierte Mitverantwortung trifft. Je weiter dort das Beweismaß abgesenkt ist, umso mehr verbreitert sich der Spielraum gesetzesmäßiger Entscheidungen. Verständigungseröffnende Beweismaßabstufungen enthalten die Steuergesetze typischerweise im Zusammenhang mit Bewertungen, Pauschalierungen, Abgrenzungen, Aufteilungen und sonstigen Schätzungen.[598]

In solchen Fällen besteht zwischen der Finanzbehörde und dem Steuerpflichtigen ein erhebliches praktisches Bedürfnis, sich im Interesse der Streitvermeidung über die weitere steuerliche Behandlung des Problems verbindlich zu einigen. Insofern durchbricht die tatsächliche Verständigung den Untersuchungsgrundsatz des § 85 AO.[599]

Die Rechtsprechung in Deutschland erkennt derartige tatsächliche Verständigungen an, wenn[600]

(1) die Verständigung sich auf Sachverhaltsfragen – nicht aber auf Rechtsfragen – bezieht,

(2) der Sachverhalt die Vergangenheit betrifft,

(3) die Sachverhaltsermittlung unmöglich oder erschwert ist,

(4) auf Seiten der Finanzbehörde ein für die Entscheidung über die Steuerfestsetzung zuständiger Amtsträger beteiligt ist und

(5) die tatsächliche Verständigung nicht zu einem offensichtlich unzutreffenden Ergebnis führt.

---

597 Candan, Vergilendirme Yöntemleri ve Uzlaşma, S. 267.

598 Seer, in Tipke/Lang, Steuerrecht, § 21 Rn. 20; vgl. auch Fallgruppenbildungen bei Seer, Verständigungen in Steuerverfahren, S. 196 ff.

599 Wünsch, in: Pahlke/Koenig, AO, § 88 Rn. 51.

600 BFH BStBl. 1985, S. 354; 1991, S. 45; 2004, S. 975.

Wie schon aus den „Zulässigkeitsvoraussetzungen“, die die Rechtsprechung einer wirksamen tatsächlichen Verständigung abverlangt, deutlich wird, grenzt der BFH von den zulässigen Verständigungen über Ungewissheiten im Sachverhalt unzulässige Verständigungen über Ungewissheiten in der rechtlichen Behandlung des Sachverhalts negativ ab. Demnach ist eine tatsächliche Verständigung zur Klärung von reinen Rechtfragen nicht zulässig.[601]

4. Resultate Verständigungsverhandlungen in der Türkei

Die Verständigungsverhandlungen dauern manchmal nur einige Minuten und nicht selten wird der eigentliche Grund für die zwischen der Finanzverwaltung und dem Steuerpflichtigen bestehende Meinungsverschiedenheit hinsichtlich des Sachverhaltes oder der rechtlichen Würdigung gar nicht erörtert.[602]

Kann in den Verständigungsverhandlungen zwischen dem Steuerpflichtigen und der Verständigungskommission keine Einigkeit erzielt werden oder scheitern die Verhandlungen aufgrund anderer Ursachen (wie z.B. Nichterscheinen des Steuerpflichtigen), kann kein erneutes Verständigungsverfahren eingeleitet werden (§ 1 Abs. 1 S. 4 VUK / Nachtrag). Der Steuerpflichtige hat jedoch nach wie vor die Möglichkeit, gegen die hoheitliche Steuer- bzw. Strafzuschlagsfestsetzung selbst zu klagen. Eine noch vor Einleitung eines Verständigungsverfahrens erhobene Klage gegen die hoheitliche Steuer- bzw. Strafzuschlagsfestsetzung ist kein Hindernis für das Verständigungsverfahren. Gemäß § 7 Abs. 2 Hs. 1 VUK / Nachtrag ruht die zeitlich vorher erhobene Klage bis zum Abschluss des Verständigungsverfahrens und tritt insofern hinter dieses zurück.

Das Scheitern einer Verständigungsverhandlung, die in zeitlicher Hinsicht die Klagefrist von 30 Tagen überschritten hat, führt zu einer „zusätzlichen“ Klagefrist von 15 Tagen ab Zustellung des „Negativbescheids“ über den Ausgang der Verhandlung (§ 7 Abs. 4 VUK / Nachtrag). Unabhängig davon, wann der Verhandlungstermin für eine Verständigung angesetzt wird, behält der Steuerpflichtige daher die Möglichkeit, eine Klage vor dem Finanzgericht zu erheben,

601 BFH, BFH/NV 2003, S. 1073; Seer stellt dazu differenzierend fest, dass eine Rechtslage auch nach objektiven Maßstäben ungewiss sein kann und dass im Falle einer derart unklaren Rechtslage die Finanzbehörde nicht gegen das Gesetz verstößt, wenn sie sich im Konsens mit dem Steuerpflichtigen innerhalb des durch die objektive Ungewissheit vorgegebenen Rahmens der rechtlich vertretbaren Standpunkte einigt und dadurch einen den Rechtsfrieden beeinträchtigenden Konfliktstoff aus der Welt schafft. Vgl. Seer, Verständigungen in Steuerverfahren, S. 214 f. Dazu hat Seer Fallgruppen gebildet, in denen Verständigungen über Rechtsfragen gerechtfertigt sein sollen. Zu den Fallgruppen siehe Seer, BB 1999, S. 78, 79 f.

602 Çetinkaya Hukuk, Vergi Hukukunda Uzlaşma, S.24.

wenn er dies nicht schon vor der Einleitung des Verständigungsverfahrens getan hat. Soweit er eine Klage schon vorher erhoben hat, wird die insofern ruhende Klage nach gescheiterten Verständigungsverhandlungen fortgesetzt (§ 7 Abs. 5 VUK / Nachtrag).

Trotz dieser Möglichkeiten den Weg zum Finanzgericht zu beschreiten, um eine verbindliche rechtliche Klärung der Streitpunkte zu erreichen, mündet stets der größte Teil der eröffneten Verständigungsverfahren in einer „erfolgreichen" Verständigung zwischen der Kommission und dem Steuerpflichtigen. Dies verdeutlicht die nachfolgende Gegenüberstellung[603]:

Tab. 6: Abschluss von Verständigungsverfahren in der Türkei (tabellarisch)

Jahre	Anzahl der beantragten Verständigungsverfahren	Anzahl der „erfolgreichen" Verständigungen	Ausmaß in %[604]
2000	59.184	50.692	86 (93)
2001	87.823	75.423	86 (88)
2002	102.086	92.155	90 (93)
2003	57.110	45.623	80 (80)
2004	111.880	102.512	92 (92)
2005	154.627	143.301	93 (93)
2006	124.101	114.070	92 (k.A.)
2007	137.404	124.888	91 (k.A.)
2008	145.426	132.933	91 (k.A.)

Eine graphische Darstellung der Gegenüberstellung zeigt nachfolgendes Diagramm:[605]

603 Die in der Tabelle wiedergegebenen Werte sind den Tätigkeitsberichten der Einkommens-Generaldirektion (heute: Einkommens-Verwaltungspräsidium) für die Jahre 2000 bis 2006, Gelirler Genel Müdürlüğü Faaliyet Raporları 2000 – 2004 ve Gelir İdaresi Başkanlığı Faaliyet Raporları 2005 – 2006 entnommen. Die Tätigkeitsberichte sind vollständig abrufbar auf den Internetseiten des Einkommens-Verwaltungspräsidiums unter: http://www.gib.gov.tr/index.php?id=107.

604 Die Angaben der Einkommens-Generaldirektion zu den prozentualen Anteilen der erfolgreichen Verständigungen im Verhältnis zu den insgesamt beantragten Verständigungsverfahren sind in der Spalte von mir in Klammern dargestellt, weil nach meinen Berechnungen sich z.T. andere Werte ergeben.

605 Ähnliches Diagramm für die Jahre 2000 bis 2004 findest sich im Tätigkeitsbericht der Einkommens-Generaldirektion (heute: Einkommens-Verwaltungspräsidium) für das Jahr 2004, Gelirler Genel Müdürlüğü Faaliyet Raporu 2004, S. 135. Die Tätigkeitsbe-

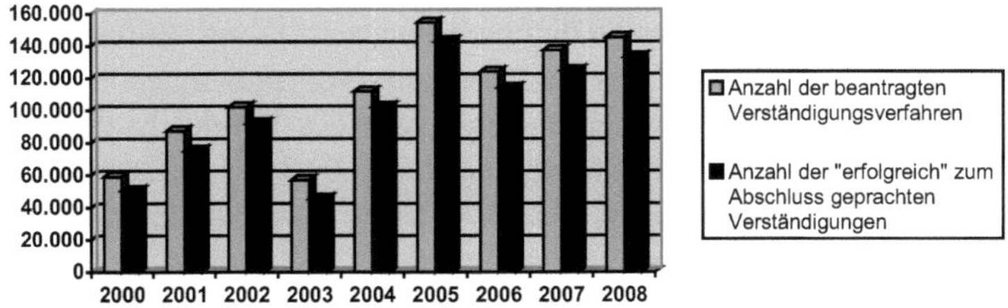

Abb. 6: Abschluss von Verständigungsverfahren in der Türkei (graphisch)

Als Gründe für den hohen Anteil an erfolgreich abgeschlossenen Verständigungen kommen in Betracht, dass der Steuerpflichtige sich vor der ungewissen Gefahr scheut, ein alternatives Gerichtsverfahren könnte zu seinem Nachteil ausgehen. Dies hätte zur Folge, dass ihm die in einer Verständigung „gesicherten" Nachlässe bei der Steuerschuld und insbesondere bei den Strafzuschlägen verloren gingen.[606] Außerdem gewinnt der Steuerpflichtige durch die frühzeitige, ein mühsames gerichtliches Verfahren vermeidende Verständigung Gewissheit über seine finanzielle Belastung und spart Beratungs- und ggf. auch Gerichtskosten. Die Finanzverwaltung in Gestalt der Verständigungskommission bezweckt durch das Verständigungsverfahren in erster Linie, dass Finanzmittel frühzeitig in die Staatskasse fließen.[607] Denn durch eine Klage vor dem Finanzgericht wird grundsätzlich die Fälligkeit der Ansprüche aus dem Steuerschuldverhältnis nach § 27 İYUK hinausgeschoben, so dass der Steuerpflichtige etwaige Zahlungen verweigern darf.

Sofern im Forschungsbericht des Bundesministeriums für wirtschaftliche Zusammenarbeit zum Finanzsystem und zur Finanzverwaltung der Türkei von 1983 in Bezug auf den erfolgreichen Ausgang der Verständigungsverfahren festgestellt wird, dass „bisher in den Kompromisskommissionen zum größten Teil keine Verständigung über den Streit erzielt werden konnte"[608], kann zumindest für die Zeit ab 2000 mit den dargelegten offiziellen Zahlen genau das Ge-

richte sind vollständig abrufbar auf den Internetseiten des Einkommens-Verwaltungspräsidiums unter: http://www.gib.gov.tr/index.php?id=107.

606 Zu den „Nachlässen" bei der Steuerschuld und den Strafzuschlägen im Rahmen der Verständigungen vgl. die nachfolgenden Übersichten.

607 Öncel/Kumrulu/Cağan, Vergi Hukuku, S. 170.

608 Fischer, Finanzsystem und Finanzverwaltung der Türkei, S. 384.

genteil belegt werden.[609] Der Grund, der im Forschungsbericht für die (vermeintlich) ausbleibenden Verständigungen angegeben wird, nämlich die Auffassung der Beteiligten, dass in den Verständigungsverhandlungen über den gesetzlichen Steueranspruch verhandelt und im Wege des Vergleichs disponiert werden könnte[610], hat sich nicht nur als Fakt herausgestellt, sondern m.E. zu dem Hauptgrund für den dargelegten hohen Anteil der Verständigungen entwickelt, die erfolgreich zum Abschluss gebracht werden.[611]

Kommt es in den Verständigungsverhandlungen selbst doch mal zu keiner Einigung zwischen dem Steuerpflichtigen und der Kommission, sieht § 10 Abs. 9 TSUY für den Steuerpflichtigen eine Art „Bedenkzeit" vor. Danach trägt die Verständigungskommission ihr endgültiges „Angebot", d.h. den minimalsten Betrag, mit dem die Kommission sich im konkreten Fall noch auf eine Verständigung einlassen würde, in die Verständigungsniederschrift ein. Bis zum Ablauf der endgültigen Klagefrist hat der Steuerpflichtige die Möglichkeit, dieses letzte Angebot der Kommission schriftlich anzunehmen. Bei einer endgültig gescheiterten Verständigung ist eine erneute Aufnahme von Verständigungsverhandlungen ausgeschlossen (§ 10 Abs. 8 TSUY).

Auch wenn es keine festgeschriebenen Vorgaben über den Inhalt der Verhandlungen gibt, sieht das „gewohnte und klassische" Angebot der Verständigungskommissionen so aus, dass sie von der hoheitlich festgesetzten Steuer einen gewissen Teilbetrag reduzieren und bereit sind, von den festgesetzten Strafzuschlägen regelmäßig einen weitaus größeren Abschlag zu machen.

Für die Jahre 2005 bis 2007 existieren hierzu auch offizielle und konkrete Zahlen des Einkommens-Verwaltungspräsidiums über die ursprünglich in den hoheitlichen Veranlagungsbescheiden festgesetzten Steuern und Strafzuschlägen und den nach den Verständigungen davon verbleibenden Beträgen.[612] In der folgenden Tabelle lässt sich dies zusammengefasst für die gesamte Republik Türkei wie folgt veranschaulichen:

609 Offizielles Zahlenwerk in Bezug auf die Resultate der Verständigungsverhandlungen für die Zeiträume vor dem Jahr 2000 ist nicht verfügbar.

610 Fischer, Finanzsystem und Finanzverwaltung der Türkei, S. 384.

611 Zur rechtsstaatlichen Bewertung des Resultats siehe unten S. 222 ff.

612 Die Werte entstammen den Tätigkeitsberichten des Einkommens-Verwaltungspräsidiums der Jahre 2005 und 2006 (Gelir İdaresi Başkanlığı Faaliyet Raporları 2005 – 2006). Die Tätigkeitsberichte sind vollständig abrufbar auf den Internetseiten des Einkommens-Verwaltungspräsidiums unter: http://www.gib.gov.tr/index.php?id=107.

Tab. 7: Auswirkungen von Verständigungsverhandlungen auf Steuerforderungen (tabellarisch)

Jahre	Vor der Verständigungsverhandlung		Nach der Verständigungsverhandlung	
	Festgesetzte Steuern (TL)	Festgesetzte Strafzuschläge (TL)	Vereinbarte Steuern (TL)	Vereinbarte Strafzuschläge (TL)
2005	217.880.230	499.949.728	109.437.792	24.333.606
2006	196.563.747	346.543.065	102.010.089	17.435.353
2007	281.353.998	403.565.136	134.219.902	16.724.269
2008	494.065.962	703.572.719	237.638.524	30.843.779

Setzt man die zunächst hoheitlich festgesetzten Steuern bzw. Strafzuschläge in ein direktes Verhältnis zu den in den Verständigungsverhandlungen erzielten Beträgen, lassen sich die in der Tabelle aufgeführten Werte graphisch wie folgt darstellen:

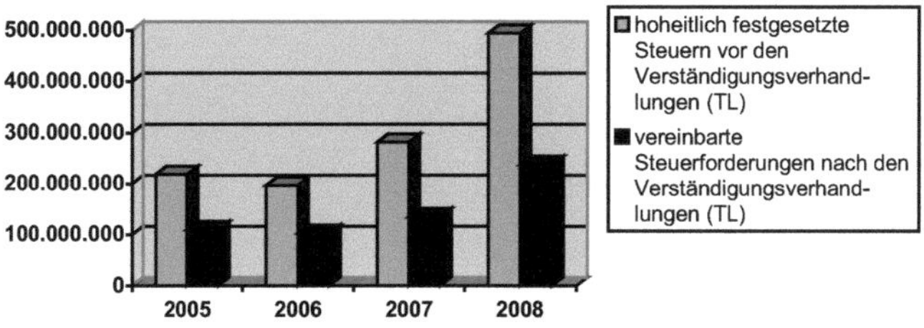

Abb. 7: Auswirkungen von Verständigungsverhandlungen auf Steuerforderungen (graphisch)

Die in der Tabelle und den Graphiken angezeigten Steuerbeträge und Strafzuschläge sind Gesamtwerte der einzelnen Jahre und umfassen die Verständigungsergebnisse aller Verständigungskommissionen aus den verschiedenen Hierarchieebenen in der ganzen Republik. Obwohl zum Teil von Regierungsbezirk zu Regierungsbezirk und Kommission zu Kommission große Schwankungen existieren[613], lässt sich festhalten, dass im Jahr 2005 die ursprünglich hoheitlich

613 Detaillierte Übersichten aufgegliederten nach einzelnen Regierungsbezirken sind abgedruckt in den Tätigkeitsberichten des Einkommens-Verwaltungspräsidiums der Jahre 2005 und 2006 (Gelir İdaresi Başkanlığı Faaliyet Raporları 2005 – 2006). Die Tätig-

festgesetzte Steuerschuld in den Verständigungskommissionen im Schnitt um 50 %, im Jahr 2006 um etwa 48 %, im Jahr 2007 um 52 % und im Jahr 2008 ebenfalls um etwa 52 % reduziert werden konnte.

Noch weitaus höher sind offenbar die „Verhandlungsspielräume“ bei den Strafzuschlägen, wie die nachfolgende Graphik verdeutlicht:

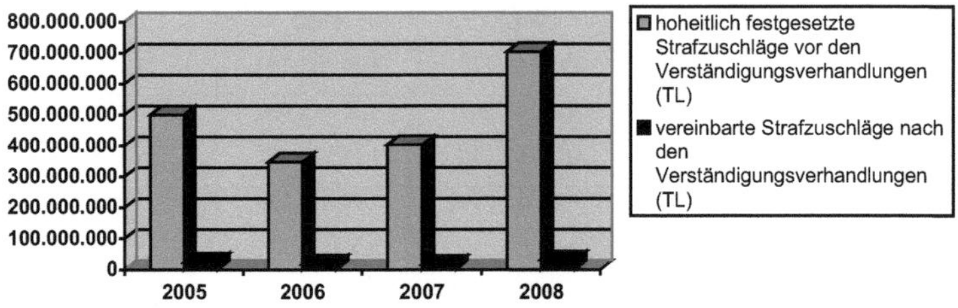

Abb. 8: Auswirkungen von Verständigungsverhandlungen auf Strafzuschläge

Bei den Strafzuschlägen konnten die Steuerpflichtigen in den Jahren 2005 bis 2008 jeweils Nachlässe im Schnitt von etwa 95 % „heraushandeln“.

5. Rechtsnatur einer „erfolgreichen“ Verständigung und ihre Folgen

Das Ergebnis einer Erfolgreichen Verständigung wird gemäß § 6 Abs. 1 VUK / Nachtrag in einer „Verständigungsniederschrift“ (Uzlaşma Tutanağı) festgehalten, das von den drei Kommissionsmitgliedern und dem Steuerpflichtigen unterschrieben wird. Im § 6 Abs. 1 VUK / Nachtrag ist ferner geregelt, dass diese Verständigungsniederschrift „endgültig“ und „unanfechtbar“ ist und, dass sich das aus der Verständigungsniederschrift Ergebende von den Finanzämtern „unverzüglich“ umzusetzen ist. § 6 Abs. 2 VUK / Nachtrag bestimmt darüber hinaus für den Steuerpflichtigen, dass dieser gegen die in der Verständigung erzielten und in der Niederschrift festgehaltenen Punkte keine Klage erheben darf und keinerlei behördliche „Beschwerdemöglichkeiten“ besitzt.

Die im Gesetz speziell für die Verständigung normierten Regelungen lassen erkennen, dass bei Erzielung einer Einigung, also bei korrespondierenden Willenserklärungen der Finanzbehörde (vertreten durch die Verständigungskommission) und dem Steuerpflichtigen ein *Vertrag* zwischen den beteiligten Parteien

keitsberichte sind vollständig abrufbar auf den Internetseiten des Einkommens-Verwaltungspräsidiums unter: http://www.gib.gov.tr/index.php?id=107.

zustande kommt. Insoweit herrscht in der türkischen Literaturmeinung[614] und Rechtsprechung[615] Einigkeit.

Auf die Frage, welche Art von Vertragstyp der „Verständigungsvertrag" darstellt, geht die Rechtsprechung nicht ein. Weil sich dies letztlich zu einer rein dogmatischen Fragestellung entwickelt, wird auch in der Literatur dazu keine eindeutige Stellung bezogen. Vereinzelt wird in dem Verständigungsvertrag „eine Art öffentlich-rechtlichen Vertrag"[616] gesehen bzw. festgestellt, dass dieser eher „einem Vergleichsvertrag ähnelt"[617].

Es kann letztlich festgehalten werden, dass die Vertragsparteien sich aufgrund des einvernehmlich geschlossenen und mit der Verständigungsniederschrift dokumentierten Vertrages den gesetzlich festgelegten, speziellen Rechtsfolgen, die sich aus den Normen über die Verständigung nach der Steuerfestsetzung ergeben, unterworfen haben.

Der Vertrag in Form der Verständigungsniederschrift nimmt stets Bezug auf die Steuerakte des betroffenen, mit Namen und Steuernummer bezeichneten Steuerpflichtigen und stellt zunächst fest, dass sein Antrag auf Einleitung eines Verständigungsverfahrens form- und fristgerecht bei der Kommission eingegangen ist. Ohne irgendwelche konkreten Angaben über Sachverhaltsfeststellungen oder Erörterungen zu Rechtsfragen zu machen und ohne die Bestimmung von geänderten oder angepassten Besteuerungsgrundlagen wird regelmäßig der folgende pauschale Satz in die Verständigungsniederschrift aufgenommen:

> „Die von dem Steuerpflichtigen vorgetragenen Umstände sind durch unsere Kommission, die die Steuerakte des Steuerpflichtigen eingehend geprüft hat, für angemessen erachtet worden, so dass sich die Kommission einstimmig für die Abänderung der Steuerfestsetzung in der unten angegebenen Weise in Form einer Verständigung geeinigt hat."[618]

Dem folgt anschließend die Bezeichnung der Steuerart, des Besteuerungszeitraums und des Steuerbetrags sowie des Strafzuschlags, auf den man sich geeinigt hat (Darstellung sowohl als Ziffernfolge als auch in Worten).

---

614 Candan, Vergilendirme Yöntemleri ve Uzlaşma, S. 258; Öncel/Kumrulu/Cağan, Vergi Hukuku, S. 171.

615 In einem Urteil vom 27.5.1999 stellt das Oberverwaltungsgericht ausdrücklich fest, dass die Verständigungsniederschrift kein einseitiges Rechtsgeschäft, sondern einen Vertrag zwischen zwei Parteien darstellt. Danıştay 3. Daire, E: 1998/3766, K: 1999/ 2187.

616 Öncel/Kumrulu/Cağan, Vergi Hukuku, S. 171.

617 Candan, Vergilendirme Yöntemleri ve Uzlaşma, S. 232.

618 Der Text ist entnommen aus einer originalen Verständigungsniederschrift aus dem Jahre 2004, das vor der Verständigungskommission, die bei der Finanzamtsdirektion Dışkapı in Ankara eingerichtet ist, erstellt wurde.

Vor der Unterschrift folgt letztlich der Satz, dass dieses Verständigungsergebnis dreifach ausgefertigt und verlesen wurde, dessen Richtigkeit festgestellt und gemeinsam unterschrieben wurde. Ferner, dass eine Ausfertigung dem Steuerpflichtigen übergeben wurde.

Wird die Verständigungsniederschrift und damit der Vertrag von einer Partei oder von beiden Parteien nicht oder unter einem (Anfechtungs-) Vorbehalt unterschrieben, gilt die Verständigung als gegenstandslos. Eine erneute Verständigung ist daraufhin ausgeschlossen.[619]

Wie schon erwähnt, ist der Gegenstand der Verständigung nach der Steuerfestsetzung lediglich die Höhe des Steuerbetrages bzw. des festgesetzten Strafzuschlags. § 1 S. 1 VUK / Nachtrag bezieht die Verständigung ausdrücklich auf die betragsmäßige Größenordnung. Die Rechtsfolgen, die eine derartige Verständigung nach sich zieht, ergeben sich für den Steuerpflichtigen in erster Linie aus § 6 Abs. 2 VUK / Nachtrag, wonach dieser gegen die in der Verständigung erzielten und in der Niederschrift festgehaltenen Punkte keine Klage erheben darf und keinerlei behördliche „Beschwerdemöglichkeiten“ besitzt.

Der Steuerpflichtige erkennt die einvernehmlich festgestellte Steuerschuld bzw. den einvernehmlich festgestellten Strafzuschlag als verbindlich an und verpflichtet sich, das Verständigungsergebnis nicht mehr in Frage zu stellen. Es besteht allerdings die Möglichkeit, dass der Steuerpflichtige, der die Verständigung über die gegen ihn hoheitlich festgesetzten Steuern und die zusätzlich festgesetzten Strafzuschläge beantragt hat, sich mit der Kommission nur hinsichtlich des Steuerbetrages oder nur hinsichtlich des Strafzuschlages einigen kann. Aber auch für diesen Fall sieht § 7 Abs. 3 VUK / Nachtrag einen umfänglichen Klageausschluss vor. Der Klageausschluss erstreckt sich also auch auf den Teil, über den keine Verständigung erzielt wurde. Der Einwendungsausschluss wird mithin nicht begrenzt durch die Reichweite der Verständigung.[620]

Mit dem weiteren Ausschluss der „Beschwerdemöglichkeiten“ ist der Anwendungsbereich des § 124 VUK gemeint, der dem Steuerpflichtigen für den Fall eines abgelehnten Korrekturantrages nach den §§ 116 ff. VUK unter bestimmten Voraussetzungen die Möglichkeit eröffnet, eine Beschwerde an das Finanzministerium zu richten.[621] Mit seiner Unterschrift auf der Verständigungsniederschrift verzichtet der Steuerpflichtige auch auf diese Möglichkeit der Beschwerde, soweit ein Antrag auf Korrektur nach den §§ 116 ff. VUK, der

619 Akköy, Uzlaşma, S. 3 f.

620 Candan, Vergilendirme Yöntemleri ve Uzlaşma, S. 302 f.

621 Siehe hierzu im Einzelnen oben S. 180 ff.

neben eine Verständigung weiterhin möglich sein soll, von dem Finanzamt zurückgewiesen wird.[622]

Andere Rechtsschutzmöglichkeiten hat der Steuerpflichtige, der einen Verständigungsvertrag mit der Schätzungskommission abschließt, nicht. Ein Anfechtungsrecht etwa oder der Rücktritt vom Vertrag ist weder in den speziellen Verständigungsnormen des VUK vorgesehen noch existieren Verweise auf das türkische Gesetz über die Schuldverhältnisse (Borçlar Kanunu), in dem umfassende Anfechtungsregeln, Unwirksamkeits- oder Nichtigkeitsklauseln und Rücktrittsrechte für zivilrechtliche Verträge geregelt sind (§§ 19 ff. BK). Auch in der Literatur und der Rechtsprechung werden keine über die speziellen Regelungen hinausgehenden Rechtsgedanken angestellt, aus denen Rechtsschutzmöglichkeiten für den Steuerpflichtigen hergeleitet werden könnten.

Andererseits wird auch die Schätzungskommission als Sachwalterin des Allgemeininteresses durch den eingegangenen Verständigungsvertrag weitgehend „gefesselt".

Die den Gegenstand der Verständigung bildenden Veranlagungsjahre sind mit den in der Verständigungsniederschrift festgelegten jeweiligen Steuerbeträgen und Strafzuschlägen bindend und unabänderbar. Die sich aus dem § 6 I VUK / Nachtrag ergebende „Endgültigkeit" der Verständigung wurde bisweilen in der alten Rechtsprechung des Oberverwaltungsgerichts nicht nur in der Weise ausgelegt, dass nach einer Verständigung über den gleichen Veranlagungszeitraum keine Außenprüfung mehr durchgeführt werden darf[623], sondern, dass eine von der Verständigung abweichende Steuer nicht einmal dann festgesetzt werden kann, wenn neue Tatsachen bekannt werden.[624] Der dieser Ansicht zugrundeliegende Gedanke stützte sich auf die Annahme, dass die erfolgreiche Verständigung sämtliche Streitigkeiten für die betroffene Veranlagung beseitigen sollte. Eine von dieser Betrachtungsweise abweichende Stellung hat allerdings der sog. Generalrat der Steuerkammern des Oberverwaltungsgerichts[625], der in seiner Konzeption vergleichbar ist mit dem Großen Senat beim BFH, in einer Entscheidung vom 13.06.2003 bezogen. Nach dieser aktuellen Rechtsprechung

> „ist es nicht anzunehmen, dass eine Verständigung die Ermittlungsbefugnis des Finanzamtes für die gleiche Veranlagungsperiode aufhebt, wenn andere Tatsachen, als die der verständigten Steuer zugrundeliegenden materiellen und rechtlichen Gründe, erkannt werden. Die Finanzverwaltung hat jederzeit das Recht, ihre aus den steuerli-

---

622 Candan, Vergilendirme Yöntemleri ve Uzlaşma, S. 303 f.

623 Danıştay 3. Daire v.11.01.1996, E.1994/4274, K.1996/97.

624 Danıştay 4. Daire v.22.06.1998, E.1998/93, K.1998/2768.

625 DVDDGK t.13.06.2003, E.2002/592, K.2003/333 (http://www.danistay.gov.tr (Abrufdatum: 01.09.2008)).

chen Gesetzen stammenden Ermittlungsbefugnisse auszuüben und eine neue Steuerfestsetzung vorzunehmen, wenn ein zu besteuernder Steuertatbestand, der nicht vorher besteuert wurde, ermittelt wird."

Die endgültige Steuer- und Strafzuschlagsfestsetzung, auf die sich die Parteien verständigt haben, werden auf der Verständigungsniederschrift ausgewiesen, die wiederum in einer Ausfertigung dem Steuerpflichtigen vor Ort ausgehändigt wird. Ein neuer Steuer- oder Strafzuschlagsbescheid wird auf Grundlage des Verständigungsergebnisses nicht erlassen.[626] Insofern handelt es sich bei der Verständigung um keine verwaltungsaktvorbereitende Maßnahme. Zur „Richtigstellung" der vorangegangenen hoheitlichen Steuerfestsetzung nach Maßgabe der abgeschlossenen Verständigung wird lediglich ein behördeninterner „Korrekturbogen" (düzeltme fişi) erstellt, der den „neuen" Steueranspruch innerhalb der Finanzbehörde manifestiert.[627]

Die in der Verständigungsniederschrift ausgewiesenen Steuer- und Strafzuschlagsbeträge sind für den Steuerpflichtigen grundsätzlich nach den in den Einzelsteuergesetzen vorgesehenen Zeiträumen für die Steuerzahlungen zu entrichten. Sind die gesetzlichen Zahlungsfristen bei Abschluss der Verständigung bereits verstrichen, werden die sich aus der Verständigungsniederschrift ergebenden Ansprüche des Fiskus innerhalb eines Monats nach Übergabe der Niederschrift an den Steuerpflichtigen fällig (§ 15 Buchst. a TSUY).

Eine ausbleibende Zahlung innerhalb der Zahlungsfrist führt nicht zur Unwirksamkeit der Verständigung. Dies führt vielmehr dazu, dass entsprechende Vollstreckungsmaßnahmen nach dem Gesetz über die Erhebung öffentlicher Forderungen (AATUHK) eingeleitet werden.[628]

Für die Bindung der tatsächlichen Verständigung in Deutschland muss auf Seiten der Finanzbehörde ein innerbehördlich zur Entscheidung über die Steuerfestsetzung zuständiger Amtsträger (Finanzamtsvorsteher, Veranlagungssachgebietsleiter, im Rechtsbehelfsverfahren Leiter der Rechtsbehelfsstelle) am Abschluss der Verständigung beteiligt sein.[629] War hingegen an dem Abschluss der tatsächlichen Verständigung ein zuständiger Amtsträger nicht beteiligt, kann dieser Mangel nicht durch nachträgliche Zustimmung geheilt werden[630] und es

626 Özbalcı, Vergi Usul Kanunu, S. 1016; Candan, Vergilendirme Yöntemleri ve Uzlaşma, S. 301.

627 Akköy, Uzlaşma, S. 3 f.

628 Kızılot, Vergi İhtilafları ve Çözüm Yolları, S. 270.

629 BFH, BStBl. II 06, S. 2006.

630 BFH, BFH/NV 1994, S. 290.

reicht nicht aus, dass der zuständige Bedienstete den aufgrund der tatsächlichen Verständigung erlassenen Steuerbescheid abzeichnet.[631]

Eine schriftliche Niederlegung der tatsächlichen Verständigung und die Unterzeichnung durch die Beteiligten ist nach Ansicht des BFH zwar zweckmäßig und ein Indiz dafür, dass sich die Beteiligten binden wollten,[632] aber nicht zwingend. Eine tatsächliche Verständigung mit rechtlicher Bindung ist danach auch formlos möglich. Daher ist es nicht ausgeschlossen, den Nachweis des Abschlusses einer Verständigung auch durch andere Beweismittel (z.B. Zeugenvernehmung) zu erbringen.[633] Für ein Schriftformgebot spricht allerdings, dass die AO im Vorfeld einer Steuerfestsetzung bei Vorwegbindungen Schriftform verlangt (s. §§ 181 Abs. 1 S. 1, 157 Abs. 1 S. 1; 205 AO).[634]

Das BMF verlangt allerdings in seinem Schreiben vom 30.07.2008 für Fälle, denen eine „wesentliche Bedeutung“ zukommt, den Inhalt der tatsächlichen Verständigung „in einfacher, aber beweissicherer Form unter Darstellung der Sachlage schriftlich festzuhalten und von den Beteiligten aus Beweisgründen unterschreiben zu lassen.“ Ausführungen zu den Rechtsfolgen einer tatsächlichen Verständigung sind i.d.R. nicht aufzunehmen.[635]

Eine Verfügung der OFD München vom 02.06.1998[636] verlangt auch, dass der Inhalt der Verständigung schriftlich festgehalten und von den Beteiligten unterschrieben werden soll, was bei einer Fahndungsprüfung generell zu geschehen habe; ferner sollen die Beteiligten in der Niederschrift auf die Bindungswirkung hingewiesen werden und eine Abschrift erhalten.

Die Frage, ob die tatsächliche Verständigung letztlich einen Vertrag zwischen dem Finanzamt und dem Steuerpflichtigen darstellt, ist in Deutschland nicht so eindeutig, wie in der Türkei. Die Rechtsprechung leitet die Bindungswirkung der tatsächlichen Verständigung aus dem allgemeinen Rechtsgrundsatz von „Treu und Glauben“ her, wonach die Akteure sich nicht in Widerspruch zum eigenen Verhalten, auf das der andere vertraut und unwiderruflich disponiert hat, setzen dürfen (venire contra factum proprium). Eine die Bindung auslösende Disposition erkennt sie bereits darin, dass die Beteiligten ihre unterschiedlichen Ausgangspositionen aufgeben und einvernehmlich auf weitere Ermittlungen in Bezug auf den durch die Verständigung festgelegten Sachverhalt verzichten.[637] Damit folgert die Rechtsprechung unmittelbar aus der Verständi-

631 BFH, BFH/NV 1998, S. 580.
632 BFH, BFH/NV 2001, S. 2.
633 BFH, BStBl. II 1996, S. 625.
634 Seer, in: Tipke/Kruse, AO, Vor § 118 Rn. 26.
635 BMF-Schreiben vom 30.07.2008, S. 1942 f.
636 OFD München, Vfg. vom 02.06.1998, DStR 1998, S. 1635.
637 BFH, BStBl. II 1996, S. 625.

gung deren Verbindlichkeit, was dazu führt, dass das ganz überwiegende Schrifttum die tatsächliche Verständigung als öffentlich-rechtlichen Vertrag qualifiziert.[638]

Einigkeit besteht allerdings darin, dass eine zulässige und wirksame tatsächliche Verständigung für die Beteiligten (Finanzamt und Steuerpflichtigen) bindend ist.[639] Anders aber als in der Türkei bildet die Verständigung in Deutschland (auch wenn sie schriftlich fixiert und von den Beteiligten unterschrieben wird) noch nicht die abschließende Handlungsform für das Finanzamt, weil durch die tatsächliche Verständigung zunächst der Sachverhalt einvernehmlich geklärt, und nicht, wie in der Türkei, abschließend über den Steueranspruch disponiert wird.

Die Bindungswirkung, die aus der tatsächlichen Verständigung resultiert, bedeutet für das Finanzamt, dass die tatsächliche Verständigung mit dem getroffenen Inhalt für den nachfolgend zu erlassenen Steuer-Verwaltungsakt einen normkonkretisierenden Rechtsgrund bildet.[640] Das Finanzamt muss demnach das Ergebnis einer zulässigen und wirksamen tatsächlichen Verständigung in einem anschließenden Steuerbescheid bzw. im Rahmen einer Einspruchsentscheidung berücksichtigen.[641]

Die Bindungswirkung der tatsächlichen Verständigung für den Steuerpflichtigen führt dazu, dass dieser einen Steuerbescheid bzw. eine Einspruchsentscheidung nicht mehr mit der Begründung anfechten kann, dass der vom Finanzamt nach Maßgabe der tatsächlichen Verständigung zugrunde gelegte Sachverhalt unzutreffend sei.[642]

Verschweigt der Steuerpflichtige gegenüber dem Finanzamt steuererhebliche Tatsachen, entfaltet die tatsächliche Verständigung keine Rechtsgrundwirkung, so dass der nachfolgende verständigungskonforme Steuerbescheid nach § 173 Abs. 1 Nr. 1 AO korrigiert werden kann. Als bei Erlass des Steuerbescheids bereits bekannt müssen die Beteiligten allerdings solche Umstände gegen sich gelten lassen, auf die sich die tatsächliche Verständigung inhaltlich gerade bezieht. Insoweit nehmen beide Seiten einen gewissen Grad an Unsicherheit und damit zugleich einen möglichen Irrtum über die Sach- und Rechtslage

---

638 Seer, in: Tipke/Kruse, AO, Vor § 118 Rn. 15 m.w.N.; Söhn, in: H/H/Sp, AO, § 78 Rn. 116.

639 BFH, BStBl. II 1996, S. 625; Seer, in: Tipke/Kruse, AO, Vor § 118 Rn. 28.

640 Seer, in: Tipke/Kruse, AO, Vor § 118 Rn. 28.

641 Söhn, in: H/H/Sp, AO, § 78 Rn. 147.

642 Söhn, in: H/H/Sp, AO, § 78 Rn. 147.

bewusst in Kauf. Insoweit ist auch eine im öffentlichen Vertragsrecht theoretisch mögliche Anfechtung im Sinne der §§ 119 ff. BGB ausgeschlossen.[643]

II. Verständigungen in der Türkei vor der Steuerfestsetzung (Tarhiyat Öncesi Uzlaşma)

1. Gegenstand der Verständigung

Das erstmals im Jahre 1986 in das Gesetz aufgenommene Institut der Verständigung vor der Steuerfestsetzung findet seine Grundlagen im § 11 VUK / Nachtrag. Danach ist das Finanzministerium berechtigt, mit einer Rechtsverordnung die Verständigung für solche Steuern und Strafzuschläge zu bestimmen, die angelehnt an eine Außenprüfung festzusetzen wären. Entsprechend dieser Grundlage hat das Finanzministerium die „Rechtsverordnung zur Verständigung vor der Steuerfestsetzung" (Tarhiyat Öncesi Uzlaşma Yönetmeliği - TÖUY) erlassen, die 1987 in Kraft getreten ist.[644]

Der Ausgangspunkt einer Verständigung vor einer Steuerfestsetzung ist nach § 2 TÖUY stets gekoppelt an eine durchgeführte Außenprüfung bei dem Steuerpflichtigen. Verständigungsverhandlungen in diesem Stadium werden aber erst dann aufgenommen, wenn die Prüfungsbeamten ihre Prüfungshandlungen bereits so weit vorangebracht haben, dass sie die aufgrund ihrer Prüfungsfeststellungen (zusätzlich) festzusetzende Steuer und den Strafzuschlag ermitteln können. Diese für einen Steuerbescheid „beabsichtigte" Steuer- und Strafzuschlagsfestsetzung ist gemäß § 13 TÖUY sowohl dem Steuerpflichtigen als auch der Verständigungskommission mindestens 15 Tage vor dem Verständigungstermin bekannt zu geben. Letztlich stellt den Gegenstand der Verständigung vor der Steuerfestsetzung im Gegensatz zu der Verständigung nach der Steuerfestsetzung nicht die Höhe der bereits mit einem Steuerbescheid festgesetzten Steuer bzw. des mit einem Strafzuschlagsbescheid festgesetzten Strafzuschlags, sondern die Höhe der Steuer und des Strafzuschlags, die vom Finanzamt infolge von Außenprüfungsfeststellungen beabsichtigt werden, hoheitlich festzusetzen.

643 Seer, in: Tipke/Kruse, AO, Vor § 118 Rn. 33; zur eingeschränkten Anwendung der zivilrechtlichen Anfechtungstatbestände vgl. Seer, Verständigungen in Steuerverfahren, S. 351 ff.

644 Veröffentlicht im Amtsblatt vom 16.02.1987 mit der Nr. 19374 (16.02.1987 tarih ve 19374 sayılı Resmi Gazete). Abgedruckt auch bei Candan, Vergilendirme Yöntemleri ve Uzlaşma, S. 380 ff.

2. Verständigungskommissionen

Auch die Verständigungsverhandlungen vor der Steuerfestsetzung werden für die Finanzverwaltung von besonderen Verständigungskommissionen geführt, die sich gemäß § 6 Buchst. (c) TÖUY[645] ebenfalls stets aus drei Vertretern der Finanzverwaltung zusammensetzen. Entscheidungen in diesen Kommissionen werden auch durch Mehrheitsabstimmungen getroffen (§ 14 Abs. 1 TÖUY).

Die Zusammensetzung der Kommissionsmitglieder unterscheidet sich danach, ob in der für die konkrete Verständigung örtlich zuständigen Provinzorganisation ein Finanzamtspräsidium eingerichtet ist (§ 6 Buchst. (a) TÖUY) oder nicht (§ 6 Buchst. (b) TÖUY). Beamte, die bereits mit der Außenprüfung des betroffenen Steuerpflichtigen befasst sind, werden von § 6 Buchst. (c) Abs. 3 TÖUY allerdings aus der Kommission ausgeschlossen. Sie dürfen nur zur Erörterung des Falles zu den Verständigungsverhandlungen geladen werden.

Sofern ein Finanzamtspräsidium vorhanden ist, setzt sich die Kommission aus dem Präsidenten des für die konkrete Veranlagung zuständigen Finanzamtes oder eines von ihm Bevollmächtigten und zwei weiteren Mitgliedern zusammen, die der Präsident bestimmen kann. Der Bevollmächtigte und die weiteren Mitglieder sind regelmäßig Sachgebietsleiter oder Prüfungsbeamte.

Ist kein Finanzamtspräsidium vorhanden, sind Mitglieder der Kommission der Finanzamtsdirektor oder sein von ihm bevollmächtigter Vertreter und regelmäßig zwei Prüfungsbeamte.

Alle Kommissionsmitglieder können bei Verhinderungen auch vertreten werden (§ 6 Buchst. (c) Abs. 4 TÖUY).

Im Gegensatz zu den Kommissionen für Verständigungen nach der Steuerfestsetzung sind die Kommissionen für Verständigungen vor der Steuerfestsetzung nicht durch betragsmäßige Grenzen in ihren „Verhandlungsspielräumen" begrenzt. Unabhängig von der Größenordnung der zur „Verständigungsdebatte" gehörenden Steuer- oder Strafzuschlagsbeträge sind stets die örtlich zuständigen Kommissionen entscheidungsbefugt.[646]

---

645 Der die Zusammensetzung der Kommission regelnde § 6 TÖUY ist durch eine Änderung der Rechtsverordnung umfassend neu abgefasst worden. Die Änderungen sind veröffentlicht im Amtsblatt vom 22.10.2005 mit der Nr. 25974 (16.02.1987 tarih ve 19374 sayılı Resmi Gazete). Die aktuellen Gesetzesänderungen sind abrufbar auf den Internetseiten des Einkommens-Verwaltungspräsidiums unter http://www.gib.gov.tr unter „Mevzuat".

646 Candan, Vergilendirme Yöntemleri ve Uzlaşma, S. 339.

3. Voraussetzungen für eine Verständigung

Grundlegendste Voraussetzung einer Verständigung vor der Steuerfestsetzung ist, dass bei dem Steuerpflichtigen, der eine Verständigung begehrt, eine Außenprüfung durchgeführt wird.[647] Das ergibt sich nicht nur aus der Rechtsverordnung TÖUY, sondern auch bereits aus § 11 VUK / Nachtrag, der die Grundlage für die Rechtsverordnung darstellt. Der von der Außenprüfung betroffene hat nach § 9 Abs. 1 TÖUY die Möglichkeit, vom Beginn der Außenprüfung an bis zur Fertigstellung des Prüfungsberichts am Ende der Außenprüfung jederzeit einen Antrag auf Einleitung eines Verständigungsverfahrens zu stellen. Der Antrag ist gemäß § 8 TÖUY schriftlich bei den Prüfungsbeamten einzureichen.

An weitere Voraussetzungen ist der Antrag auf Einleitung eines Verständigungsverfahrens vor der Steuerfestsetzung nicht gebunden. Anders als bei der Verständigung nach der Steuerfestsetzung existieren hier insbesondere keine gesetzlichen „Pseudobedingungen“, deren Erfüllung § 1 S. 1 VUK / Nachtrag für Verständigungsverfahren nach der Steuerfestsetzung zwar voraussetzt, wobei deren Sinngehalt aber genauso angezweifelt werden können wie ihre tatsächlich Beachtung in der Praxis.[648]

Die Folge eines form- und fristgerechten Antrags auf Verständigung ist die Einladung des Steuerpflichtigen zu Verständigungsverhandlungen. Der Termin der Verhandlungen muss dem Steuerpflichtigen gemäß § 10 Abs. 1 TÖUY mindestens 15 Tage vorher bekannt gegeben werden. Bis zu dem angegebenen Verständigungstermin kann der Steuerpflichtige gemäß § 12 Abs. 3 TÖUY den Prüfungsbeamten oder direkt der Verständigungskommission schriftlich mitteilen, dass er auf eine Verständigung doch verzichten möchte. Dies führt dazu, dass so getan wird, als ob der Steuerpflichtige gar keine Verständigung beantragt hätte; insbesondere mit der Möglichkeit, den entsprechenden Steuerbescheid bzw. den Bescheid über die Strafzuschläge abzuwarten, um dann eine Verständigung nach der Steuerfestsetzung zu erzielen.[649]

4. Resultate der Verständigungsverhandlungen

Kann in den Verständigungsverhandlungen zwischen dem Steuerpflichtigen und der Verständigungskommission keine Einigkeit erzielt werden oder scheitern die

647 Kızılot, Vergi İhtilafları ve Çözüm Yolları, S. 232.

648 Sieh hierzu oben S. 187 ff.

649 Candan, Vergilendirme Yöntemleri ve Uzlaşma, S. 350. Diese Möglichkeit stellt eine Ausnahme dar, denn die Folge einer gescheiterten Verständigung vor der Steuerfestsetzung ist u.a. auch der Ausschluss einer Verständigung nach der hoheitlichen Steuerfestsetzung.

Verhandlungen aufgrund anderer Ursachen (wie z.B. Nichterscheinen des Steuerpflichtigen ohne vorherige schriftliche Mitteilung nach § 12 Abs. 3 TÖUY), so ist nicht nur eine erneute Verständigungsverhandlung noch vor der hoheitlichen Steuerfestsetzung ausgeschlossen, sondern auch eine Verständigungsverhandlung nach der Steuerfestsetzung, die dann aufgrund der Außenprüfungsfeststellungen ermittelt wird (§ 17 TÖUY).

Ebenso wie bei der Verständigung nach der Steuerfestsetzung münden jedoch auch Verständigungsverhandlungen vor der Steuerfestsetzung in einem hohen Ausmaß in einem Konsens wie die nachfolgenden Werte verdeutlichen[650]:

Tab. 8: Abschluss von Verständigungsverfahren in der Türkei (tabellarisch)

Jahre	Anzahl der beantragten Verständigungsverfahren	Anzahl der „erfolgreichen" Verständigungen	Ausmaß in %
2000	20.504	18.675	91
2001	15.437	13.139	85
2002	19.339	16.700	86
2003	10.020	8.536	85
2004	24.095	21.777	90
2005	15.745	14.465	92
2006	21.544	19.357	90
2007	35.734	30.604	86
2008	32.937	27.177	83

In einer graphischen Gegenüberstellung lässt sich das Verhältnis wie folgt darstellen[651]:

650 Die in der Tabelle wiedergegebenen Werte sind den Tätigkeitsberichten der Einkommens-Generaldirektion (heute: Einkommens-Verwaltungspräsidium) für die Jahre 2000 bis 2006 (Gelirler Genel Müdürlüğü Faaliyet Raporları 2000 – 2004 ve Gelir İdaresi Başkanlığı Faaliyet Raporları 2005 – 2006) entnommen. Die Tätigkeitsberichte sind vollständig abrufbar auf den Internetseiten des Einkommens-Verwaltungspräsidiums unter: http://www.gib.gov.tr/index.php?id=107.

651 Ähnliches Diagramm für die Jahre 2000 bis 2004 findest sich im Tätigkeitsbericht der Einkommens-Generaldirektion (heute: Einkommens-Verwaltungspräsidium) für das Jahr 2004, Gelirler Genel Müdürlüğü Faaliyet Raporu 2004, S. 124. Die Tätigkeitsbe-

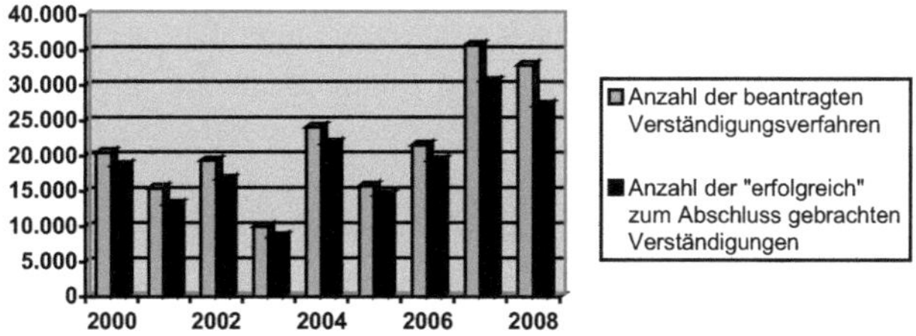

Abb. 9: Abschluss von Verständigungsverfahren in der Türkei (graphisch)

Auch bei der Verständigung vor der Steuerfestsetzung ist deutlich erkennbar, dass der eindeutig überwiegende Teil der beantragten Verständigungsverfahren auch in eine erfolgreiche Verständigung münden. Führen die Verhandlungen zu keiner Einigung zwischen dem Steuerpflichtigen und der Kommission, sieht § 15 Abs. 8 TÖUY für den Steuerpflichtigen ähnlich wie § 10 Abs. 9 TSUY eine Art „Bedenkzeit" vor. Das endgültige „Angebot" der Verständigungskommission wird auch hier in eine Verständigungsniederschrift eingetragen und dem Steuerpflichtigen ausgehändigt. Dieser hat daraufhin solange Zeit, das Angebot anzunehmen, bis das Finanzamt auf Grundlage des Prüfungsprotokolls einen Steuerbescheid bzw. einen Bescheid über die Strafzuschlagsfestsetzung erlässt und die Klagefristen für diese Bescheide abgelaufen sind.

Hinsichtlich der erzielten Ergebnisse scheint sich das „gewohnte und klassische" Bild aus den Verständigungen nach der Steuerfestsetzung auch bei den Verständigungen vor der Steuerfestsetzung wieder zu finden. Anders als bei den Verständigungen nach der Steuerfestsetzung veröffentlichte das Einkommens-Verwaltungspräsidium bis zum Jahr 2007 keine Angaben über das Verhältnis der auf Grundlage der Außenprüfungen beabsichtigten Steuer- und Strafzuschlagsfestsetzungen[652] zu den mit dem Steuerpflichtigen endgültig vereinbarten Werten. Allerdings hat beispielsweise das Finanzamtspräsidium Istanbul auf

richte sind vollständig abrufbar auf den Internetseiten des Einkommens-Verwaltungspräsidiums unter: http://www.gib.gov.tr/index.php?id=107.

652 Die zur Festsetzung vorgesehenen Steuern und Strafzuschläge auf Grundlage der Außenprüfungsfeststellungen werden dem Steuerpflichtigen gemäß § 13 Abs. 1 TÖUY mindestens 15 Tage vor dem Verständigungstermin bekannt gegeben und dienen quasi als Verhandlungsgrundlage.

seinen Internetseiten für den Regierungsbezirk von Istanbul entsprechende Werte veröffentlicht[653], die zur Veranschaulichung herangezogen werden können:

653 Die Werte können auf folgender Internetseite des Finanzamtspräsidiums Istanbul abgerufen werden: http://www.ivdb.gov.tr/birim/vdbb/index.htm. Stand der Angaben: Mai 2008.

Tab. 9: Auswirkungen von Verständigungsverhandlungen auf Steuerforderungen (tabellarisch)

Jahre	Vor der Verständigungsverhandlung		Nach der Verständigungsverhandlung	
	Nach Feststellungen von Außenprüfungen zur Festsetzung berechnete Steuern (TL)	Nach Feststellungen von Außenprüfungen zur Festsetzung berechnete Strafzuschläge (TL)	Vereinbarte Steuern (TL)	Vereinbarte Strafzuschläge (TL)
2004	13.598.914	25.046.172	13.305.920	3.094.025
2005	14.850.805	28.842.442	9.462.559	1.384.941
2006	15.560.480	24.155.431	10.623.992	1.149.533
2007	46.406.206	66.605.430	35.756.063	2.614.831

Graphisch dargestellt ergibt sich bei den Steuern folgendes Bild:

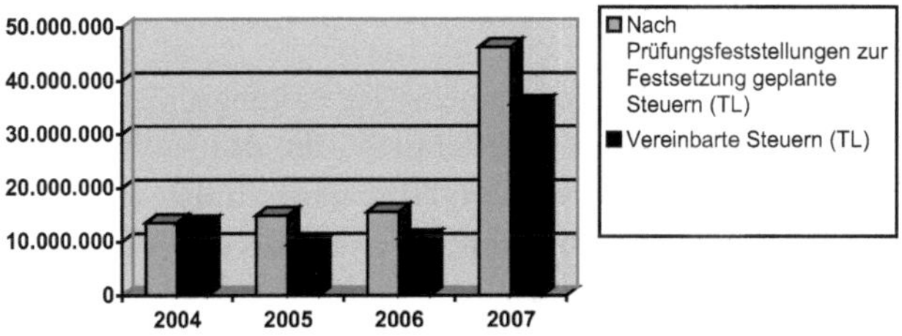

Abb. 10: Auswirkungen von Verständigungsverhandlungen auf Steuerforderungen (graphisch)

Auch wenn die absoluten Beträge für die Steuerfestsetzungen von unterschiedlichen Faktoren wie Zahl und Intensität der Prüfungen, geprüfte Steuerpflichtige und nicht zuletzt durch die zu berücksichtigende Inflation der vergangenen Jahre beeinflusst worden sind, lassen sich die im Schnitt prozentual erreichten Abschläge wie folgt darstellen: Bei den Verhandlungen über den Steueranspruch konnten die Steuerpflichtigen in den Verständigungsverhandlungen durchschnittliche Abschläge von 2 % im Jahr 2004, 36 % im Jahr 2005, 32 % im Jahr 2006 und von 23 % im Jahr 2007 aushandeln. Die Verständigungskommissionen haben sich demnach für Abschläge vom Steueranspruch in Verhandlungsspielräumen zwischen 2 % und 36 % bewegt.

Der ausgeschöpfte Verhandlungsspielraum der Kommissionen bei den Strafzuschlägen stellt sich, ähnlich wie bei den Verständigungen nach der Steuerfestsetzung, noch wesentlich drastischer dar:

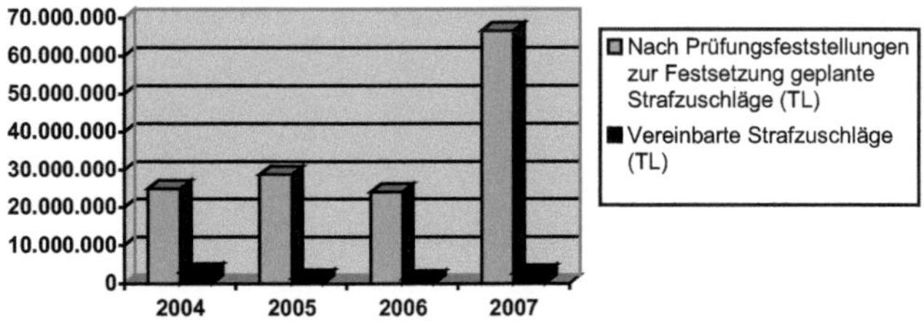

Abb. 11: Auswirkungen von Verständigungsverhandlungen auf Strafzuschläge

Von den ursprünglich aufgrund den Prüfungsfeststellungen vorgesehenen Strafzuschlagsfestsetzungen haben sich die Verständigungskommissionen mit den Steuerpflichtigen auf Abschläge verständigt, die sich im Jahr 2004 auf 88 %, in den Jahren 2005 und 2006 auf jeweils 95 % und im Jahr 2007 auf 96 % beliefen.

Im Tätigkeitsbericht des Einkommens-Verwaltungspräsidiums für das Jahr 2008 sind auch erstmals Zahlen veröffentlicht, die das Verhältnis der zur Festsetzung beabsichtigten Steuern und Strafzuschläge zu den im Anschluss an die Verständigungsverhandlungen tatsächlich vereinbarten Beträge für die gesamte Türkei wiederspiegeln.[654] Danach stellte sich die Situation für die Türkei im Jahr 2008 insgesamt wie folgt dar:

654 Die Tätigkeitsberichte sind vollständig abrufbar auf den Internetseiten des Einkommens-Verwaltungspräsidiums unter: http://www.gib.gov.tr/index.php?id=107.

Tab. 10: Auswirkungen von Verständigungsverhandlungen auf Steuerforderungen (tabellarisch)

Jahr	Vor der Verständigungsverhandlung		Nach der Verständigungsverhandlung	
	Nach Feststellungen von Außenprüfungen zur Festsetzung berechnete Steuern (TL)	Nach Feststellungen von Außenprüfungen zur Festsetzung berechnete Strafzuschläge (TL)	Vereinbarte Steuern (TL)	Vereinbarte Strafzuschläge (TL)
2008	316.031.030	502.100.252	215.487.089	21.840.980

In der graphischen Darstellung ergeben sich demnach folgende Bilder:

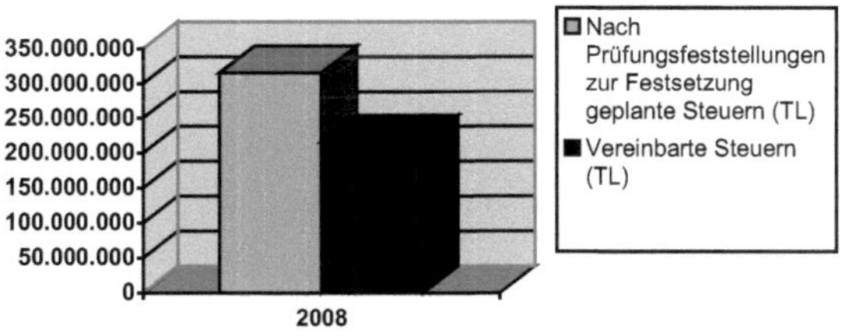

Abb. 12: Auswirkungen von Verständigungsverhandlungen auf Steuerforderungen (graphisch)

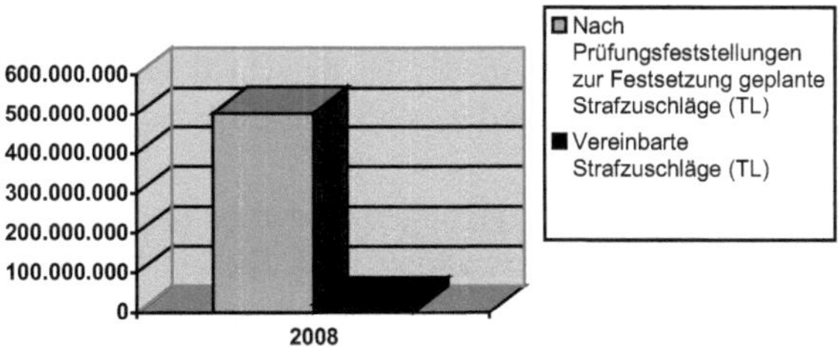

Abb. 13: Auswirkungen von Verständigungsverhandlungen auf Strafzuschläge

Auch das Gesamtbild für die Türkei bestätigt das „gewohnte" Resultat der Verständigungsverhandlungen: Von den nach den Außenprüfungen eigentlich zur Festsetzung geplanten Steuerbeträgen war demnach im Schnitt ein Abschlag von 31,8 % erzielbar, während bei den Strafzuschlägen durchschnittlich ein Abschlag von 95,7 % vereinbart werden konnte.

5. Rechtsnatur einer „erfolgreichen" Verständigung und ihre Folgen

Das Ergebnis einer Erfolgreichen Verständigung vor der Steuerfestsetzung wird gemäß § 11 Abs. 2 VUK / Nachtrag ebenfalls in einer Verständigungsniederschrift festgehalten, die auch in diesem Fall wie eine Niederschrift nach der Steuerfestsetzung einen Vertrag zwischen dem Steuerpflichtigen und der Finanzverwaltung darstellt.

Was den Inhalt der Verständigungsniederschrift angeht, ist im § 15 TÖUY bestimmt, dass folgende Angaben aufzuführen sind:

(a) Vor- und Nachname des Steuerpflichtigen, seine Anschrift, das veranlagende Finanzamt und seine Steuernummer;

(b) Gegenstand der Außenprüfung, Prüfungszeitraum, festgestellte Differenz der Besteuerungsgrundlage, vorgesehene Steuerfestsetzung aufgrund der Prüfungsfeststellungen;

(c) Steuerbetrag, auf den man sich verständigt hat;

(d) Strafzuschlag, auf den man sich verständigt hat;

(e) Name und Titel des Prüfers.

Daneben sollen Erläuterungen zur Verständigung angeführt werden.

Auch für diese Verständigungsniederschrift regelt § 16 Abs. 1 TÖUY übereinstimmend mit der Regelung des § 12 Abs. 1 TSUY, dass sie „endgültig" und „unanfechtbar" ist und, dass sich das aus der Verständigungsniederschrift Ergebende von den Finanzämtern „unverzüglich" umzusetzen ist. § 16 Abs. 2 TÖUY bestimmt darüber hinaus für den Steuerpflichtigen, dass dieser gegen die in der Verständigung erzielten und in der Niederschrift festgehaltenen Punkte keine Klage erheben darf und keinerlei behördliche „Beschwerdemöglichkeiten" besitzt.

Die Bedeutung dieser Regelungen und ihre Rechtsfolgen für den Steuerpflichtigen und die Finanzverwaltung sind übereinstimmend mit den Ausführungen zur Verständigung nach der Steuerfestsetzung. Letztlich führt eine erfolgreiche Verständigung zu umfassenden Bindungen sowohl der Finanzverwaltung als auch des Steuerpflichtigen.[655]

III. Vereinbarkeit von Steuervereinbarungen mit dem Rechtsstaatsprinzip

Im Verhältnis zwischen den Steuerpflichtigen und dem Fiskus besteht ein berechtigtes Interesse an Rechtssicherheit. Das Bedürfnis nach Rechtssicherheit ist Ausdruck des Rechtsstaatsprinzips.[656] Diese Rechtssicherheit kann auf dem ersten Blick zwischen den Vertragspartnern einer Verständigung ohne Zweifel durch verbindliche und nicht mehr angreifbare (Verständigungs-) Verträge erreicht werden.

Die dargestellten Steuervereinbarungsmöglichkeiten in der Türkei sind gesetzlich normiert, mit der Folge, dass die türkischen Finanzbehörden sich mehr oder weniger in den durch den Gesetzgeber gezogenen „Grenzen" bewegen. Jedoch führt die Tatsache, dass letztlich über den gesetzlichen Steueranspruch verhandelt und im Wege des Vergleichs disponiert wird dazu, dass diese in der Türkei vom Gesetzgeber normierten Vergleichsmöglichkeiten mit anderen fundamentalen rechtsstaatlichen Prinzipien unvereinbar sind.[657]

Artikel 2 der türkischen Verfassung[658] besagt: „Die Republik der Türkei ist ein im Geiste des Friedens der Gemeinschaft, der nationalen Solidarität und der Gerechtigkeit die Menschenrechte achtender, (...) demokratischer, laizistischer und sozialer Rechtsstaat."

Der Rechtsstaat hat eine formale und materiale Seite. Der formale Rechtsstaat erkennt die Gewaltenteilung, die Herrschaft des Gesetzes, die Gesetzesmäßigkeit der Verwaltung und den Rechtsschutz gegen Akte öffentlicher Gewalt durch unabhängige Gerichte an. Der formale Rechtsstaat verwirklicht vornehmlich die Rechtssicherheit. Das Ziel des formalen Rechtsstaats, dem Bürger Rechtssicherheit zu gewähren, verwirklicht im Steuerrecht zunächst der Grundsatz der Gesetzesmäßigkeit der Besteuerung.[659] Die Gesetzesmäßigkeit der Besteuerung ist im Art. 73 Abs. 3 und 4 der türkischen Verfassung selbst ausdrücklich verankert.[660]

---

655 Siehe zu den Folgen einer erfolgreichen Verständigung auch oben S. 201 ff.

656 BVerfGE 74, S. 129, 154.

657 Fischer, Finanzsystem und Finanzverwaltung der Türkei, S. 384.

658 Türkische Verfassung vom 07.11.1982, Gesetzes-Nr.: 2709, veröffentlicht im Amtsblatt vom 09.11.1982.

659 Lang, in: Tipke/Lang, Steuerrecht, § 4 Rn. 51 ff.

660 Siehe hierzu bereits oben S. 28 ff.

Im materialen Rechtsstaat genügt die formal-rechtsstaatliche Funktion des Legalitätsprinzips nicht mehr. Das Gesetz selbst hat vielmehr auch die materiell-rechtsstaatliche Funktion der Gerechtigkeit zu erfüllen. Die Gesetzesgerechtigkeit ist für die Rechtsanwendungsgleichheit maßgeblich, die unmittelbar der allgemeine Gleichheitssatz normiert.[661] In der türkischen Verfassung ist der Gleichheitssatz in Art. 10 festgeschrieben: „Jeder ist unabhängig von seiner Sprache, seiner Abstammung, seiner Hautfarbe, seines Geschlechts, seiner politischen Meinung, seiner Weltanschauung, seiner Religion, seiner Bekenntnisse oder ähnlicher Gründe vor dem Gesetz gleich." Auch in der Türkei ist der Gesetzgeber selbst an den Gleichheitssatz und an die in ihm verankerte Steuergerechtigkeit gebunden. Ein weiterer Grundpfeiler der Rechtsstaatlichkeit des Steuerrechts findet sich auch in Art. 73 der türkischen Verfassung, wonach gemäß Abs. 1 „jeder entsprechend seiner Leistungsfähigkeit verpflichtet ist, Steuern zu zahlen". In Abs. 2 des Art. 73 der türkischen Verfassung ist zudem festgeschrieben, dass es „Ziel der Finanzpolitik ist, die Steuerlast gerecht und gleichmäßig zu verteilen", so dass im Ergebnis gleichheitswidrige Steuergesetze verfassungswidrig sind. Der Kontext zwischen Steuergleichheit und Gesetzesmäßigkeit bei der Rechtsanwendungsgleichheit und die Verfassungsmäßigkeit als Voraussetzung für die rechtsstaatliche Geltungskraft eines Gesetzes erweitern den ursprünglich formal-rechtsstaatlichen Grundsatz der Gesetzesmäßigkeit der Besteuerung zu einem systemtragenden Prinzip, das sowohl formal-rechtsstaatlichen als auch materiell-rechtsstaatlichen Gehalt hat.[662]

Unter Berücksichtigung dieser rechtsstaatlichen Prinzipien, die auch die türkische Verfassung für sich beanspruchen will, müssen individuelle Steuervereinbarungen mit den Steuerpflichtigen über den Steueranspruch des Staates verboten sein.[663] Ozansoy stellt hierzu zutreffend fest, dass Verhandlungen und Vereinbarungen über den gesetzlichen Steueranspruch einen „Schatten" auf die Souveränität des Staates werfen.[664]

In seiner Habilitationsschrift trifft Seer hierzu eine grundlegende Feststellung, welche die unbedingte Wichtigkeit für ein Verbot gesetzesabweichender Steuervereinbarungen zeigt[665]:

> „Das Verbot besitzt zur Gewährleistung der Gesetz- und Gleichmäßigkeit der Besteuerung fundamentale Bedeutung und gilt in allen Verfahrensstadien, also nicht

661 Lang, in: Tipke/Lang, Steuerrecht, § 4 Rn. 63.

662 Zur Situation in Deutschland vgl. Lang, in Tipke/Lang, Steuerrecht, § 4 Rn. 63.

663 So auch Seer, der das Verbot der Steuervereinbarung in Deutschland im Kern als berechtigt betrachtet. Vgl. Seer, BB 1999, S. 78.

664 Ozansoy, Uzlaşma Müessesesi ve Etkinliği, S. 210 f.

665 Seer, Verständigungen in Steuerverfahren, S. 377 f.

nur im Rahmen der Steuerfestsetzung, sondern auch der Steuererhebung und -vollstreckung. Für die Funktionsfähigkeit des Gemeinwesens als Steuerstaat ist es von vitalem Allgemeininteresse, dass die gesetzliche Steuerpflicht gegenüber möglichst vielen Bürgern flächendeckend durchgesetzt wird. Die Steuerpflicht bleibt für den einzelnen nur erträglich, wenn er einigermaßen sicher sein kann, dass der Staat die gesetzliche Steuerpflicht auch gegenüber den anderen realisiert. Ist es dem einzelnen verwehrt, den mangelnden Vollzug der Steuergesetze gegenüber anderen im Wege des Individualrechtsschutzes zu rügen, (...) so bedarf es der wirksamen objektiv-rechtlichen Sicherung dieses Anspruchs. Den Steuerpflichtigen muss deutlich signalisiert werden, dass die Rechtsordnung einer materiell vom Gesetz abweichenden Steuervereinbarung ihre Anerkennung versagt."

Die Widersprüchlichkeit in der türkischen Steuerrechtsordnung in dieser Hinsicht ist offensichtlich: Auf der einen Seite existieren materielle Steuergesetze, aus denen für jeden Leistungspflichten resultieren, der den Tatbestand verwirklicht, an den das Gesetz die Leistungspflicht knüpft (§ 19 VUK), und auf der anderen Seite werden gerade für diejenigen, die ihren steuerlichen Mitwirkungspflichten nicht oder unzureichend nachkommen, ebenfalls gesetzlich festgeschriebene Verfahrensmöglichkeiten geschaffen, mit den Finanzbehörden Steuer- und Strafzuschlagsvereinbarungen zu treffen.[666] Letztlich wird dadurch den materiellen Steuergesetzen ihre Geltungskraft entzogen, Sanktionsvorschriften zur Vorbeugung von Mitwirkungspflichtverletzungen zu „zahnlosen Papiertigern" degradiert und der Glaube an eine Rechtsstaatlichkeit in der Bevölkerung nicht zu Unrecht insgesamt in Zweifel gezogen.[667] Hierzu stellt Tipke zutreffend fest[668]:

„Die Pflicht, wahrheitsgemäße Steuererklärungen abzugeben, ist nicht nur eine Pflicht gegenüber dem Staat, sondern auch eine Pflicht gegenüber den anderen Steuerpflichtigen und Mitbürgern. Der Staat ist der Formalberechtigte der Steuer, der Treuhänder der Gesamtheit der Steuerpflichtigen. Daher ist es die Aufgabe der den Staat repräsentierenden Finanzbehörden, dafür zu sorgen, dass jeder Steuerpflichtige seine Gegenseitigkeitspflicht erfüllt und keine Gelegenheit hat, sich als Trittbrettfahrer zum Nachteil der anderen Steuerpflichtigen zu gerieren. Die ehrlichen Steuerzahler können erwarten, dass auch alle anderen Steuerpflichtigen ihre Steuerpflicht erfüllen und dazu gezwungen werden, wenn sie es nicht freiwillig tun. Je mehr Steuerpflichtige den Eindruck gewinnen, dass andere auch nicht ehrlich sind, desto mehr werden sie sich auch selbst vor der Steuerzahlung drücken."

---

666 Ozansoy, Uzlaşma Müessesesi ve Etkinliği, S. 212.

667 Hinsichtlich der steuerlichen Mitwirkungspflichten hat Ozansoy richtig festgestellt, dass alle Bemühungen, die Steuerpflichtigen dazu zu bewegen, ihren steuerlichen Mitwirkungspflichten nachzukommen, ins Leere laufen, wenn die vorhandenen Sanktionsvorschriften durch eine derart praktizierte Verständigung faktisch ausgehebelt werden. Vgl. Ozansoy, Uzlaşma Müessesesi ve Etkinliği, S. 212.

668 Tipke, in: Tipke/Bozza, Besteuerung von Einkommen, S. 28.

Von Rechtsstaatlichkeit und Steuergerechtigkeit kann in Bezug auf die gänzlich mangelhafte Durchsetzung materieller Steuergesetze, die als Folge der gesetzlich legitimierten Steuervereinbarungen eintreten, keine Rede sein.

Neben der Gesetz- und Gleichheitswidrigkeit, die eine derart durchgeführte Verständigungspraxis offenbart und dadurch die Rechtsstaatlichkeit insgesamt in Frage stellt, wird auch die mühsame Prüfungstätigkeit der Prüfungsbeamten sowie die Tätigkeiten der Schätzungskommissionen verschwendet.[669] Die von den Prüfungsbeamten oder Schätzungskommissionen vor jeder hoheitlichen Steuerfestsetzung erarbeiteten Sachverhaltsergebnisse und Antworten auf Rechtsfragen spielen bei den Verständigungsverhandlungen keine direkte Rolle. Lediglich die aufgrund der Feststellungen berechnete Steuerschuld dient als Ausgangspunkt für das erste von der Verständigungskommission unterbreitete Angebot für die zu zahlende Steuer und den Strafzuschlag im Rahmen der dadurch eröffneten „Verhandlungspartie".

Die Gleichheitswidrigkeit der in der Türkei praktizierten Verständigungen ist nicht nur gegenüber den „zuverlässigen und steuerehrlichen" Steuerpflichtigen eklatant, sondern auch innerhalb des Kreises der Steuerpflichtigen, die ein solches Verständigungsverfahren einleiten: Für die Verständigungsverhandlungen existieren keinerlei Richtlinien oder Vorgaben und auch keine Kriterien, anhand derer Entscheidungen getroffen werden. Während die Verständigungskommissionen in zwei gleich gelagerten Fällen in dem einen Fall eine Verständigung zum Abschluss bringen können, können sie in dem anderen Fall aus nicht nachprüfbaren Gründen den Abschluss einer Verständigung verweigern oder eine betragsmäßig niedrigere oder höhere Steuer- und Strafzuschlagsvereinbarung treffen.[670] Es existieren auch keine speziellen Sanktionsvorschriften, die willkürliches Verhalten der Kommissionen vorbeugen könnten.[671] Die Befugnisse der Verständigungskommissionen sind scheinbar grenzenlos. Es ist ihnen sogar faktisch möglich, auf den gesamten Steuer- und Strafzuschlagsanspruch zu verzichten.[672] Bei den Verhandlungen über den Steuer- und Strafzuschlagsanspruch könnten sich die Kommissionen von Faktoren leiten lassen wie etwa ihrem Gemütszustand, der Sympathie zum Steuerpflichtigem oder seinem individuellen Verhandlungsgeschick. Aufgrund fehlender Vorgaben oder Richtlinien ist eine Nachprüfbarkeit der Entscheidungsfindung und der Faktoren, von denen die Kommissionen geleitet wurden, nicht möglich. Der Willkür und der

669 Korkusuz, Vergi Sistemimizde Uzlaşma Müessesesi, S. 76.

670 Zu den in der Praxis anzutreffenden Nachlässen in den Vergangenen Jahren siehe oben S. 201 ff., S. 215 ff.

671 Ozansoy, Uzlaşma Müessesesi ve Etkinliği, S. 213.

672 Korkusuz, Vergi Sistemimizde Uzlaşma Müessesesi, S. 74 f.

Missbrauchsanfälligkeit für die Verständigungskommissionen sind damit Tür und Tor geöffnet.[673]

Auch wenn „Steuergerechtigkeit“ ein abstrakter Begriff ist, stellt Tipke zutreffend fest, dass in einem Rechtsstaat, die Gerechtigkeit nach Gleichbehandlung aller verlangt, die sich in der gleichen Situation befinden oder gleich Verhalten.[674]

Ein gerechtes, dem Gleichheitssatz verpflichtetes Steuerrecht verlangt nicht nur gerechtes materiales Recht, sondern auch die gleichmäßige Anwendung dieses Rechts durch die Behörden. Lässt das formelle Recht die gleichmäßige Anwendung des materiellen Rechts nicht zu, so schlägt die Verfassungswidrigkeit auf das materielle Recht durch. Nur gleichmäßig anwendbares materielles Recht genügt dem Gleichheitssatz; der Gleichheitssatz verlangt glcichmäßigc Belastung.[675]

Erstaunlich ist insofern, dass sich das türkische Verfassungsgericht bisher offensichtlich nicht mit der Frage beschäftigen musste, ob die aktuelle gesetzliche Verständigungsregelung mit der Verfassung vereinbar ist. Sowohl die Steuerpflichtigen, als auch der Fiskus profitieren derzeit von den Vorteilen der Verständigungsmöglichkeiten und scheinen dabei die verfassungsrechtliche Bedenklichkeit billigend in Kauf zu nehmen.[676]

Zur Beurteilung der Verständigungsregelungen der Türkei kann zusammenfassend festgehalten werden, dass diese gleichheitswidrig sind, materiell sowie formell dem Grundsatz der Steuergerechtigkeit widersprechen, mit der türkischen Verfassung unvereinbar sind und insoweit die Rechtstaatlichkeit des Landes in Frage stellen.

673 So auch Korkusuz, Vergi Sistemimizde Uzlaşma Müessesesi, S. 76.

674 Tipke, in: Tipke/Bozza, Besteuerung von Einkommen, S. 14.

675 Tipke, in: Tipke/Bozza, Besteuerung von Einkommen, S. 27.

676 Es existiert keine Entscheidung des türkischen Verfassungsgerichts, welches die Verfassungsmäßigkeit des Verständigungsverfahrens zum Gegenstand hat, was mir nach erfolgloser Suche auch durch Herrn Mehmet Ali Özyer, Berater des türkischen Finanzministeriums in Ankara, bestätigt wurde. Ein Normenkontrollverfahren vor dem Verfassungsgericht kann in der Türkei nur durch den Staatspräsidenten, der größten Oppositionspartei oder von 110 Abgeordneten eingeleitet werden, was bisher offensichtlich ausblieb. Eine weitere Möglichkeit wäre die Vorlage durch ein Gericht, das die Frage der Verfassungsmäßigkeit zum Gegenstand haben und selbst von der Verfassungswidrigkeit überzeugt sein müsste. Auch dieser zweite Weg ist bisher wohl nicht beschritten worden.

Neunter Abschnitt: Resümee

Gesamtwürdigung unter besonderer Berücksichtigung des vorhandenen Risikomanagements und Bedingungen zur Optimierung des Besteuerungsverfahrens

Jedes Steuersystem muss sicherstellen, dass die von den Steuerpflichtigen präsentierten Bemessungsgrundlagen und – bei praktizierten Selbstveranlagungssystemen – die vom Steuerpflichtigen selbst errechnete Steuerschuld in irgendeiner Weise auf ihre Richtigkeit kontrolliert werden können. Jede Steuererklärung kann – absichtlich oder unabsichtlich – sachliche oder rechtliche Fehler enthalten. Existiert kein Überprüfungssystem, werden sich fehlerhafte Erklärungen ausbreiten, bis schließlich das ganze Besteuerungssystem zu einer Farce degeneriert.

Eine Überprüfung der Steuererklärungen ohne Verwendung weiterer Informationen kann nur rechnerische Fehler sowie logische Widersprüche feststellen. Diese Schwachstelle zeigt auch die Behandlung von Steuererklärungen, die in den Finanzbehörden der Türkei eingereicht werden. Die Veranlagung und behördliche Erfassung der selbst berechneten Steuer erfolgt unmittelbar ohne wesentliche Überprüfung. Da die steuerrelevanten Tatsachen nur dem Steuerpflichtigem selbst und nicht dem Finanzamt bekannt sind, muss zunächst der Gesetzgeber der Finanzverwaltung ermöglichen, auf irgendeine Weise Zugang zu den Tatsachen zu erhalten, die die Steuerschuld des Steuerpflichtigen betreffen. Mit der Verpflichtung zu umfassenden Aufzeichnungen und Buchführungen, die Besteuerungszwecken genügen müssen und den bestehenden Aufbewahrungspflichten zu Prüfungszwecken für die Zeitdauer der Festsetzungsverjährung, bestehen dem Grunde nach auch in der Türkei die gesetzlichen Vorgaben, um nach einer angemessenen Prüfung eine ordnungsgemäße und umfassende Besteuerung sicherstellen zu können. Die Prüfungsinstrumente zur Wahrung eines gleichmäßigen Steuervollzugs stehen dabei, zumindest was den formalen Ansatz angeht, den deutschen Instrumenten kaum nach.

Die rechtlichen Voraussetzungen für eine effektive Kontrolle der Besteuerungsgrundlagen weisen somit kaum noch entscheidende rechtliche Regelungsdefizite auf. Wenn festgestellt wird, dass in der Türkei eine effektive Kontrolle der erklärten Bemessungsgrundlagen der Steuern nicht vorgenommen wird,[677] liegt dies jedenfalls kaum an den rechtlichen Voraussetzungen, die das Regel-

677 Fischer, Finanzsystem und Finanzverwaltung der Türkei, S. 329.

werk in der Türkei zu bieten hat. Tatsächlich sind in der Türkei z.B. im Jahr 2006 nur 1,46 % der Angaben, die durch die Steuerpflichtigen an die Finanzbehörden übermittelt wurden, im Rahmen einer Außenprüfung überprüft worden.[678] Als die Prüfungsdichte zwischen den Jahren 2001 und 2002 von 1 % auf 2 % anstieg, wurde dies bereits als „Erfolg" gewertet.[679] Berücksichtigt man demnach die Tatsache, dass nach wie vor 98 % bis 99 % der durch die Steuerpflichtigen vorgenommenen Erklärungen inhaltlich nicht geprüft werden, muss man zu dem Schluss kommen, dass das tatsächlich durchgeführte „Risikomanagement"[680] der türkischen Finanzbehörden trotz ihrer formalen Möglichkeiten wirklich nur eine Farce darstellt und faktisch kaum existiert.

Der erste und entscheidende Ansatzpunkt für eine Verbesserung des Besteuerungsverfahrens in der Türkei liegt hier deshalb in einer nachdrücklichen Durchsetzung der bestehenden Pflichten und einer intensiven Wahrnehmung der bestehenden Kontrollmöglichkeiten auf Seiten der Finanzverwaltung. Es hat wenig Sinn, die rechtlichen Regelungen weiter zu verfeinern und auszudehnen, bevor nicht gewährleistet werden kann, dass das vorhandene Kontrollpotential auch tatsächlich ausgeschöpft wird. Das für eine effektive Prüfung erforderliche Personal muss die Finanzverwaltung in ausreichender Zahl zur Verfügung stellen können. Schließlich kann eine durchgreifende Prüfung regelmäßig nur dann erfolgreich zum Abschluss gebracht werden, wenn der Prüfungsbeginn auch den Eintritt der Festsetzungsverjährung hemmen kann. Die zurzeit in der Türkei nur für die Tätigkeit der Schätzungskommission vorgesehene Hemmung der Festsetzungsverjährung muss auch für Außenprüfungen und ebenfalls uneingeschränkt für Gerichtsverfahren geschaffen werden.

Letztlich bedarf es neben einer Intensivierung der Betriebsprüfungen auch mehr erzieherischer Maßnahmen wie z.B. Schulungen von Steuerpflichtigen, Informationsmaterialien und Hilfestellungen seitens der Finanzverwaltung. Das „Drohpotential" von strafrechtlichen Sanktionen kann sich jedenfalls dann nicht entfalten, wenn deren Durchsetzung auf der Strecke bleibt. Daher sollte in erster Linie das kooperative Zusammenwirken mit dem Steuerpflichtigen im Vordergrund stehen, flankiert von sinnvoll eingesetzten und gleichmäßig durchgesetzten Sanktionsmechanismen.

Nicht zu verkennen ist allerdings, dass trotz intensivster Wahrnehmung der bestehenden Kontrollmöglichkeiten die lückenlose Umsetzung der gesetzlich vorgesehenen Prüfungsansätze im Bereich der Finanzverwaltung als Massen-

---

678 Kizilot, „Hürriyet" (Tageszeitung) vom 23.05.2007.

679 Kizilot, „Hürriyet" (Tageszeitung) vom 08.05.2004.

680 Zum Verständnis für den Begriff vgl. Seer, in: Widmann (Hrsg.), Steuervollzug im Rechtsstaat, DStJG Bd. 31, 2008, S. 7 ff.

verwaltung ein Ding der Unmöglichkeit ist. Selbst die deutsche Finanzverwaltung hat sich von einer 100%-Doktrin, die sich die volle Überprüfung möglichst aller Steuerfälle zum Ziel setzt, verabschiedet.[681] Sie folgt damit der internationalen Entwicklung.[682] Seer stellt in diesem Zusammenhang zutreffend fest, dass die vollkommene Sicherstellung der Gleichmäßigkeit der Besteuerung durch umfassende Kontrolle gigantische Ressourcen erfordern würden, die in keinem modernen Staat verfügbar und mit Blick auf die Grundrechtseingriffsintensität aus Sicht des Bürgers und der Unternehmen auch nicht wünschenswert sind.[683]

Um trotzdem eine bestmögliche Gesetz- und Gleichmäßigkeit der Besteuerung im Vollzug zu gewährleisten, bedarf es eines effektiven Risikomanagements im Zusammenspiel zwischen der Finanzverwaltung, dem Steuerpflichtigen, seines steuerlichen Beraters und weiterer Anlaufstellen, die im Besteuerungsprozess eine Rolle spielen können. Dabei sind die Möglichkeiten, die sich durch die elektronischen Entwicklungen ergebenden, intensiv zu nutzen.[684]

Das türkische Besteuerungssystem hat insbesondere mit dem umfassend zur Anwendung kommenden Selbstveranlagungsprinzip, der Verpflichtung zur Konsultation eines steuerlichen Beraters bei der Abgabe von Steuererklärungen sowie die flächendeckende Anwendung des elektronischen Steuererklärungs- und Veranlagungsprozesses bereits sehr gute Ansätze zur Entwicklung eines modernen und effektiven Risikomanagements. Dabei ist nicht zu verkennen, dass der Entwicklungsstand in den genannten drei Bereichen, zumindest was die rechtlichen Rahmenbedingungen angeht, zum Teil „fortschrittlicher“ ist, als der aktuelle Stand in Deutschland, wo das Fremdveranlagungsprinzip ohne Konsultationspflicht zur Anwendung kommt und sich die elektronische Einreichung von Steuererklärungen noch nicht in allen Bereichen durchgesetzt hat.

Die weiteren Vorzüge des türkischen Besteuerungsverfahrens sind in den kurzen Abgabefristen für die Steuererklärungen zu sehen. Durch das flächendeckend zur Anwendung kommende Selbstveranlagungssystem und der dabei vom Steuerpflichtigen selbst zu errechnenden Steuerschuld sowie ihre gesetzlich

---

681 Zur verfassungsrechtlichen Fundierung des Abschieds von der 100%-Doktrin: Seer, StbJb 2004/05, S. 53 ff.; ders., in: Widmann (Hrsg.), Steuervollzug im Rechtsstaat, DStJG Bd. 31, 2008, S. 7, 9 ff.

682 Exemplarisch zur niederländischen Finanzverwaltung: Ahrens, Der Vollzug von Steuergesetzen, S. 91 ff.

683 Seer, Die Rolle des Steuerberaters in einer elektronischen Finanzverwaltung, DStR 2008, S.1553, 1554.

684 Siehe dazu eingehend Seer, in: Widmann (Hrsg.), Steuervollzug im Rechtsstaat, DStJG Bd. 31, 2008, S. 7 ff.; ders., Die Rolle des Steuerberaters in einer elektronischen Finanzverwaltung, DStR 2008, S.1553 ff.

festgelegten Fälligkeitstermine gewährleistet das System dem Grunde nach, dass der Fiskalbedarf des Staates ohne Verzögerungen befriedigt werden sollte.

Zu einer aus Sicht der Finanzverwaltung weiteren enormen Entlastung führt das türkische System der Lohnbesteuerung. Durch einen pauschalierten „existenzsichernden Abzug" von Aufwendungen, der sich an den Familienverhältnissen des einzelnen Steuerpflichtigen orientiert und einer Verknüpfung zum Mindestlohn als Orientierungsmaßstab für die Existenzsicherung, ist ein Abgeltungsprinzip geschaffen worden, das einen Großteil der Steuerpflichtigen aus der eigenverantwortlichen Veranlagungspflicht befreit. Durch die Verpflichtung der Arbeitgeber, den richtigen Lohnsteuerabzug an der Quelle vorzunehmen und an das Finanzamt abzuführen, hat das System sowohl die Finanzverwaltung als auch den steuerpflichtigen Arbeitnehmer effektiv entlastet. Ein Großteil der Bürger konnte dadurch vom Veranlagungsprozess ausgenommen werden.

Bei den verbleibenden, erklärungspflichtigen Steuerpflichtigen hat der türkische Gesetzgeber eine Pflicht zur Inanspruchnahme eines Angehörigen der steuerberatenden Berufe statuiert und dadurch das eigene Kontrollbedürfnis für die eingereichten Steuererklärungen erheblich verringert. Das auch mit „Outsourcing-Modell"[685] bezeichnete Prinzip schafft einen Vertrauensvorschuss für die in dieser Form eingereichten Steuererklärungen. Die steuerlichen Berater sind an die Steuergesetze gebunden und können aufgrund ihres Fachwissens schon im Vorfeld fehlerhafte Steuererklärungen vermeiden. Der gewährte Vertrauensvorschuss wird in der Türkei abgesichert durch eine gesamtschuldnerische Haftung der steuerlichen Berater für den Fall von ausbleibenden Steuereinnahmen, die durch unrichtige oder unvollständige Steuererklärungen entstehen und vom Berater hätten erkannt werden können. Denkbar wären auch Geldstrafen für leichtfertige oder gar bewusste Falschangaben von Steuerberatern in den Erklärungen ähnlich der Konzeption in den USA.[686] Zur Beobachtung ihrer Zuverlässigkeit und zur Qualitätssicherung wäre auch denkbar, ihnen - ebenfalls nach amerikanischem Vorbild - zu diesem Zweck eine eigene Beraternummer zu geben, unter der die vom jeweiligen Berater eingereichten Steuererklärungen erfasst werden.[687] Bei auffälligen Beratern kann damit an berufsrechtliche Sanktionen bis hin zum Berufsverbot gedacht werden, um den erforderlichen hohen Qualitätsstandard sicherzustellen und den Vertrauensvorschuss an die Berater zu rechtfertigen.

Eine weitere Maßnahme, die zu effizienteren Arbeitsbedingungen in der Finanzverwaltung führen kann, könnte in der Änderung des Vorauszahlungssys-

---

685 Seer, in: Besteuerungsverfahren: Rechtsvergleich USA – Deutschland, Rn. 148.

686 Seer, in: Besteuerungsverfahren: Rechtsvergleich USA – Deutschland, Rn. 100 ff.

687 Seer, in: Besteuerungsverfahren: Rechtsvergleich USA – Deutschland, Rn. 23, 149.

tems gesehen werden: Die in der Türkei nach wie vor gängige Praxis der Quartalserklärungen zum Zwecke der Berechnungen von Vorauszahlungen hat zwar den Vorteil, dass die Bemessungsgrundlage der Vorauszahlungen bereits ein Einkommen ist, das auch einen Teil des der späteren Veranlagung unterliegenden Jahreseinkommens bildet. Der Umstand, dass Vorauszahlungen und Veranlagungsbetrag nach dem gleichen Einkommen bemessen werden, den Vorauszahlungen also nicht das Einkommen eines früheren Kalenderjahres zugrunde liegt, führt dazu, dass die Vorauszahlungen ihrem eigentlichen Zweck, die künftige Jahressteuerschuld nach Möglichkeit zu decken, besser gerecht wird. Trotz dieser Vorteile führen jeweils vier Quartalserklärungen und eine anschließende Jahreserklärung bei den Finanzbehörden dazu, dass diese sich einer enormen Mehrbelastung ausgesetzt sehen. Die Mehrbelastung betrifft im Ergebnis natürlich auch den Steuerpflichtigen und seinen steuerlichen Berater. Die sachliche und inhaltliche Überprüfung der Erklärungen gerät aufgrund der Masse sowohl bei der Finanzverwaltung als auch bei den steuerlichen Beratern als „Vorfilter" für mögliche Fehlerquellen notgedrungen in den Hintergrund, was ebenso notgedrungen zu fehlerbehafteten Veranlagungen führt. Das für die Verfolgung der vierteljährlichen Veranlagungen gebundene Personal sowohl auf Ebene der Finanzbehörde als auch unter den steuerlichen Beratern kann und sollte zur Verifikation und zur Optimierung der Steuererklärungen eingesetzt werden.

Gerade auch um das Hauptproblem der Türkei mit einer stark ausgeprägten Schattenwirtschaft von etwa 50 % der gesamten wirtschaftlichen Betätigung im Land in den Griff zu bekommen, ist vermehrt auf Kontrollmitteilungen zu setzen. Ein zentrales Problem des türkischen Finanzverwaltungssystems besteht nämlich in der tatsächlichen Erfassung all der Personen, die von den einzelnen Steuergesetzen zu Steuerschuldnern bestimmt werden. Gleiches gilt in Bezug auf wirtschaftliche Aktivitäten, die Steuertatbestände erfüllen. Hierzu wird in den materiellen Steuergesetzen bestimmten Steuerschuldnern zumeist eine Erklärungs- und Anzeigepflicht über die Verwirklichung des Steuertatbestandes auferlegt. Die steuerlich relevanten Mitteilungspflichten in der Türkei beschränken sich allerdings zu stark auf den einzelnen Steuerpflichtigen selbst. Die Effizienz solcher Erklärungs- und Anzeigepflichten für den Steuerpflichtigen ist jedoch nur dann gewährleistet, wenn den Steuerbehörden Kontrollinstrumente zur Verfügung gestellt werden, durch die sie die Erfüllung dieser Erklärungspflichten überprüfen können.

Die Einrichtung eines solchen Informationssystems, dass insbesondere auch Dritte verpflichten muss, steuerlich bedeutsame Sachverhalte den Finanzbehörden automatisch ohne individuelle Anfragen mitzuteilen, ist somit grundlegende Voraussetzung für die Durchführung einer wirksamen Besteuerung überhaupt. Das Kontrollmitteilungswesen in der Türkei ist im internationalen Vergleich völlig unterentwickelt und zur Vermeidung eines strukturellen Vollzugsdefizits stark auszubauen.

Gesetzlich normierte Kontrollmitteilungen aus verschiedenen Quellen sind dabei ein wichtiges Hilfsmittel, um Steuerpflichtige ausfindig zu machen, die ihr Einkommen überhaupt nicht erklären. Mitteilungspflichten kommen dabei insbesondere für Personengesellschaften in Betracht, die bisher im Besteuerungsprozess der Türkei keine Rolle spielen, weil jeder Gesellschafter eigenverantwortlich für seine Gewinn- und Verlustanteile in Erscheinung tritt. Eine Mitteilungspflicht bzw. Erklärungspflicht ähnlich der Verpflichtung aus § 181 Abs. 2 AO in Deutschland wäre auch in der Türkei sinnvoll, um widersprüchliche oder gar gänzlich unterbleibende Ansätze zu vermeiden. Ferner sollten auch Mitteilungspflichten für Kapitalgesellschaften über Anteilseigner und ihren Dividendeneinnahmen, für Banken über relevante Geldflüsse, für Notare über Grundstücksgeschäfte oder Erbauseinandersetzungen, für Gewerbeämter über die Beantragung und Erteilung von Konzessionen und für Handelsregister über die Gründung und Auflösung von Gesellschaften statuiert werden. Die in diesen Bereichen unterentwickelten Mitteilungspflichten müssen in der Türkei drastisch erweitert und schließlich auch beachtet werden, um die Schattenwirtschaft wirksam bekämpfen zu können.

Ein bereits vorhandener guter Ansatz zur Aufspürung von nicht registrierten Steuerpflichtigen ist in der Möglichkeit zu sehen, die sich den Finanzbeamten in der Türkei mit Hilfe des Instruments der Nachschau ergeben (§§ 127 bis 133 VUK). Danach können die Finanzbehörden ohne vorherige Ankündigung Grundstücke und Räume betreten, um steuerlich erhebliche Sachverhalte festzustellen. Das in ähnlicher Form in Deutschland im Bereich der Umsatzsteuer vorkommende Instrument gemäß § 27b UStG ist in der Türkei in allen Steuerangelegenheiten und für alle Steuerarten vorgesehen. Die bestehende Schattenwirtschaft in einer Größenordnung von etwa 50 % zeigt allerdings, dass die Finanzbehörden von dieser Maßnahme nicht hinreichend Gebrauch machen bzw. machen können. In erster Linie sind das Personal und die Arbeitskapazitäten für solche Nachschaumaßnahmen zu erhöhen, damit ein flächendeckender, effektiver und durchgehender Einsatz einen starken Beitrag zur Bekämpfung der Schattenwirtschaft liefern kann. Denkbar sind besondere Ermittlungsstäbe, die mit den ihr zustehenden gesetzlichen Befugnissen in erster Linie unbekannte Steuerfälle aufdecken können.[688]

Die mit Hilfe derartiger Maßnahmen in die steuerliche Erfassung gezwungenen Steuerpflichtigen müssen anschließend wirkungsvoll zur Erfüllung ihrer

688 So auch ein Vorschlag von Seer für Deutschland, in: Besteuerungsverfahren: Rechtsvergleich USA – Deutschland, Rn. 23, 139.

steuerlichen Pflichten, insbesondere auch durch Aufklärung, angehalten werden. Ein zumindest dem ersten Anschein nach empfindliches Sanktionssystem mit beträchtlichen Strafzuschlagshöhen soll dafür in der Türkei die Gewähr bieten, was allerdings kläglich scheitert. Die Realität in der Durchsetzung der Strafzuschläge offenbart die größte Schwachstelle des türkischen Besteuerungssystems überhaupt. Mit dem Institut der Verständigung wird neben dem ursprünglich als Sanktion gedachten Strafzuschlag auch der eigentliche Steueranspruch zum Gegenstand von Verhandlungen gemacht. Unter der Überschrift „Verständigungen“ führen die Verhandlungen regelmäßig zur fast vollständigen Aufhebung der Strafzuschläge. Daneben erwartet den vom Ausgangspunkt steuerunehrlichen Bürger eine fast gesicherte Ermäßigung der hoheitlich ermittelten Steuerschuld. Eine effektive Bekämpfung der Schattenwirtschaft in der Türkei kann mit einem derartigen Sanktionsmodell definitiv nicht erreicht werden.

Solange in der Türkei kein effektives und ernstzunehmendes Sanktionssystem entsteht, werden sich die steuerunehrlichen Bürger ausbreiten. Die jetzige Verständigungspraxis verleitet auch die steuerehrlichen Bürger zur Teilnahme an der Schattenwirtschaft und degeneriert schließlich das ganze Besteuerungssystem zu einer Farce. Dies hat insofern auch zur Folge, dass die Souveränität und die Rechtsstaatlichkeit der Republik Türkei im Bereich des Besteuerungsverfahrens zu Recht in Frage gestellt werden kann.

Glossar

Adi ortaklık	Gesellschaft bürgerlichen Rechts
Aktiv toplamı	Summe der Aktiva
Amme Alacaklarının Tahsil Usulü Hakkında Kanun (AATUHK)	Gesetz über die Erhebung öffentlicher Forderungen
Amortisman	Abschreibung
Anayasa	Verfassung, Grundgesetz
Anonim Şirketi (A.Ş.)	Aktiengesellschaft
Arama	(Steuer-) Fahndung
Arazi	Gelände, Boden, Grundstück
Arsa	Baugrundstück, Baugelände
Asgari Geçim İndirimi	Existenzsichernder Abzug bei der Einkommensteuer (Grundfreibetrag)
Banka	Bank
Basit usulde ticari kazancın tespiti	Vereinfachte Gewinnermittlungsmethode
Belediye	Gemeinde
Bilanço	Bilanz
Bilanço Hesabı	Buchführung nach Bilanzierungsgrundsätzen
Bilgi Toplama	Auskunftseinholung
Birleşme	Verschmelzung
Borçlar Kanunu (BK)	Gesetz über die Schuldverhältnisse
Ceza Muhakemeleri Usulü Kanunu (CMUK)	Türkische Strafprozessordnung
Çifte Vergilendirme	Doppelbesteuerung
Damga Vergisi	Stempelsteuer

Damga Vergisi Kanunu (DVK)	Stempelsteuergesetz
Danıştay	Oberverwaltungsgericht
Danıştay Kanunu	Oberverwaltungsgerichtsgesetz
Defterdarlık	Finanzamtsdirektion
Dernek veya Vakıflara ait iktisadi Işletmeler	wirtschaftliche Einrichtungen von Vereinen oder Stiftungen
Dönem	Zeitraum
Düzeltme fişi	Korrekturbogen
Elektronik Beyanname	Elektronische Steuererklärung
Emlak	Immobilie
Emlak Vergisi Kanunu (EVK)	Immobiliensteuergesetz
Esaslı Nitelikte	von grundlegender Bedeutung
Eshamlı Komandit Şirketi	Kommanditgesellschaft auf Aktien
Faiz	Zinsen
Feragat	Verzicht
Fiil	Tat, Handlung
Gayrimenkul	unbewegliches Wirtschaftsgut
Gecikme Zammı	Säumniszuschlag
Geçici Madde	Übergangsparagraf, Übergangsregelung
Geçici Vergi	vorläufige Steuer, Steuervorauszahlung
Geçici Vergi Beyannamesi	Steuervoranmeldung
Gelir	Einkommen, Einkünfte
Gelir İdaresi Başkanlığı	Einkommens-Verwaltungspräsidium
Gelir İdaresi Başkanlığının Teşkilat	

ve Görevleri Hakkında Kanun	Gesetz über die Organisation und Zuständigkeiten des Präsidiums für die Einkommensverwaltung
Gelir Vergisi Beyannamesi	Einkommensteuererklärung
Gelir Vergisi Kanunu (GVK)	Einkommensteuergesetz der Türkei
Gelirler Genel Müdürlüğü	Einkommens-Generaldirektion
Gerçek kişi	Natürliche Person
Götürü Usul	pauschal
Harcamalara katılma payları	Beiträge
Harç	Gebühr
Hesap Uzmanları Kurulu Başkanlığı	Präsidium der Rechnungsexperten
Hesaplanan Gelir Vergisi	berechnete Einkommensteuer
Hesaplanan Kurumlar Vergisi	berechnete Körperschaftsteuer
Hükümsüz	nichtig, unwirksam
İdari Yargılama Usulü Kanunu (İYUK)	Verwaltungsgerichtsordnung der Türkei
İhbarname	schriftlicher Bescheid, Anzeige, Mitteilung
İhracat	Export
İhtirazi Kayıtla Beyan	Steuererklärung mit Klagevorbehalt
İhtiyar Heyeti	Ältestenrat
İhtiyat akçesi	Rücklage
İkmalen Vergi Tarhı	ergänzende Steuerfestsetzung
İktisadi Kamu Kuruluşları	wirtschaftliche Einrichtungen der öffentlichen Hand
İl	Provinz
İlçe	Bezirk, Kreis
İmtiyazlar	Vorzugsrechte

İnceleme	(Außen-) Prüfung
İntikal Vergisi	Schenkungsteuer
İrat	Ertrag
İstihbarat	Auskunft, Information
İstihkak	Anspruch
İş Ortaklıkları	Gemeinschaftsunternehmen, Joint Ventures
İşletme hesabı esası	Einnahmen-Überschussrechnung
İştirak, iştirak etmek	Teilnahme, teilnehmen
İthalat	Import
İzahat	Erklärung, Erläuterung
Kamu Hizmeti	öffentlicher Dienst
Katma Değer Vergisi (KDV)	Umsatzsteuer
Katma Deger Vergisi Kanunu (KDVK)	Umsatzsteuergesetz
Kayıtdışı Ekonomi	Schattenwirtschaft
Kollektiv Şirketi	offene Handelsgesellschaft
Komandit Şirketi	Kommanditgesellschaft
Kooperatif	Genossenschaft
Kuruluş	Institution, Einrichtung
Kurum	Körperschaft, Anstalt
Kurumlar Vergisi Beyannamesi	Körperschaftsteuererklärung
Kurumlar Vergisi Kanunu (KVK)	Körperschaftsteuergesetz der Türkei
Limited Şirketi	Gesellschaft mit beschränkter Haftung
Madde	Paragraf, Artikel
Mahalli İdare	Ortsverwaltung

Maliye Bakanlığı	Finanzministerium
Matrah	steuerliche Bemessungsgrundlage
Miras	Erbschaft, Nachlass
Muhasebe Sistemi Uygulama Genel Tebliğleri	Rechtsverordnungen zur Anwendung des Buchhaltungssystems
Muhtasar Beyanname	Quellensteuererklärung
Mükerrer	doppelt
Net Satışlar Toplamı	Netto-Verkaufserlöse
Nitelik	Eigenschaft
Özel Usulsüzlük Cezası	besondere Regelwidrigkeitsstrafe
Randıman	Ertrag, Gewinn
Re´sen	von Amts wegen
Re´sen Vergi Tarhı	Steuerermittlung und –festsetzung von Amts wegen
Resim	(Formular-) Abgabe
Resmi Gazete	Amtsblatt, Gesetzesblatt
Sanat Eserleri	Kunstwerke
Serbest Meslek Kazancı	freiberufliche Einkünfte
Serbest Muhasebeci (SM)	freier (Bilanz-) Buchhalter
Serbest Muhasebeci Mali Müşavir (SMMM)	Berufsträger in der Türkei, der dem deutschen Steuerberater entspricht
Sermaye Şirketleri	Kapitalgesellschaften
Servet	Vermögen
Sınai Haklar	gewerbliche Schutzrechte
Süre	Dauer, Frist
Şikayet	Beschwerde

Şirket	(Handels-) Gesellschaft
Şube	Zweigniederlassung
Tahakkuk	Festsetzung
Tahakkuk fişi	Festsetzungsschein
Tahsil etmek	einziehen, erheben, einkassieren
Takas	Aufrechnung
Takdir Komisyonu	Schätzungskommission
Tanzim	Ausfertigung, Ausstellung
Tarh	Ermittlung der zu zahlenden Steuer
Tarhiyat Öncesi Uzlaşma	Verständigung vor einer Steuerfestsetzung
Tarhiyat Öncesi Uzlaşma Yönetmeliği	Rechtsverordnung für Verständigungen vor einer Steuerfestsetzung
Tarhiyat Sonrası Uzlaşma	Verständigung nach einer Steuerfestsetzung
Tarhiyat Sonrası Uzlaşma Yönetmeliği	Rechtsverordnung für Verständigungen nach einer Steuerfestsetzung
Tasdik etmek	legalisieren, beglaubigen, besiegeln
Tasfiye	Auflösung, Liquidation
Tebligat	Zustellung, Mitteilung
Tebliğ etmek	zustellen, mitteilen, bekannt geben
Tecil	Stundung
Telif Hakları	Urheberrechte
Terkin	Erlass
Teşebbüs	Unternehmen
Ticaret Odası	Handelskammer
Tutanak	Protokoll, Niederschrift
Türk Lirası (TL)	Tükische Lira (alte Währung)

Türk Medeni Kanunu (TMK)	Türkisches Zivilgesetzbuch
Türk Ticaret Kanunu (TTK)	türkisches Handelsgesetzbuch
Türkiye Cumhuriyeti	Türkische Republik
Tüzel Kişi	juristische Person
Usulsüzlük	Ordnungswidrigkeit
Uzlaşma	Verständigung
Uzlaşma Tutanağı	Verständigungsniederschrift, -protokoll
Ücret kazancı	Lohneinkünfte
Üye	Mitglied
Vali	Gouverneur
Vasiyet	Testament
Vergi	Steuer
Vergi Beyannamesi	Steuererklärung, Steueranmeldung
Vergi borçlusu	Steuerschuldner
Vergi dairesi	Finanzamt
Vergi Daireleri İşlem Yönergesi	Dienstrichtlinie für Finanzbehörden
Vergi idaresi	Steuerverwaltung
Vergi incelemesi	Steuerprüfung, Außenprüfung
Vergi kaçakcılığı	Steuerhinterziehung
Vergi kaçakcılığına iştirak	Teilnahme an einer Steuerhinterziehung
Vergi kesintisi	Steuerabzug
Vergi Mahkemesi	Finanzgericht
Vergi matrahı	Bemessungsgrundlage für die Steuer
Vergi mükellefi	Steuerpflichtiger
Vergi nevi	Steuerart

Vergi oranı	Steuersatz
Vergi Ödevi	Steuerpflicht
Vergi Tahsil Alındısı	Empfangsbeleg für erhaltene Steuerzahlungen
Vergi Usul Kanunu (VUK)	Abgabenordnung der Türkei / türkisches Steuerverfahrensgesetz
Vergi ziyaı	Steuerverlust
Veri akışverişi	Daten-, Informationsaustausch
Verginin vadesi	Fälligkeit der Steuer
Yatırım Fonları	Anlagefonds, Investmentfonds
Yatırım Ortaklıkları	Investmentgesellschaften
Yeminli Mali Müşavir	vereidigter Finanz-/ Wirtschaftsberater in der Türkei, der dem deutschen Wirtschaftsprüfer entspricht
Yeni Türk Lirası (YTL)	Neue Türkische Lira (aktuelle Währung der Türkei)
Yeniden değerleme oranı	Neubewertungskurs
Yoklama	Nachschau
Yoklamak	beschauen, mustern
Yoklama fişi	Nachschaubogen, Kontrollbogen
Yönetmelik	Rechtsverordnung
Zamanaşımı	Verjährung

Literaturverzeichnis

Ahrens, Susanne — Der Vollzug von Steuergesetzen durch den niederländischen Belastingdienst im Vergleich zur deutschen Finanzverwaltung
Dissertation, Ruhr-Universität Bochum
Berlin 2005
(zit.: Ahrens, Der Vollzug von Steuergesetzen, S. ...)

Ahrens, Susanne / Nagel, Sibylle — Selbstveranlagung, ein Instrument zur Verwaltungsvereinfachung und zur Steigerung der Effizienz der Steuerverwaltung?
FR 2002, S. 261 – 269

Akdoğan, Abdurrahman — Türk Vergi Sistemi ve Uygulaması
5. Auflage
Ankara 2004
(zit.: Akdoğan, Türk Vergi Sistemi ve Uygulaması, S. ...)

Akkaya, Adem — Türkisches Gewinnermittlungsrecht
Eine bilanzrechtstheoretische Würdigung
Wiesbaden 2003
(zit.: A. Akkaya, Türkisches Gewinnermittlungsrecht, S. ...)

Akkaya, Mustafa — Die Verbindlichkeit von privatrechtlichen Verträgen für das Steuerrecht - Grenzen der Umdeutung von Verträgen für steuerliche Zwecke
Ankara 1998
(zit.: M. Akkaya, Die Verbindlichkeit von privatrechtlichen Verträgen für das Steuerrecht, S. ...)

Akköy, İhsan — Uzlaşma
Vergi Dünyası, Sayı 3
Kasım 1981
(zit.: Akköy, Uzlaşma, S. ...)

Aksoy, Şerafettin — Vergi Hukuku ve Türk Vergi Sistemi
5. Auflage
Istanbul 1999
(zit.: Aksoy, Vergi Hukuku ve Türk Vergi Sistemi, S. ...)

Aras, Nilay	Die Bedeutung der EMRK für den Grundrechtsschutz in der Türkei Zeitschrift für Europarechtliche Studien (ZEuS) 10. Jahrgang Heft 2/2007 S. 219 – 246
Assmann, Eberhard	Schätzungen bei Außenprüfungen StBp 2001, S. 281 – 287
Barth, Kuno	Die rechtliche Bedeutung der Vorauszahlungserklärung BB 1949, S. 494 – 496
Başaran Yavaşlar, Funda	Türk Vergi Hukukunda Uzlaşma Marmara Üniversitesi İktisadi ve İdari Bilimler Fakültesi Dergisi 2008 Cilt XXV, Sayı 2, S. 309 - 337
Baumbach, Adolf / Hopt, Klaus J.	Handelsgesetzbuch Kommentar 32. Auflage München 2006 (zit.: Bearbeiter, in: Baumbach/Hopt, HGB, § ..., Rn. ...)
Becker, Enno / Riewald, Alfred / Koch, Karl	Reichsabgabenordnung Kommentar Band I und II 9. Auflage 1965, Köln, Berlin, Bonn, München (zit.: Becker/Riewald/Koch, RAO, §§ ..., S. ...)
Beermann, Albert / Gosch, Dietmar	Abgabenordnung, Finanzgerichtsordnung Mit Nebengesetzen / EuGH-Verfahrensrecht Kommentar, Loseblatt 68. Ergänzungslieferung Januar 2008, Bonn (zit.: Bearbeiter, in: Beermann/Gosch, AO, § ..., Rn. ...)
Beyer Uta / Heidinger, Peter / Tektaşlı, Yeşim	Business Guide Türkei Ein Handbuch für ausländische Investoren und Geschäftsleute in der Türkei Düsseldorf 2007 (zit.: Beyer, Business Guide Türkei, S. ...)

Birk, Dieter	Steuerrecht Lehrbuch aus der Reihe „Schwerpunkte“ (Band 17/3) 10. Auflage Heidelberg 2007 (zit.: Birk, Steuerrecht, § …, Rn. …)
Bonner Kommentar	siehe Dolzer, Rudolf / Vogel, Klaus / Graßhof, Karin
Brasche, Ulrich	Europäische Integration: Wirtschaft, Erweiterung und regionale Effekte München 2008 (zit.: Brasche, Europäische Integration, S. …)
Bunjes, Johann / Geist, Reinhold	Umsatzsteuergesetz Kommentar 8. Auflage München 2005 (zit.: Bearbeiter, in: Bunjes/Geist, UStG-Kommentar, § …, Rn. …)
Burchert,	Einführung eines Zugriffsrechts der Finanzverwaltung auf DV-gestützter Buchführungssysteme INF 2001, S. 230 (Teil 1) und 263 (Teil 2)
ders.	Praxis der digitalen Betriebsprüfung INF 2006, S. 699 (Teil 1) und 744 (Teil 2)
Candan, Turgut	Vergilendirme Yöntemleri ve Uzlaşma Ankara 2001 (zit.: Candan, Vergilendirme Yöntemleri ve Uzlaşma, S. ...)
Çakar, Mehmet Sait	Türkçe – Almanca / Almanca – Türkçe Hukuk Sözlüğü (Rechtswörterbuch türkisch – deutsch / deutsch – türkisch) Ankara 1999
Çetinkaya Hukuk	Vergi Hukukunda Uzlaşma Conciliation in the Tax Law Broschüre der Anwaltskanzlei Çetinkaya Law Office, Istanbul, Stand: Mai 2008 abrufbar unter: http://www.cetinkaya.av.tr/default.asp?page=booklets (zit.: Çetinkaya Hukuk, Vergi Hukukunda Uzlaşma, S. ...)

Dolzer, Rudolf / Vogel, Klaus / Graßhof, Karin — Bonner Kommentar zum Grundgesetz
Loseblatt
132. Ergänzungslieferung
Februar 2008, Heidelberg
(zit.: Bearbeiter, in: BK, Art. ..., Rn. ...)

Drüen, Klaus-Dieter — Verfassungsfragen der digitalen Außenprüfung
StuW 2003, S. 205 – 221

ders. — Ermessensfragen der digitalen Außenprüfung
StuW 2003, S. 365 – 376

Drüen, Klaus-Dieter / Hechtner, Frank — Rechts- und Sicherheitsfragen der elektronischen Umsatzsteuer-Voranmeldung im Projekt „ELSTER“
DStR 2006, S. 821 – 828

DWS-Institut — Verfahrensrechtliche Probleme der elektronischen Steuererklärung
DStR 2006, S. 1588 – 1591

Eckhoff, Rolf — Rechtsanwendungsgleichheit im Steuerrecht
Habilitationsschrift Universität Münster
Köln 1999
(zit.: Eckhoff, Rechtsanwendungsgleichheit, S. ...)

ders. — Vom konfrontativen zum kooperativen Steuerstaat
StuW 1996, S. 107 – 122

Fischer, Lutz / Andic, Suphan / Burkert, Manfred — Finanzsystem und Finanzverwaltung der Türkei
Forschungsberichte des Bundesministeriums für wirtschaftliche Zusammenarbeit (Band 45)
Köln 1983
(zit.: Fischer, Finanzsystem und Finanzverwaltung der Türkei, S. ...)

Glanegger, Peter u.a. — Heidelberger Kommentar zum Handelsgesetzbuch
7. Auflage
Heidelberg 2007
(zit.: Bearbeiter, in: HK, § ..., Rn. ...)

Grabenwarter, Christoph — Europäische Menschenrechtskonvention
2. Auflage
München 2005
(zit.: Grabenwarter, Europäische Menschenrechtskonvention, § …, Rn. …)

Grothusen, Klaus-Detlef — Der Scurla-Bericht
Die Tätigkeit deutscher Hochschullehrer an türkischen wissenschaftlichen Hochschulen
Frankfurt a.M. 1987
(zit.: Grothusen, Der Scurla-Bericht, S. …)

Heining, Erich — Die Anpassung der Einkommensteuer-Vorauszahlungen
BB 1950, S. 811 – 813

Herrmann, Carl / Heuer, Gerhard / Raupach, Arndt — Einkommensteuer- und Körperschaftsteuergesetz
Kommentar, Loseblatt
229. Ergänzungslieferung
Dezember 2007, Köln
(zit.: Bearbeiter, in: H/H/R, EStG, § …, Rn. …)

Hübschmann, Walter / Hepp, Ernst / Spitaler Armin — Abgabenordnung / Finanzgerichtsordnung
Kommentar, Loseblatt
196. Ergänzungslieferung
Dezember 2007, Köln
(zit.: Bearbeiter, in: H/H/Sp, AO, § …, Rn. …)

Karamete, Hakkı — Wirtschaftssystem und Wirtschaftsgesinnung Steuersystem und Steuermentalität in der Türkei
Dissertation Universität zu Köln
Köln 1956
(zit.: Karamete, Steuersystem und Steuermentalität in der Türkei, S. …)

Kaynak, Harun — Asgari Geçim İndirim Uygulaması
Vergi Dünyası, Sayı 317
Ocak 2008
(zit.: Kaynak, Asgari Geçim İndirim Uygulaması, S. …)

Kesen, Nebi — Das Steuerrecht der Türkei
Eine systematische Darstellung
Herne/Berlin 2003
(zit.: Kesen, Das Steuerrecht der Türkei, S. …)

Kırbaş, Sadık | Vergi Hukuku
Temel Kavramlar, İlkeler ve Kurumlar
14. Auflage
Ankara 2002
(zit.: Kırbaş, Vergi Hukuku, S. ...)

Kızılot, Şükrü | Vergi İhtilafları ve Çözüm Yolları
7. Auflage
Ankara 2004
(zit.: Kızılot, Vergi İhtilafları ve Çözüm Yolları, S. ...)

Kirchhof, Paul | EStG Kompaktkommentar
Einkommensteuergesetz
8. Auflage
Heidelberg 2008
(zit.: Berabeiter, in: Kirchhof, EStG, § ..., Rn. ...)

ders. | Steuergleichheit
StuW 1984, S.297 – 314

Klaproth, Martin | Ort einer Außenprüfung nach § 200 Abs. 2 AO auf Antrag des Steuerpflichtigen beim Steuerberater
DStR 2003, S. 1912 – 1914

Korkusuz, Mehmet | Vergi Sistemimizde Uzlaşma Müessesesi ve Bugünkü Durumu Üzerine Bir Değerleme
Yaklaşım, Sayı 79
Kasım 1999
(zit.: Korkusuz, Vergi Sistemimizde Uzlaşma Müessesesi, S. ...)

Kühn, Rolf / von Wedelstädt, Alexander | Abgabenordnung und Finanzgerichtsordnung
Kommentar
19. Auflage
Stuttgart 2008
(zit.: Bearbeiter, in: Kühn/von Wedelstädt, AO und FGO Kommentar, § ... Rn. ...)

Maliye Hesap Uzmanları Derneği | Beyanname Düzenleme Kılavuzu
Jahrgänge 2004 und 2008
Istanbul 2004 bzw. 2008
(zit.: Beyanname Düzenleme Kılavuzu 2004 oder 2008, S. ...)

Meyer-Goßner, Lutz — Strafprozessordnung
Kommentar
50. Auflage
München 2007
(zit.: Meyer-Goßner, StPO, § …, Rn. …)

Münchener Kommentar zum HBG (Band 1) — siehe Schmidt, Karsten

Musil, Andreas / Burchard, Daniel / Hechtner, Frank — Verfahrensrechtliche Fragen der elektronischen Steuererklärung im Rahmen des Projektes ELSTER
DStR 2007, S. 2290 – 2298

Mutluer, M. Kamil — Vergi Genel Hukuku
Istanbul 2006
(zit.: Mutluer, Vergi Genel Hukuku, S. …)

Nagel, Sibylle — Selbstveranlagung im britischen und amerikanischen Steuerrecht
Dissertation, Ruhr-Universität Bochum
Frankfurt a.M. 2003
(zit.: Nagel, Selbstveranlagung im britischen und amerikanischen Steuerrecht, S. …)

Neumark, Fritz — Zuflucht am Bosporus
Deutsche Gelehrte, Politiker und Künstler in der Emigration 1933 – 1953
Frankfurt a.M. 1980
(zit.: Neumark, Zuflucht am Bosporus, S. …)

ders. — Theorie und Praxis der modernen Einkommensbesteuerung
Bern 1947
(zit.: Neumark, Theorie und Praxis der modernen Einkommensbesteuerung, S. …)

OECD — Economic Survey of Turkey
2004, 2006
(zit.: OECD, Economic Survey of Turkey (Jahr), S. …)

Öncel, Mualla /
Kumrulu, Ahmet / Çağan, Nami
Vergi Hukuku
11. Auflage
Ankara 2004
(zit.: Öncel/Kumrulu/Çağan, Vergi Hukuku, S. ...)

Özbalcı, Yılmaz
Vergi Usul Kanunu
Yorum ve Açıklamaları
Ankara 2004
(zit.: Özbalcı, Vergi Usul Kanunu, S. ...)

Özyer, Mehmet Ali
Açıklama ve Örneklerle Vergi Usul Kanunu Uygulaması
4. Auflage
Istanbul 2008
(zit.: Özyer, Açıklama ve Örneklerle Vergi Usul Kanunu, S. ...)

Ozansoy, Ahmet
Uzlaşma Müessesi ve Etkinliği
Yaklaşım, Sayı 89
Mayıs 2000
(zit.: Ozansoy, Uzlaşma Müessesi ve Etkinliği, S. ...)

Pahlke, Armin /
Koenig, Ulrich
Abgabenordnung
Kommentar
München 2009
(zit.: Bearbeiter, in: Pahlke/Koenig, AO, § ..., Rn. ...)

Pürsün, Yaman /
Lauer, Christine
Die Rechnungslegung in der Türkei für Kapitalgesellschaften
WPg 1995, S. 13 – 21

Quick, Reiner /
Emir, Irem
Wirtschaftsprüfer in der Türkei
Organisation des Berufsstandes und Berufszugang
WPg 2005, S. 79 – 90

Rüping, Heike
Die Umsatzsteuer-Nachschau nach § 27b UStG
Bochumer Schriften zum Steuerrecht
Frankfurt a.M. u.a. 2008
(zit.: Rüping, Die Umsatzsteuer-Nachschau, S. ...)

Sarılı, Mustafa Ali
Türkiye'de Etkin Bir Vergi Denetiminin Gerçekleştirilebilmesi İçin Neler Yapılmalıdır?
Vergi Sorunları Dergisi, Sayı 190
Temmuz 2004
(zit.: Sarılı, Etkin Vergi Denetimi, S. ...)

Schmidt, Karsten	Münchener Kommentar zum Handelsgesetzbuch München 1996 (zit.: Bearbeiter, in: MüKo, HGB, § …, Rn. …)
Schmidt, Ludwig	Einkommensteuergesetz Kommentar München 2007 (zit.: Bearbeiter, in: Schmidt, EStG, § …, Rn. …)
Seer, Roman	Verständigungen in Steuerverfahren Habilitationsschrift Universität Köln Köln 1996 (zit.: Seer, Verständigungen in Steuerverfahren, S. …)
ders.	Besteuerungsverfahren: Rechtsvergleich USA – Deutschland Heidelberg 2002 (zit.: Seer, Besteuerungsverfahren: Rechtsvergleich USA – Deutschland, S. …)
ders.	Das Rechtsinstitut der sog. tatsächlichen Verständigung im Steuerrecht BB 1999, S. 78 – 85
ders.	Reform des Veranlagungsverfahrens StuW 2003, S. 40 – 59
ders.	Der Vollzug von Steuergesetzen unter den Bedingungen einer Massenverwaltung DStJG Band 31 (2008), S. 7 – 36
ders.	Die Rolle des Steuerberaters in einer elektronischen Finanzverwaltung DStR 2008, S. 1553 – 1560
ders.	Reform des (Lohn-)Steuerabzugs FR 2004, S. 1037 – 1049
Seer, Roman / Krumm, Marcel	Bedeutung des Art. 6 der Europäischen Menschenrechtskonvention für ein steuerverfahrensrechtliches Zuschlagssystem StuW 2006, S. 346 - 357
Sekdur, Mahmut / Altun, Muhsin	Mali Hukuk Ansiklopedesi Ankara 2001 (zit.: Sekdur/Altun, Mali Hukuk Ansiklopedisi, S. …)

Şen, Faruk /
Halm, Dirk — Exil unter Halbmond und Stern
Herbert Scurlas Bericht über die Tätigkeit deutscher Hochschullehrer in der Türkei während der Zeit des Nationalsozialismus
Essen 2007
(zit.: Şen/Halm, Exil unter Halbmond und Stern, S. …)

Steuerwald, Karl — Türkçe – Almanca Sözlük
(Türkisch – Deutsches Wörterbuch)
Wiesbaden 1972

ders. — Almanca – Türkçe Sözlük
(Deutsch – Türkisches Wörterbuch)
Wiesbaden 1972

Tipke, Klaus — Die Steuerrechtsordnung
Band I
Wissenschaftsorganisatorische, systematische und grundrechtlich-rechtstaatliche Grundlagen
1. und 2. Auflage
Köln 1993 und 2000
(zit.: Tipke, Die Steuerrechtsordnung, Band I, Auflage ..., S. …)

Tipke, Klaus /
Bozza, Nadya — Besteuerung von Einkommen
Rechtsvergleich Italien, Deutschland und Spanien als Beitrag zur Harmonisierung des Steuerrechts in Europa
Berlin 2000
(zit.: Bearbeiter, in: Tipke/Bozza, Besteuerung von Einkommen, S. …)

Tipke, Klaus /
Lang, Joachim — Steuerrecht
19. Auflage, Köln 2008
(zit.: Bearbeiter, in: Tipke/Lang, Steuerrecht, § …, Rn. …)

Tipke, Klaus /
Kruse, Heinrich Wilhelm — Kommentar zur Abgabenordnung und Finanzgerichtsordnung
Loseblatt, 114. Ergänzungslieferung
November 2007, Köln
(zit.: Bearbeiter, in: Tipke/Kruse, AO, § …, Rn. …)

Trzaskalik, Christoph — Über die Vorbehaltsfestsetzung und die Steueranmeldung
StuW 1993, S. 371 – 379

Uluatam, Özhan /
Methibay, Yaşar — Vergi Hukuku
5. Auflage
Ankara 2001
(zit.: Uluatam/Methibay, Vergi Hukuku, S. ...)

Ulusoy, Erol — Rechtswörterbuch
Deutsch – Türkisch
Türkisch – Deutsch
Istanbul 1999

Uysal, Hilmi — Vergi Hukuku ve Türk Vergi Sistemi
Ankara 2005
(zit.: Uysal, Vergi Hukuku ve Türk Vergi Sistemi, S. ...)

Widmann, Horst — Exil und Bildungshilfe
Die deutschsprachige akademische Emigration in die Türkei nach 1933
Frankfurt a.M. 1973
(zit.: Widmann, Exil und Bildungshilfe, S. ...)

Wieneke, Karl — Erfahrungen mit der Neuregelung der Einkommensteuer-Vorauszahlungen durch das Kontrollratsgesetz Nr. 12
StuW 1947 – 1948, S. 279 – 303

Bochumer Schriften zum Steuerrecht

Herausgegeben von Roman Seer

Band 1 Roman Seer / Burkhard Kämper (Hrsg.): Bochumer Kirchensteuertag. Grundlagen, Gestaltung und Zukunft der Kirchensteuer. 2004.

Band 2 Roman Seer (Hrsg.): Bochumer Lohnsteuertag. Die Lohnsteuer im Spannungsfeld zwischen Unternehmerfreiheit und Fiskalinteresse. 2005.

Band 3 Frank-André Mönkemöller: Die Zurechnung der Überschusseinkünfte bei Personengesellschaften. 2005.

Band 4 Kai Thulfaut: Die Besteuerung international tätiger Anwaltssozietäten. 2005.

Band 5 Jens Hoffmann: Die Besteuerung von Kapitalgesellschaften und ihren Anteilseignern in Irland im Vergleich zu Deutschland. Zugleich ein Beitrag zu den Grenzen des Steuerwettbewerbs in der Europäischen Union. 2005.

Band 6 Theresa Franz: Körperschaftsteuerliche Behandlung der grenzüberschreitenden Betätigung von Kapitalgesellschaften innerhalb der EG. Eine Betrachtung unter Berücksichtigung der Rechtsprechung des EuGH, der geplanten 14. gesellschaftsrechtlichen Richtlinie und der Societas Europaea. 2006.

Band 7 Jan Michaelis: Die territoriale Zuordnung von Beteiligungsaufwand im Europäischen Unternehmenssteuerrecht. Zugleich zur Verfassungsmäßigkeit des § 8b Abs. 5 KStG in der Fassung des ProtErklG. 2006.

Band 8 Hans Anders: Die Überschussrechnung nach § 4 Abs. 3 EStG im System der steuerlichen Einkünfteermittlung. 2007.

Band 9 Björn Kahler: Die Freistellungsmethode in deutschen Doppelbesteuerungsabkommen und ihre Vereinbarkeit mit dem EG-Vertrag. Betrachtung der Freistellungsmethode in deutschen Doppelbesteuerungsabkommen, Untersuchung ihrer Folgen im Ertragsteuerrecht und Prüfung ihrer Vereinbarkeit mit dem EG-Vertrag. 2007.

Band 10 Lars Rehfeld: Die Vereinbarkeit des Außensteuergesetzes mit den Grundfreiheiten des EG-Vertrags. 2008.

Band 11 Heike Rüping: Die Umsatzsteuer-Nachschau nach § 27b UStG. 2008.

Band 12 Marius Frederik Schumann: Das Dispensverfahren im europäischen Mehrwertsteuerrecht. Grenzen nationaler Alleingänge nach Art. 395 der Mehrwertsteuersystemrichtlinie in der Betrugsbekämpfung. 2008.

Band 13 Daniela Zuschlag: Die pauschalierte Gewerbesteueranrechnung nach § 35 EStG. 2009.

Band 14 Napoleão Dagnese: Verrechnungspreise und die Aufzeichnungspflicht im brasilianischen und deutschen Steuerrecht. 2009.

Band 15 Marcel Krumm: Steuervollzug und formelle Insolvenz. 2009.

Band 16 Martin Karl Plappert: Gemeinnützigkeits- und Spendenrecht: Ein steuersystematischer Rechtsvergleich zwischen den USA und Deutschland. 2009.

Band 17 Karina Grundmann: Das Recht auf Akteneinsicht im Besteuerungsverfahren. 2009.

Band 18 Claus Möllenbeck: Das Verhältnis der EG-Amtshilfe zu den erweiterten Mitwirkungspflichten bei internationalen Steuerfällen. 2010.

Band 19 Sibyl Tanja Rieper: Steuerverfehlungen als Tatbestandsmerkmale von AO-Vorschriften. 2010.

Band 20 Kristina Frankus: Die Verlustverrechnung von Körperschaften nach § 8 Abs. 4 KStG, § 8c KStG im Rechtsvergleich mit dem US-amerikanischen Steuerrecht. 2010.

Band 21 Timo Höller: Eine kritische Analyse der Unternehmensteuerreform 2008 im historischen Kontext. 2011.

Band 22 Björn Schüßler: Der Datenzugriff der Finanzverwaltung im Rahmen der (digitalen) Außenprüfung. 2010.

Band 23 Kristina Dudde: Die Umsatzbesteuerung gemeinnütziger Sportvereine. 2011.

Band 24 Susanne Stiewe: Die verfahrensrechtliche Umsetzung internationaler Verständigungsvereinbarungen (§ 175a AO). 2011.

Band 25 Metin Yilmaz: Das Besteuerungsverfahren der Türkei aus dem Blickwinkel des deutschen Steuerrechts. 2011.

www.peterlang.de